위험한 프레임

진실을 감추고 ｜ 현실을 왜곡해 ｜ 우리를 속이는

위험한 프레임

정문태 지음

언론의 함정, 과장과 거짓에 놀아나지 않는 뉴스 읽기

요즘 한국에서는 '틀'이니 '뼈대' 같은 구조나 체제를 일컫는 프레임frame 이란 말을 많이 쓴다고들 한다. 같은 말도 쓰는 이들이나 분야에 따라 서로 다른 느낌이 있다. 내가 일해온 외신판에서는 이 프레임이란 말을 '음모'니 '조작' 같은 속뜻을 담아 부정적 의미로 많이 쓴다. 아마도 '못된 짓을 꾸민다'는 옛날 미국식 영어에서 비롯된 게 아닌가 싶은데, 그만큼 국제 뉴스를 다루는 현장에 뒤틀리고 어두운 구석이 많다는 뜻이다. 이건 한마디로 뉴스가 제구실을 못한다는 뜻이기도 하다. 오죽했으면 "헤드라인에는 뉴스가 없다"는 말이 나돌 정돌까.

한동네 사는 독일 친구는 "뉴스를 안 볼 수도 없고 보자니 속이 뒤틀려서!"란 넋두리를 입에 달고 산다. 그이는 기자다. 우리는 지금 기자도 뉴스를 못 믿는 시대에 살고 있다. 시민은 오늘처럼 방대한 뉴스를 자유롭게 가져본 적이 없다. 거꾸로 권력은 오늘처럼 교활하게 뉴스를 조작하고 막은 적이 없다. 그 틈에서 공룡자본언론은 이문을 쫓아 맘껏 뉴스를 비틀고 감추고 휘둘러왔다. 그리고 이제 뉴스는 우리 앞에 흉기로 다가와 있다. 그 피해는 오롯이 뉴스 소비자들한테 돌아간다. 바로 당신들이고 나다. 조작 왜곡 은폐로 무장한 뉴스, 그 위험한 프레임을 함께 고민해보고 싶은 까닭이다.

이 책은 본디 2013년부터 2016년까지 〈한겨레〉 신문에 쓴 '제3의 눈'이란 칼럼을 가려 뽑아 만들었다. 애초 이 칼럼은 안 보려니 그렇고 보자니 골치 아픈 국제뉴스를 우리 사회 돌아가는 현실과 견줘보자는 뜻으로 시작했다. 외신과 국내 언론 보도를 맞대보며 수상한 뉴스를 토해내고 가려내고 들춰내는 연장을 '제3의 눈'이라 불렀다. 이제 그 '제3의 눈'으로 사람을 보고 사건을 보고 역사를 보자는 바람을 담아 독자들께 이 책을 올린다.

2017년 1월 1일
타이 북부 치앙마이 도이수텝 자락에서

차
례

01

대한민국,
'국격'은 없다

일본군한테 총알을 빌리다

박근혜 정부 들어서고부터 외신판 친구들과 마주 앉기 무섭다. 쏟아내는 한국 정부 타박에 일일이 대꾸하기도 지쳤다.

"한국도 정부 해산하고 타이처럼 수틀릴 때마다 선거하면 되잖아?"

타이 언론인 피 짤라워룩스Phee Chalawlux가 10년 넘도록 쿠데타에다 온갖 정변을 겪고 있는 타이 정치판을 빗대 박근혜 정부를 비아냥거린 말이다. 듣고 보니 그럴듯했다. 대통령제라고 굳이 임기를 다 채우란 법도 없다. 대한민국 헌법에 그런 강제조항도 없다. 주고받고 물려주기가 민주주의 정신 아니던가?

공약도 못 지키겠고 정치도 뜻대로 안 된다면 괜히 시민과 우격다짐 하지 말고 홀홀 털어버리는 것도 좋을 듯싶다. 스스로 한계를 받아들이며 떠나는 것도 대통령만 부릴 수 있는 멋이다. 역사는 그런 대통령을 그나마 책임질 줄 안 정치인으로 오랫동안 기억할 것이고.

웃자고 한 말이 아니다. 대통령 박근혜는 세상 돌아가는 꼴을 잘 봐야 한다. 안팎으로 모조리 난국이다. 불통을 미학이라 떠들어대는 박근혜식 정치가 이미 외신판 입길에도 올랐다.

외신기자들은 불통에다 무지와 무정견으로 악명 떨쳤던 인도네시아전 대통령 메가와띠 수까르노뿌뜨리Megawati Soekarnoputri를 "침묵공주" "벙어리 대통령" "스텔스 대통령"이라 불러왔다.

그게 이제 박근혜한테 옮겨 붙었다. 청와대로 들어간 지 기껏 1년 남짓 만에 박근혜 이야기만 나오면 어김없이 메가와띠가 쌍둥이처럼 따라붙는다. 안에서 치인 박근혜 정부가 외교만큼은 제대로 한다고 떠들어대는 모양인데 어림없는 소리다. 외신판에서는 그깟 한복패션을 뽐내거나 죽어라 연습한 몇 마디 외국어 연설 따위를 외교적 성취라 부르지 않는다.

외신판에서는 그런 따위를 가십, 곧 잡담이라 한다. 메가와띠한테 내내 따라다닌 게 가십이었고 결국 그녀는 '허탕대통령'으로 끝났다.

'최초 무기 제공', 오보였다

"한국군이 왜 일본군한테 총알을 빌렸나?"

이건 내가 외신 친구들한테 받았던 질문 가운데 최악이었다. 얼굴이 화끈거리고 심장이 벌렁거렸다. 박근혜 정부가 대한민국을 안팎으로 깨드린 상징적인 사건이고 외교사에 길이 남을 대굴욕이었다.

2013년 12월 23일 밤, "남수단 파견 일본군이 한국군한테 총알 1만 발을 제공했다"는 뉴스가 떴다. 일본 정부는 "한국군이 직접 실탄 지원을 요청했다"고 밝혔다. 곧장 한국 정부가 "유엔 통해 실탄을 요청했다"고 맞받아치면서 눈꼴사나운 폭로전으로 치달았다.

처음부터 안 되는 게임이었다. 근본 원인을 제공한 한국 정부가 밀릴 수밖에 없었다. 일본 정부는 "외국군한테 무기를 지원하려면 법에 따라 총리가 내각 승인을 받아야 하고 그 과정에서 사실을 밝힐 수밖에 없었다"는 논리를 들이댔다. 게다가 총리 아베 신조安倍晋三 말마따나 "위급함과 인도적 차원에서 실탄을 지원했다. 만약 거부했다면 국제사회의 비난을 받았을 것이다"는 또렷한 구실거리도 있었다.

그러니 한국 정부는 속만 부글부글 끓었지 대들 논리조차 마땅찮았다. 기껏 "보급대가 현지에 닿는 대로 실탄을 되돌려주겠다"며 빌렸다는 대목을 내세운 게 다였다. 근데 한국 사회 정서는 얻었거나 빌렸거나 따위가 중요한 게 아니었다. 그 상대가 일본군이라는 데 있었으니까.

그 논란을 보면 박근혜 정부의 외교나 정무 기능이 초동단계부터 전혀 작동하지 않았다는 사실만 도드라진다. 오히려 박근혜를 살려준 건 아베였다. 극우강경파인 아베가 사흘 뒤인 12월 26일 야스쿠니신사를 참배하자 박근혜 정부는 때 만난 듯 몰아쳤고 그 덕에 총알사태를 어물쩍 넘길 수 있었으니.

그사이 두 나라 언론도 정신없이 날뛰었다. 한국군이 일본군한테 빌린 총알은 박근혜 정부의 패착이라는 본질을 제쳐둔 채 곧장 일본의 '무기수출 금지' 사안으로 튀어나갔다. 1967년 사토 에이사쿠佐藤榮作 정부 때 만든 '무기수출 3원칙'과 그 불문법을 다져 만든 1976년 미키 다케오 三木武夫 정부의 '무기수출 전면금지'를 내세워 온갖 희한한 말을 쏟아냈다. 두 나라 언론은 "(일본 정부) 2차 세계대전 뒤 최초로 외국군한테 무기 제공"이니 "(일본 정부) 제2차 세계대전 뒤 지켜온 원칙 파기" 같은 헤드라인을 서슴없이 뽑아 올렸다.

모조리 엉터리고 오보였다. 일본이 남수단에서 한국군한테 총알을 지원한 건 "제2차 세계대전 뒤 최초"가 아니다. 일본 정부는 이미 1950년 대 한국전쟁 때 미군 요청으로 원산과 인천에 소해함 44척, 경비정 7척, 항적선 2척을 파견해 기뢰제거작전을 도왔다. 또 함흥, 원산, 포항에도 보급선을 투입해 미군과 한국군을 거들었다.

"지켜온 원칙"이란 것도 깨진 지 오래다. '무기수출 3원칙'은 본디 껍데기뿐이었고 '무기수출 전면금지'란 원칙은 1983년 나카소네 야스히로 中曽根 康弘 정부가 미국에 무기수출을 허가하면서 깨졌다. 게다가 일본 정부는 2011년부터 미국, 영국, 프랑스, 터키 정부와 국제 무기공동개발 사업을 벌여왔다. 공동개발이란 이름을 달았지만 사실은 탱크, 전투기, 헬리콥터, 야포 같은 공격용 중화기 분야에서 일본이 지닌 기술을 팔아먹는 사업이었다.

더구나 한국군이 총알을 빌리기 보름쯤 전인 12월 5일에는 아베 정부가 아예 무기수출 금지 폐기안을 내놓으면서 12월 말까지 결정하겠다고 밝힌 상태였다. 말하자면 박근혜 정부가 때맞춰 총알을 안고 불구덩이에 뛰어든 걸 놓고 두 나라 언론이 모두 허울뿐인 무기수출 금지를 들이대며 호들갑 떤 꼴이었다.

한술 더 떠 두 나라 언론은 그 총알 1만 발을 놓고 집단적 자위권과 군비확장까지 들먹이며 사태를 키워나갔다. 그러니 독일 언론인 게오르그 뮐러Georg Peter Müller 같은 이들이 "한국과 일본 정부가 짜고 친 음모 냄새가 난다"고 나무랄 만도 했다.

주권 포기 그리고 발뺌

박근혜 정부는 이 총알사태를 끼고 외교뿐 아니라 정보와 군사에서도 파탄상을 고스란히 드러냈다. 사건일지를 만들어보자. 외신은 12월 14일 저녁부터 이미 남수단 수도 주바에 쿠데타설이 나돈다며 분쟁 가능성을 예고했다. 한국군이 유엔남수단임무단UNIMISS과 일본군한테 실탄 지원을 요청한 시점이 21일 오후였으니 정국 혼란 소식이 뜨고 7일이나 지난 뒤였다.

이어 일본군한테 실탄을 받고 두 정부가 실랑이를 벌이기 시작한 게 23일이었고 서울에서 보급기를 띄운 게 25일이었다. 27일 보급기가 주바에 도착했고 유엔 검열을 거쳐 31일 현지 한국군한테 총알을 비롯한 물자를 전달했다.

이 시차를 따져보면 한국 정부가 굳이 '예비용'이었다고 강조하는 그 실탄을 남세스레 일본군한테 빌릴 까닭이 없었다. 청와대와 국방부가 제정신이라면 아무리 늦어도 주바에서 분쟁이 터진 15일 서울에선 보급기에 시동을 걸었어야 옳다. 곧장 현지로 보급기를 띄웠다면 21일쯤엔 한국군한테 실탄을 전달할 수 있었다는 뜻이다. 총알 따위를 일본군한테 빌리고 말고 할 일이 없었다는 말이다.

이건 대한민국 정부가 정보취합 능력도 상황판단 능력도 군사운용 능력도 없다는 사실을 스스로 폭로한 사건이었다.

더 근본적인 문제는 따로 있다. 애초 한국군 280명이 지녔던 총알 숫자다. 일본 정부 관계자 말을 빌린 〈산케이신문〉은 1인당 15발로, 그리고 한국 합참 장교 말을 딴 〈한겨레〉는 1인당 140발로 보도했다.

두 언론사 숫자는 4,200발과 3만 9,200발로 크게 다르지만 어느 게 옳든 넉넉잖았던 것만큼은 틀림없다. 거기에 일본군한테 빌린 1만 발을 보태도 1인당 35발씩이 더 돌아갈 뿐이다. 전선 강도와 상관없이 분쟁지역 주둔군이 지닌 실탄치고는 어울리지 않는 숫자다.

비록 평화유지군 뒷돈을 대는 유엔이 각국 파견군한테 무기와 장비 경량화를 우긴다손 치더라도 군대를 보내는 정부 입장은 그 반대여야 옳다. 제대로 된 정부라면 자기 군대를 외국 분쟁지역에 보낼 때 자위용 무기와 장비를 하나라도 더 실어 보내고자 애쓴다는 말이다.

근데 정부가 비상시 자위 수준에도 못 미치는 실탄을 지급했다는 건 어떤 변명도 통하지 않는다. 유엔 깃발 아래 똑같은 조건을 지닌 일본군은 어째서 한국군한테 총알을 빌려줄 수 있을 만큼 넉넉히 챙겨 갔을까? 청와대도 국방부도 합동참모본부도 모조리 입을 닫았다.

남수단 파견 한국군이 빌렸던 그 5.56mm 소총탄 1만 발 그래봐야 사과 궤짝 다섯 개쯤이고 국제 시세로 따져 2,500~3,000달러에 지나지 않는다. 유엔이 아무리 장비 경량화를 우겼더라도 대한민국 청와대와 국방부는 어떻게든 총알만큼은 넉넉히 실어 보냈어야 옳았다는 말이다.

작전 중인 군인이 남한테, 그것도 외국군한테 총알을 빌리러 돌아다녔다는 건 죽음과 같다. 군인으로서 의무도 명예도 끝장났다는 뜻이다. 그렇게 대한민국 군인을 거지로 만들어놓고 뒤늦게 국방장관이란 자는 "앞으로 평화유지군 파병 시 탄약 보유 기준을 재검토하겠다"고 늘어놓았다. 이건 군대를 외국에 파견하면서 애초 아무 생각도 없었다는 자백이다. 대한민국 군 최고지휘부 깜냥이 드러난 셈이다. 그 국방장관 이름이 김관진이다.

"일본군한테 탄약을 빌린 건 현지 책임자(한빛부대장) 판단이었다."

"한빛부대장이 실탄 지원을 요청할 때 국방부나 외교부에 보고 안 했다."

앞에 말은 김관진, 뒤에 말은 국방부 국제정책차장 유무봉 말이다. 이게 바로 무슨 일만 터지면 현장지휘관을 탓하고 발뺌해온 대한민국 군 최고지휘부의 해묵은 버릇이었다.

이번 총알타령처럼 괴상한 사건은 근본적으로 현장지휘관 탓이 아니다. 군인한테 총알은 목숨이다. 그게 1발이든 1만 발이든 의미는 같다. 그 목숨을 외국군한테 빌리게 했다. 그게 일본군이든 미국군이든 의미는 같다. 군인들 목숨을 못 지켜주는 정부, 이건 주권을 포기했다는 뜻이다. 누가 책임져야 하는가? 대한민국 헌법에 국군 통수권자는 대통령이다. 그 대통령 이름이 박근혜다.

평화유지군 무용론

이 총알사건에서 눈여겨볼 대목이 또 있다. 유엔평화유지군이라는 조직이다. 한국과 일본을 비롯한 56개국 병력 6,717명을 거느린 유엔남수단임무단 소속 평화유지군 지휘부는 조정과 통합 능력에 치명적 결함을 보였다.

평화유지군 지휘부는 정치적 입장이 서로 다른 나라들이 뒤섞인 연합군을 이끌면서 실탄 지원 같은 중대한 사안을 각 군대한테 맡겨버려 불협화음을 내게 만들었다. 게다가 한국과 일본 정부가 실랑이 벌이기

시작한 초동단계에서 입을 닫아 사태를 키웠다.

또 잠재적 적군 앞에서 아군이 지닌 총기와 실탄 종류와 숫자 같은 군사비밀을 한국과 일본 정부가 마구 털어놓도록 내버려둔 책임도 모두 지휘부 몫이다. 그동안 관료적이고 비효율적이라는 비난을 받아온 유엔 평화유지군 진짜 모습이 남수단에서 그대로 드러났다.

부국들이 돈을 대고 빈국들이 주력을 파견해온 평화유지군은 강대국들한테 휘둘리는 용병이라며 오래전부터 무용론과 폐기론에 휘말려왔다. 평화유지군은 이름에서 드러나듯이 평화가 있는 곳에 병력을 투입해 복구, 치안, 선거감시 같은 제한적인 일을 맡아왔다. 이건 전쟁을 미리 막거나 전쟁발생 지역에 뛰어들어 평화를 끌어내는 '전쟁대응군' 필요성을 외쳐온 세계시민사회 바람과 아주 동떨어진 조직이었다.

예컨대 세 달 만에 100만 가까운 희생자를 낸 1994년 르완다학살이 좋은 본보기였다. 학살이 벌어지자 전부터 르완다에 주둔했던 평화유지군 수가 2,500명에서 오히려 250명으로 줄었다. 그 무렵 유엔이 학살을 거들었다며 엄청난 비난을 받았던 까닭이다.

2013년 남수단도 마찬가지였다. 일주일 만에 1,000여 명 희생자를 내고 12만 웃도는 난민을 쏟아내던 현장에서 평화유지군은 숨어 있었을 뿐이다. 정부군과 반군이 평화유지군을 공격하지 않겠다고 밝히자 가슴을 쓸어내리며.

이게 현재 남수단을 비롯한 16개 지역에 병력 9만 7,970명을 투입하고 예산 7조 9,000억 원(2013.7.1~2014.6.30)을 주무르는 평화유지군 실상이다. 더욱이 평화유지군은 코소보와 수단을 비롯한 11개 작전지역에서 2,260건에 이르는 성범죄와 213건에 이르는 살인을 저질러 그 실효성뿐 아니라 도덕성마저 크게 의심받아왔다.

하여 전문가들 사이에는 현 평화유지군 대신 유엔 깃발 아래 전문성과 도덕성을 갖춘 특수부대를 창설해 전쟁발생 가능 지역에 미리 투입하자는 개혁안이 나돌고 있다. 미국을 비롯한 강대국들 입김 탓에 그 실현 가능성은 아주 낮지만 평화유지군 개혁이 세계시민사회의 급한 과제인 것만큼은 틀림없다. 평화유지군이 총알이나 빌리러 다니며 온 세상 비웃음거리가 되는 꼴을 다시는 안 보기 위해서라도.

대한민국과 부탄만 없는 것

해마다 타이 음력 12월 보름이면 로이끄라통Loy Krathong이라는 잔치가 벌어진다. 사람들은 호롱불로 공기를 달군 종이등인 콤로이를 날리고 바나나 잎으로 만든 꽃바구니에 촛불을 꽂은 끄라통을 강으로 흘려보낸다. 폭죽도 빠질 리 없다. 이건 한 해 동안 지은 죄를 비는 정화의식이면서 한편으로는 물의 신한테 고마움을 전하는 농경문화 유산이라고들 한다.

내가 사는 타이 북부 치앙마이는 로이끄라통 심장 같은 곳이다 보니 해마다 이맘때면 관광객들로 난리가 난다. 잔치를 안 즐기는 내게도 손님치레 계절이 돌아왔다는 신호다. 겨울을 알리는 로이끄라통부터 이듬해 2월 말까지 타이 안팎 친구들이 줄줄이 찾아든다. 겨울이라 한들 낮엔 30도를 오르내리고 밤엔 그전 에어컨 없이 잘 만한 날씨지만, 어쨌든.

2014년엔 양력 11월 6일이 로이끄라통이었다. 그해도 방콕 외신판에서 일하는 친구들이 어김없이 몰려왔다. 직업이 직업이다 보니 앉았다 하면 정치이야기였다. 내겐 그해 외신판을 달궜던 세월호와 〈산케이신문〉 고발건에다 전시작전통제권 같은 아주 골치 아픈 질문들이 날아들었다.

삐딱한 질문들을 받아넘긴다는 건 그리 쉬운 일이 아니었다. 게다가 그 친구들은 여차하면 아무개 가라사대를 걸고 써먹는 버릇을 지닌 자들이었으니.

밤새 이야기를 나눈 끝에 내겐 사무치는 말만 남았다. 친구들 말을 복기해봤지만 은유든 직유든 결론은 같았다.

"한국, 너무 호전적이다."

아주 많이 인정하지만 억울한 구석이 없진 않았다. 친구들한테 내 몸에 돌아다니는 피, 이 육질민족주의 정서까지 뽑아 보이며 대한민국을 속속들이 깨닫게 할 솜씨가 없었던 탓이다. 다음 날 아침 인터넷으로 뉴스를 훑어보다 정신이 번쩍 들었다. 친구들 말이 다 옳았다. 사무칠 일도 억울할 일도 없었다.

'무상교육 예산이면 육군 탱크 신형으로 교체' 〈TV조선〉이 2014년 11월 7일 뽑아든 제목이었다. 어린이집과 유치원에 다닐 만 3~5세 아이들한테 쓸 이듬해 무상보육 예산 3조 9,284억 원과 17개 시·도 무상급식 예산 2조 6,239억 원이 아주 못마땅했던 모양이다. "1년치 무상보육 예산이면 최신형 K-2 흑표전차 480대를 구입해 30년 묵은 탱크를 다 바꿀수 있다"는 내용이었다. 그래도 성이 안 찼던지 "그 돈이면 만 원짜리로 지구를 한 바퀴 돌릴 수 있다"고 덧붙였다.

같은 날 같은 방송에서 극우주전론자 조갑제는 재벌 아이들 급식 선택권을 들이대며 "강제 급식 지원은 인권유린이다"고 희한한 말까지 쏟아냈다. 오래전부터 평양 주석궁으로 탱크몰이를 외치며 "전쟁이 나쁘다고만 보는 우리 사회가 문제다"고 떠들어댔던 바로 그 주인공이다.

아무리 정치적 입장이 다르고 속이 뒤틀렸다손 치더라도 아이들 먹이고 가르치는 돈을 놓고 살상용 무기인 탱크에 빗대거나 당치도 않은 인권문제를 떠들어대는 건 그야말로 갈 때까지 갔다는 뜻이다. 군사주의 무장철학에 찌든 대한민국의 일그러진 모습이 드러난 셈이다. 제아무리 호전적 군국주의나 악질 전체주의도 속맘이야 어쨌든 드러내놓고 아이들 가르치고 먹이는 걸 볼모 삼아 군비확장을 외친 적은 없다.

전쟁 중에도 아이들 교육과 먹을거리만큼은 트집 잡지 않는다. 불문율이다. 지금껏 나는 숱한 전쟁터를 취재하면서도 이 따위 간 큰 소리를 질러대는 언론은 결코 본 적 없다. 이런 건 이념도 신념도 아니다.

그해 10월 30일 대한민국 신문들을 보자. 국산 전투기 FA-50 전력화 기념식에 들른 대통령 박근혜 사진을 올리면서 북한 국방위원회 제1위원장 김정은이 미그29 전투기 조종석에 앉은 사진을 함께 실었다.

남과 북 두 최고위급 정치인이 전투기와 함께 찍은 사진을 같은 날 올린 대한민국 언론사들 심보는 뭘까? 〈로동신문〉이야 김정은이 철지난 미그29 전투기에 올라탄 사진이 필요했는지 몰라도 대한민국 신문이 난데없이 그 사진을 뽑아 들 만큼 뉴스 가치가 있었을까?

이게 바로 대한민국 언론사의 해묵은 남북대결 편집증이다. 평화통일을 외치면서도 교묘하게 무력대결을 부추겨온 대한민국 언론의 정체다.

남한과 북한 누가 더 나빠요?

정부를 감시해야 할 언론이 그 짝이니 정부는 오죽하랴. 그해 11월 2일 제2차 남북고위급 접촉이 깨지던 꼴을 보자.

하루 전인 11월 1일 북한 조국평화통일위원회가 "우리 최고 존엄을 악랄하게 훼손하는 삐라 살포 망동을 중단하지 않는 한 남북대화도, 남북관계 개선도 없고…, 남조선 삐라 살포 놀음의 주범은 괴뢰당국이며 그 배후 주모자는 박근혜…,"라고 트집 잡자 통일부 대변인이 나서서 "북한이 우리 대통령을 실명 비난하고…, 북한이 그들의 최고 존엄만을 생각한다면 우리 대통령의 지위도 상호존중해야 된다"고 닦아세웠다. 끝. 그걸로 끝장났다.

통일부 대변인 말마따나 상호존중이 필요한 고위급 접촉을 앞두고 김정은을 욕하는 대북 전단이 날아가도 멀뚱멀뚱 쳐다만 본 정부는 대체 무슨 심사였던가? 조국평화통일위원회는 본디 그런 데다. 김대중, 노무현 대통령 때도 수틀리면 실명으로 막말을 퍼부어댔던 전통적인 대남 저격기구다. 박근혜 정부가 몰랐던가? 그 시절 두 대통령 정부가 욕지거리를 들으면서도 길을 갔던 건 나름대로 대북정책이 있었고 무엇보다 평화와 통일 의지가 강했던 까닭이다.

박정희가 쿠데타를 일으키기 꼭 3일 전인 1961년 5월 13일 창설한 조국평화통일위원회한테 욕 안 먹은 대한민국 대통령이 단 한 명도 없다. 박정희 정부 때부터 남북관계란 건 늘 그랬다. 모두들 앞에선 욕하고 삿대질하면서도 뒤로는 서로 길을 찾아보겠다고 애썼다.

박정희를 비롯한 모든 대통령이 적어도 박근혜처럼 회담을 코앞에 두고 북한 지도부를 욕하는 전단이 날아가도록 내버려두거나 모진 말 한마디에 판을 깨버리진 않았다.

남북 고위급 접촉을 그렇게 날려버린 건 박근혜 정부가 대북정책도 의지도 없다는 사실을 자백한 꼴이다. 박근혜 정부는 별스레 대통령 명예를 따지는데, 먹고살기 힘든 시민은 그런 데 관심도 없다. 시민은 대통령 명예보다 평화와 통일을 더 바랄 뿐이다.

그날 통일부 대변인이 국제규범을 들이대며 "그들(북한)의 최고 존엄만을 생각하는 비이성적 행태가 국제사회에 어떻게 비쳐질 것인지 깊이 생각해야 할 것"이라고 했던 말은 거의 자폭적 발언이었다. 그동안 적개심에 불타 서로를 죽어라고 욕해댔던 남과 북을 놓고 보면 참 낯 뜨거운 말이었다.

과연 국제사회에 어떻게 비칠까? 통일부 대변인이라면 반드시 알아야 할 대목이다. 불행하게도 국제사회 여론을 쥐락펴락하는 외신판에서는 남한과 북한을 그리 달리 보지 않는다. 두 코리아 모두를 아주 호전적인 국가warlike nation로, 두 코리언을 싸움꾼aggressive person 쯤으로 여긴다.

남한과 북한을 모두 취재한 경험이 있는 타이 기자 수빨락 간짜나쿤디Supalak Ganjanakhundee는 "외국인은 남한을 통해 한국(남북)을 본다. 북한을 잘 모를뿐더러 만날 수 있는 한국인은 거의 남한 사람들뿐이다"며 "국제사회에 한국이 호전적 인상을 심어줬다면 남한정부와 남한 사람들 탓이 크다"고 했다. 국제사회에서는 좋든 싫든 남한을 코리아 대표선수로 본다는 뜻이다.

세상을 돌아다녀본 이들이라면 잘 알겠지만 거의 모든 외국인한테는 '공격적 성향을 지닌 거친 한국인'이란 인상이 박혀 있다. 아니라고 우길 것도 억울해할 일도 없다. 군사대결주의로 60년을 지새운 땅에서 나고 자란 우리 몸이 기억하는 태도가 저절로 드러났을 테니.

"남과 북은 왜 싸우기만 해요. 남한과 북한, 누가 더 나빠요?"

인도네시아 친구 딸로 〈대장금〉을 줄줄 외우며 한국 드라마를 끼고 사는 간호사인 인탄이 던졌던 물음이다.

"남한이 문화도 경제도 북한 앞서는데 싸우는 모습은 왜 똑같아요?"

독일 친구 딸로 케이팝에 미쳐 가수 비와 결혼하겠다고 서울로 유학간 마리아가 던졌던 물음이다.

때마다 나는 숨이 막혔다. 속 시원한 답을 줄 수 없었던 탓이다. 적잖은 한국 사람이 겪었을 이런 괴로움은 통일 때까지 이어질 멍에가 아닌가 싶다. 국제사회에서 감상적인 '우리 편' 같은 건 없다. 외국 사람들은 〈대장금〉에 눈을 꽂고 케이팝에 귀를 박고 삼성 휴대폰을 두드리면서도 한국인의 호전성을 입에 올린다. 세상은 대한민국 정부 바람대로 남북대결에서 북한만 타박하지 않는다는 사실을 통일부 대변인이 오판하지 말았으면 한다.

전쟁광 그런데 겁쟁이

"한국(남한)은 싸우고 싶어도 맘대로 못 하잖아?"

독일 친구 입에서 전시작전통제권이 튀어나왔다. 로이끄라통 밤샘에서 가장 아팠던 이야기다. 전시작전통제권, 그렇다. 여기 호전적 군사대결주의에 물든 대한민국 진짜 모습이 담겨 있다.

1950년 7월 대통령 이승만이 한국전쟁 터지자마자 미군한테 넘겼던 전시작전통제권은 1961년 박정희 쿠데타 때 딱 열흘 동안 멈췄을 뿐 2017년 올해로 67년째 우리 손을 떠나 있다.

전시작전통제권이란 건 군사적 논리로만 따질 수 없다. 흔히 독립국가를 말할 때 외교주권과 군사주권을 고갱이로 꼽는다. 예컨대 국제사회에서 부탄을 온전한 독립국가로 보기 힘든 까닭은 외교권과 군사권을 인디아가 쥐고 있는 탓이다.

마찬가지로 아시아 현대사에서 유일하게 식민 지배를 안 받은 나라라고 우기는 타이가 지금껏 논란인 까닭도 제2차 세계대전 때 타이 정부가 일본한테 군사주권을 넘겨줘버린 탓이다. 역사적 사실을 봐도 그 시절 미국과 영국 정부는 타이를 일본 점령지로 규정했다.

그러면 대한민국은 대체 뭔가? 현재 지구에서 군사주권이 없는 나라는 부탄과 한국뿐이다. 전쟁광들은 전시작전통제권 이야기만 나오면 한국과 북대서양조약기구(NATO, 이하 나토)를 견주는데, 나토는 유엔헌장 제25조에 따라 유엔회원국이 아닌 초국가적 지역 협정체일 뿐이다. 한 국가와 지역 협정체를 견준다는 건 이치에도 안 맞는다. 게다가 나토는 전시작전통제권을 쥔 유럽동맹군총사령관을 전통적으로 미국이 맡아왔지만 회원국이 위임한 부대만 통제할 뿐이다.

한국과 독일의 전시작전권을 견주는 논리도 마찬가지다. 현재 독일 기본법은 군 통수권을 평시에는 국방장관이(제65조 a), 전시에는 총리가 지닌다(제115조 a)고만 못 박아두었다. 어디에도 통수권을 지닌 총리가 전시작전통제권을 자동으로 미군(나토)한테 넘긴다는 규정이 없다. 이건 '데프콘3'(전시준비태세)이 떨어지면 한미연합사령관인 미군이 자동으로 작전통제권을 쥐게 되는 한국과 전혀 다른 구조다.

대한민국처럼 분단국가인 타이완도, 날마다 전쟁인 이스라엘도, 정규군을 동원해 치고받아온 인디아와 파키스탄도, 아시아 최대 미군기지가 들어가 있는 일본도 군사주권만은 남한테 넘겨준 적이 없다. 이 나라들은 모두 정치적·군사적·경제적으로 미국 영향 아래 있지만 지킬 것은 지켜온 셈이다. 세계사를 훑어봐도 다른 나라가 군사주권을 돌려주겠다는데 안 받겠다고 바락바락 우기며 버틴 경우는 오직 대한민국뿐이다. 참 별난 나라다.

이러니 북한이 남한을 빼고 미국과 직거래하겠다고 우겨왔을 수밖에. 60년도 더 지났지만 남과 북은 국제법상 아직 휴전상태다. 1953년 한국전쟁이 끝난 게 아니다. 북한 입장에서 보자면 휴전 협정 당사자가 남한이 아니라 미국 정부였으니 마땅히 종전 협정도 미국과 할 수밖에 없다. 더욱이 전시작전통제권마저 미국 정부가 쥐고 있으니 남한 정부와 맺는 어떤 군사적 협정도 의미가 없다.

대한민국 정부가 북한을 욕하기 전에 스스로 논리부터 갖춰야 옳다. 거꾸로 남한과 중국 정부가 휴전 협정 당사자였고 북한의 전시작전통제권이 아직 중국 손에 있다고 가정해보면 아주 간단하게 답이 나온다. 과연 남한 정부가 북한을 군사 관련 협정상대로 여기겠는가?

전시작전통제권의 본질은 결투 없이 한순간도 못 견디는 우리 사회가 지녀온 심리적 강박감, 바로 호전성의 문제다. 평화를 먼저 생각하고 평화를 원한다면 전쟁도구인 전시작전통제권을 남한테 바칠 까닭이 없다. 이건 어떻게든 미국을 끌어들여 북한과 한판 해야 직성이 풀리는 군사대결주의자들 손에 대한민국이 놀아난 탓이다. 그 호전주의자들은 주권 따위를 생각할 겨를이 없다. 머릿속엔 오직 전쟁뿐이니. 근데 정작 그 전쟁광들은 미국 도움 없이 전쟁을 못 한다고 여기는 겁쟁이들이다. 바로 전시작전통제권 회수를 죽음이라 여겨온 이들이다. 참 별난 사람들이다.

군대나 무기로는 전쟁을 막을 수 없다. 마찬가지로 전시작전통제권을 미군한테 맡겨놨다고 전쟁을 막을 수 있는 것도 아니다. 전쟁을 막는 길은 오직 평화를 향한 의지와 행동뿐이다. 전쟁광들이 날뛸수록 반전깃발을 더 높이 들어야 하는 까닭이다.

'호전적인 한국인', 이 불쾌한 인상을 벗어버리기까지 앞으로 긴 세월이 필요할 듯싶다. 참 고단한 길이 될 것이다. 그래도 가야 한다. 스스로를 살리는 길이기도 하니.

지뢰가 무서워 전쟁을 못 한다고?

2013년 세계가 군사비로 쓴 돈이 1조 7,500억 달러다. 한국 돈 1,750조 원이다. 그 가운데 미국, 중국, 러시아, 인디아, 사우디아라비아, 대한민국, 이스라엘, 조선민주주의인민공화국 여덟 나라가 쓴 돈이 1조 1,000억 달러에 이른다. 한국 돈 1,100조 원이다.

상상 1. 이 여덟 나라 군사비를 인류 구제용으로 돌렸다. 지구 총인구 71억 가운데 하루 2달러 미만으로 살아가는 극빈층 24억 명한테 1년 동안 매일 12.3달러씩 안겨줄 수 있었다. 지구 빈곤문제가 단숨에 풀렸다.

상상 2. 이 여덟 나라가 없어지니 지구에서 전쟁이 멈췄다. 제2차 세계대전 뒤 지구에서 벌어진 온갖 전쟁과 분쟁에 이 여덟 나라가 안 걸친 적이 없었으니 진짜 '악의 축axis of evil'이 사라졌다. 지구엔 곧장 평화가 찾아왔다.

'전쟁 억지용' '최소비용'

실현가능성을 따져야 하는 상상이 늘 즐겁지만은 않다. 현실 속에서 이 여덟 나라는 앞뒤가 안 맞는 공통점을 지녔다. 모두 공세적 군사전략과 지구를 끝장낼 만한 대량 살상용 무기체계를 지녔지만 기껏 '대인지뢰 사용·비축·생산·이전 금지와 폐기'를 규정한 오타와협약Ottawa Treaty에 어깃장을 놓고 있으니 말이다.

현재 중국이 1억 1,000만 개, 러시아가 7,000만 개, 미국이 1,700만 개, 인디아가 500만 개, 대한민국이 200만 개에 이르는 지뢰를 지녔다. 이스라엘, 사우디아라비아, 조선민주주의인민공화국은 수치마저 밝힌 적이 없다. 지뢰란 놈은 지상군 공격을 더디게 하는 근접 방어용 무기다.

근데 감히 누가 지구 최강 군사력을 자랑해온 이 여덟 나라를 지상군으로 선제공격할 수 있을까? 굳이 따지자면 이 나라들 사이에 벌어질 수 있는 무력충돌뿐인데 저마다 공습과 장거리미사일을 앞세운 원정군사 개념을 지녔다. 그러니 한쪽이 지상군을 투입할 정도면 반대쪽은 이미 끝장난 경우다. 지뢰 따위로 방어할 수 없다. 이 나라들한테는 지뢰가 쓸모없다는 뜻이다. 달리 지뢰가 무서워 이 여덟 나라를 공격 못 하는 게 아니니 지뢰가 전쟁 억지용은 더욱 아니다.

근데 이 군사대국들이 왜 지뢰를 신줏단지처럼 모셔왔을까? 현실 속에서 답을 찾자면 침략정책 탓이다. 점령지에 지뢰가 필요했던 까닭이다. 이스라엘이 점령지 골란고원에 심은 지뢰나 인디아가 점령지 카슈미르에 묻은 지뢰가 그렇고 러시아의 아프가니스탄 침공과 미국의 이라크 침공이 남긴 지뢰가 좋은 본보기들이다. 이렇듯 침략군한테는 지뢰가 방어용 무기가 아니라 공격용 무기가 되는 셈이다. 지뢰를 포기할 수 없다고 우겨온 까닭이다.

'최소 비용·최대 효과'

이게 병아리 오줌 같은 지뢰신봉자들 사이에 떠도는 신화다. '최소 비용'부터 따져보자. 대인지뢰 하나를 만드는 데 3~75달러밖에 들지 않으니 얼핏 그럴듯하게 들릴 수도 있다. 그러나 지뢰 하나를 걷어내는 데는 300~1,000달러가 든다. 지뢰는 폐기 비용을 포함하는 무기다.

군사적 셈법으로 1인 기동력 무력화나 1인 살상에 1,000달러가 든다는 건 경제성이 없다. 견줘보자면 로켓유탄발사기RPG가 900달러고 그 로켓 한 발이 100달러쯤 한다. 그 한 발이면 웬만한 장갑차나 헬리콥터까지 박살낼 수 있고 분대 하나쯤 기동력이야 쉽사리 마비시킬 수도 있다. 로켓유탄발사기는 전선에서야 공포의 대상이지만 전쟁이 끝나면 지뢰처럼 땅바닥에 숨어 자손 대대 희생자를 내진 않는다.

'최대 효과'란 건 군인이 아니라 시민살상에서나 그랬다는 말이다. 지금껏 82%가 넘는 지뢰희생자가 어린이와 여성이었다. 전투와 전혀 상관없는 민간인이었다.

유엔보고서는 이미 깔린 지뢰 1억 2,000만 개를 현재 속도로 걸어 낸다면 지구를 지뢰 안전지대로 만드는 데 꼬박 1,100년이 걸린다고 밝혔다. 한마디로 지뢰는 작은 핵발전소다. 건설비용보다 폐기물 처리·관리·시설폐기 비용이 더 많이 들고 후손한테 책임을 떠넘기는 야비한 성격까지 핵발전소를 그대로 빼닮았다. 이게 지뢰의 정치경제학이다.

이미 한국군에 넘겼다

2014년 6월 27일, 미국 정부가 중요한 발표를 했다. 국가안보회의 대변인 케이틀린 헤이든Caitlin Hayden은 "대인지뢰 생산과 구입(뿐 아니라), 유효기간 만료 지뢰도 대체하지 않겠다. 궁극적으로 오타와협약 참여 방법을 찾을 것이다"고 밝혔다. 대통령 버락 오바마가 국제사회 흐름을 좇아 2005년 상원의원 시절 약속했던 지뢰금지와 그동안 내세웠던 다국간 상호주의multilateralism 외교정책에 따른 명분 챙기기로 볼 만했다.

비록 오타와협약 참여시기와 지뢰폐기 계획이 빠진 어정쩡한 발표였지만 앞선 6월 19일 〈월스트리트 저널〉이 "다음 주에 오바마가 오타와협약에 서명할 것이다"는 기사를 흘린 뒤라 모든 외신이 달려들었다.

근데 대한민국 언론은 마리 하프Marie Harf 국무부 부대변인이 "(대인지뢰 금지) 발표는 어떤 형태로든 한반도 방어에 영향을 끼치지 않는다"고 밝힌 대목에만 눈길을 주고는 서둘러 접었다. 언론사마다 뉴스를 가려 뽑는 원칙이 다를 테고 편집방향이나 이념도 차이가 날 수 있다. 그렇더라도 이 사안은 한반도 생존이 걸린 문제일 뿐 아니라 세계사의 흐름이 담긴 아주 중대한 뉴스거리였다.

오타와협약은 비록 대인지뢰만 금지한 한계를 지녔고 아직껏 35개국이 뻗대는 통에 미완성이긴 하지만 최초로 시민단체들이 각국 정부를 압박해 군축협상을 끌어낸 인류사적 가치를 지녔다. 이 오타와협약 완성에 걸림돌이면서 달리 실마리가 될 수도 있는 게 바로 한반도다.

근데 오타와협약 운명을 쥔 미국 정부가 지뢰정책 변화를 알리는 판을 펼쳤는데도 대한민국 언론은 그냥 흘려버리고 말았다. 모두가 외신을 따서 미국 정부 발표만 보도하고 접었다. 미국 정부의 지뢰정책 변화에 따라 이리저리 휘둘릴 대한민국 정부의 속내를 캐물은 언론사가 단 하나도 없었다. 언론참사였다.

워싱턴을 보자. 1994년 대통령 빌 클린턴Bill Climton은 처음으로 대인지뢰 금지안을 내놨지만 정작 군부저항에 밀려 대체무기 개발을 앞세우며 2006년 가입약속만 한 채 오타와협약에 서명하지 않았다. 이어 2004년 대통령 조지 워커 부시George Walker Bush가 자폭식 지뢰self-destructing mines 포기 불가로 정책을 바꾸면서 오타와협약은 물 건너갔다. 2009년 대통령 오바마가 그 정책을 이어받았다. 그 과정에서 2004년부터 미국 정부의 지뢰정책은 한반도를 볼모로 삼았다.

"한반도를 제외하고 비자폭식 대전차 지뢰persistent anti-vehicle mines 가 필요하다면 2010년까지 대통령 재가를 받아 사용한다."

"비자폭식 지뢰(대인·대전차 포함)가 한국 방어에 쓸모없을 때는 2년 안에 폐기한다."

바로 이 두 조건이다. 얼핏 어렵게 들리지만 이건 미국 정부가 한반도 예외정책을 앞세워 자폭식 지뢰를 포기하지 않겠다는 뜻이고 또 한반도에서는 자폭식이든 비자폭식이든 계속 지뢰를 사용하겠다는 말이다. 그동안 미국 정부는 "지뢰 없이 북한으로부터 남한을 보호하기 힘들다"고 둘러대며 오타와협약을 거부해왔다.

그러니 미국을 좇는 대한민국은 오타와협약 가입 꿈도 꿀 수 없었다. 견줘보자. 대한민국처럼 주둔 미군이 지뢰를 비축해온 독일, 영국, 스페인, 그리스, 이탈리아, 노르웨이, 일본은 모두 오타와협약을 비준했다.

서울을 보자. 대한민국 정부는 1997년 오타와협약 체결 직전 '비무장지대 예외인정'과 '가입 후 9년간 실행유예'를 조건으로 내걸었다가 퇴짜 맞았다. 그러고는 미국을 좇아 대체무기 개발을 전제로 2006년까지 가입하겠노라 약속했다.

10년이 지났지만 아직까지 대한민국 정부는 대체무기를 개발했는지, 오타와협약 가입은 어떻게 할 것인지, 독자적인 지뢰정책은 무엇인지 같은 기본적인 원칙마저 밝힌 적이 없다. 그사이 대한민국 정부는 이 지뢰 문제로 더 골치 아프게 됐다. 대한민국 정부 간청으로 2015년 12월로 잡힌 미군의 전시작전통제권 한국군 이양이 다시 무제한 연기될 가능성이 높아진 탓이다.

주한 미군은 이미 지뢰를 한국군한테 모두 넘겼다. 그리고 머잖아 미국이 오타와협약에 서명하면 미군은 지뢰에 손댈 수 없다. 그리고 만약 한반도에서 남북이 충돌한다면 전시작전통제권을 지닌 미군이 정작 한국군의 지뢰를 통제할 수 없는 일이 벌어진다.

전시작전통제권은 군사작전뿐 아니라 군 편제와 무기체계 운용까지 포함한다. 전시작전통제권을 죽어라고 미군한테 떠넘겨온 대한민국 정부는 그 지뢰를 대체 어떻게 하겠다는 걸까? 전시작전통제권이든 뭐든 남한테 떠넘기겠다면 적어도 논리만은 갖춰야 옳다는 말이다. 미국 정부가 오타와협약에 서명하고 나면 대한민국 정부는 미군이 떠넘긴 지뢰를 끌어안고 이러지도 저러지도 못하는 그야말로 웃기는 꼴이 되고 만다.

대한민국 정부한테 길은 딱 두 갈래뿐이다. 오타와협약에 서명하고 지뢰를 포기하든지, 그게 죽어도 싫다면 전시작전통제권이라도 가져오든지. 말할 나위도 없이 대한민국 정부가 반드시 가야 할 길은 따로 있다. 미군한테 떠맡겨놓은 전시작전통제권도 되찾아오고 오타와협약에도 서명해서 평화를 향한 세계시민사회 일원으로 거듭나는 길이다.

보라. 지뢰정책도 없고 전시작전통제권도 없이 미국 눈치만 보며 끌려다닌 대한민국 정부는 결국 2014년 6월 백악관의 지뢰정책 '변심' 앞에서 입도 뻥긋 못 하지 않았던가! 국제사회에서 독립국가 정부라면 자신들 문제가 걸린 사안 앞에서 좋든 싫든 논평 한 줄이나 성명 한마디라도 날리는 게 기본이다. 외교참사였다.

군대는 무기를 포기할 능력이 없다

한참 늦었지만 이제라도 대한민국 정부가 정신 차릴 때가 됐다. 미국 정부가 오타와협약에 서명하는 순간 한국 정부도 피해 가기 힘들다. 오바마가 임기 안에 의회비준을 받기 힘들 것이라는 분석 따위는 대한민국 정부가 기댈 만한 버팀목이 아니다. 시간문제일 뿐 어차피 오타와협약은 대세다.

대한민국 정부가 한반도만 예외로 해달라고 또 보채봤자 국제사회에서 비웃음거리만 되고 만다. 그런 건 미국이 뒤를 받쳐줄 때나 써먹을 수 있었던 어리광외교일 뿐이다. 끌려다니느니 차라리 제 발로 먼저 나서면 명분도 실리도 다 얻을 수 있다. 바로 지금이다.

남한만 지뢰를 포기해서도 안 된다. 남북군축협상 카드를 들고 북한과 함께 가야 한다. 이건 전혀 새로운 일이 아니다. 이미 1992년 군축합의를 담은 남북기본합의서도 있다. 1999년 국방장관 조성태가 "지뢰를 주요 군축의제로 다룰 수 있다"고 국회에서 밝힌 적도 있다. 이제라도 남북기본합의서에 따라 지뢰를 놓고 서로 머리를 맞대면 된다.

통일하겠다면 휴전선에 깔아놓은 지뢰 100만 개는 어차피 걷어내야 하고 더 늦출 까닭도 없다. 그렇게 둘이 함께 오타와협약에 가입하는 순간 한반도를 뛰어넘어 인류문제 해결을 앞당기는 길로 들어서게 된다.

남북이 오타와협약에 가입해버리면 한반도를 핑계 삼았던 미국이 손들 수밖에 없다. 그러면 미국을 핑계 삼았던 러시아와 중국이 안 움직일 수 없다. 사우디아라비아, 이스라엘 같은 미가입국들은 자동으로 따라오게 된다. 미국 정부가 오타와협약 참여를 입에 올린 지금이 적기다. 지금 남북이 마주 앉으면 국제사회 지지까지 얻을 수 있다. 현실성 없는 공상을 말하는 게 아니다.

남과 북이 지뢰를 걷어낸다고 군사적으로 서로 밑질 것도 없다. 그동안 지뢰를 반대해온 미국 전 합참의장 데이비드 존스David Jones나 제1차 이라크 침공을 이끌었던 노먼 슈워츠코프Norman Schwarzkopf 장군 같은 이들 말을 군이 빌리지 않더라도 한반도에서 지뢰신화는 이미 끝났다. 미군과 한국군이 지닌 현대전 무기들이 지뢰를 대신하고도 남는다는 사실쯤이야 알 만한 이들은 다 안다.

북한도 그렇다. 지상군이 휴전선을 돌파하지 않고도 남한 전역을 타격할 만한 온갖 무기를 지녔다. 남북 모두 기껏 지뢰에 매달릴 만큼 호락호락한 군사력이 아니다. 둘 다 세계 10위권을 오르내리는 군사대국이다. 불행하게도.

주한 미군 사령관을 지낸 제임스 홀링스워스James Hollingsworth는 "한반도 대인지뢰가 시민뿐 아니라 오히려 기동전을 앞세우는 미군한테도 장애가 될 수 있다"고 했다. 그럼에도 여전히 한국군과 미군 지휘부에는 지뢰를 전쟁 억지용이라 우기는 이들이 적잖다.

세계 전사戰史를 눈 닦고 뒤져봐도 전투 방어용인 지뢰가 전쟁을 막았다는 기록은 없다. 이건 전투와 전쟁마저 구분 못 한 채 모든 무기가 전쟁 억지력을 지녔다고 우겨온 희한한 군인들의 정신세계일 뿐이다. 이 제껏 군대가 어떤 무기든 스스로 폐기하겠다고 나선 적은 없었다. 그게 군사문화의 세계사적 전통이다. 지뢰문제를 군인 손에 맡겨둘 수 없는 까닭이다.

"펜타곤은 제도적으로 책임문제가 따르기 때문에 스스로 무기를 포기할 능력이 없다."

미군 통수권을 지닌 대통령 빌 클린턴한데 오타와협약 서명을 요구했던 퇴역장군 15명 가운데 한 명인 로버트 가드Robert Gard 말을 귀담아 들어볼 만하다. 지뢰문제를 군사가 아닌 정치로 풀어야 한다는 뜻이다. 대한민국 군대 통수권을 지닌 대통령 박근혜가 나서야 하는 까닭이다. 지뢰문제 해결은 비무장지대 평화공원 건설이란 꿈을 지닌 박근혜한테 가장 어울리는 실행안이기도 하다.

남과 북이 더 늦기 전에 함께 지뢰를 걷어내야 한다. 한반도를 살리고 인류를 살리는 길이다.

대통령은 5년짜리 비정규직이다

대통령 신년기자회견은 새해를 맞아 대통령이 기자들 물음에 답하면서 한 해 국정계획과 의지를 밝히는 자리다. 시민사회가 보낸 대표선수격인 기자는 대통령을 후벼 시민의 궁금증을 풀어줄 의무가 있다. 대통령은 마땅히 시민한테 예의 바르게 정책과 철학을 낱낱이 보고할 의무가 있고. 따라서 그 자리는 농담이나 덕담을 주고받는 연회가 아니다.

2014년 1월 대통령 박근혜 신년기자회견은 그래서 두고두고 되짚어 볼 만하다. 2013년 2월 청와대로 들어간 뒤 열 달 넘도록 기자회견 한 번

한 적 없던 불통대통령이 장관과 참모들을 줄줄이 거느리고 신년기자회견장에 나타난 것까진 봐줄 수도 있다.

근데 청와대가 미리 질문할 기자들을 정해놓고 질문지까지 받아간 뒤 박근혜는 기자회견 내내 만들어온 모범답안을 읽어내려갔다. 다른 나라 대통령이나 총리도 신년기자회견 때 미리 질문지를 받거나 예상답안을 공부해서 들어오는 경우가 적잖다. 그렇더라도 박근혜처럼 답안지를 대놓고 읽는 꼴은 안 보인다. 미리 짰으면 죽어라 연습이라도 해서 그런 남세스러운 모습은 보이지 말았어야 옳다.

한 나라 대통령이 자신의 국정계획과 철학을 밝히는 자리, 그것도 미리 짜놓은 기껏 80분짜리 기자회견을 답안지 없이 끌어가지 못한다고? 자질과 능력 따위는 따질 것도 없고 기본적인 예의문제다. 대통령이 시민을 얼마나 우습게 여기는지 잘 보여준 사건이었다.

"집무시간이 끝나고 관사로 돌아가서도 국정을 챙기고 국민을 생각한다."

이게 그동안 박근혜가 해왔던 말이다. 근데 어째서 국민한테 국정을 밝히는 기자회견 준비마저 제대로 못해 답안지를 읽었을까? 날마다 하는 기자회견도 아니고 열 달 만에 나타나서는.

그 신년기자회견에는 외신기자까지 달려들었으니 나라 안팎으로 우세당한 꼴이다. 나는 외신판에서 25년 넘도록 온갖 기자회견을 봐왔지만 답안지 읽는 대통령이나 총리를 본 적은 없다. 대한민국 정치판이 걸핏하면 모델로 삼는 미국을 견줘보자. 예컨대 대통령 버락 오바마가 신년기자회견장에 나타나 고개를 박고 답안지를 줄줄 읽었다 치자. 미국 언론이나 시민사회는 난리가 나고 그날로 오바마 인생이 끝장날 게 뻔하다. 그만큼 심각한 일이라는 뜻이다.

우리는 너무 오랫동안 대통령이란 자를 너무 너그럽게 봐줬다. 대통령이 뭔가? 시민이 먹고살기 바쁘니까 엄청난 월급 줘가면서 정부를 잘 꾸려달라고 고용한 5년짜리 비정규직 공무원이다.

그런 대통령이 시민 앞에서 답안지를 읽었다는 건 태업을 한 꼴이다. 불통 가운데도 아주 새로운 유형이다.

대통령의 소통, 이건 목숨만큼 중요한 일이지만 그렇다고 아주 번거로운 일도 아니다. 간단하다. 기자와 말문을 트면 된다. 상식적인 대통령과 시민사회는 기자를 연락책 삼아 서로 뜻한 바를 거뜬히 주고받아왔다. 내가 봐온 수많은 대통령과 총리도 다 그랬다. 내키지 않아도 흉내만큼은 열심히들 냈다. 독재자 반열에 오른 캄보디아 총리 훈 센Hun Sen도 기자들이 동선을 쫓아 어디서든 매복 인터뷰로 붙들어 세울 수 있을 정도다.

불통, 무지거나 독선이거나

말이 난 김에 내가 마주 앉아본 대통령이나 총리 같은 최고위급 정치인들을 청와대 불통과 견줘볼까 한다. 그이들 정치적 이념이나 공과는 그쪽 시민사회 몫으로 넘겨주고 여기서는 언론을 낀 소통법을 짚어보자.

불통부터 보자. 언론을 패대기친 최악 불통으로 나는 2001년 7월 23일 자까르따의 밤 9시 30분을 또렷이 기억한다. 그날 부통령이었던 메가와띠 수까르노뿌뜨리는 정적인 압둘라만 와히드Abdurrahman Wahid 대통령을 탄핵하고 헌법에 따라 대통령 자리를 차지했다. 메가와띠는 대통령 취임 기자회견장에서 미리 써온 연설문을 딱 5분 동안 읽고는 자리를 떴다. 메가와띠가 연설 5분 동안 줄곧 원고에 고개를 박았던 탓에 얼굴이 필요한 사진기자들은 애를 먹었다.

그 탄핵정국 일주일 동안 국민협의회(MPR, 최고의사결정기구로 상원 격) 바닥에서 먹고 자며 지새웠던 기자들이 비명을 질러댔지만 메가와띠는 눈길 한 번 안 주고 휙 사라졌다. 세계적인 불통대통령이 탄생하는 순간이었다. 그렇게 첫날부터 언론과 담 쌓았던 메가와띠는 임기를 마치고 10년도 더 지난 오늘까지 기자들 사이에 비웃음거리로만 오르내린다.

외신판에서 메가와띠와 함께 "불통쌍둥이"로 불리기 시작한 박근혜가 눈여겨봐야 할 대목이다.

파키스탄 전 총리 베나지르 부토Benazir Bhutto나 버마 국가 고문 아웅산수찌Aung San Suu Kyi도 불통에서는 둘째가라면 서러워할 인물들이다. 다만 그 불통에도 종류는 있다.

인도네시아와 한국의 불통쌍둥이가 답안지 없이는 기자들 앞에 나설 수 없다면, 그 둘은 연설이든 기자회견이든 외신 인터뷰든 고개를 박지 않는다는 공통점을 지녔다. 부토와 아웅산수찌는 언제나 고개를 빳빳이 들고 정치, 경제, 사회, 문화, 외교, 군사에 이르기까지 정교한 데이터를 거침없이 쏟아냈다.

나는 그 둘이 기자들 앞에서 말문이 막혀 머뭇거리거나 정보·자료 도움을 받고자 참모들 쳐다보는 모습을 결코 본 적이 없다. 그만큼 치열하게 공부해왔다는 증거다. 그게 그이들이 고개를 빳빳이 쳐들 수 있는 자존심의 원천이었다. 침묵의 미학을 나불거리고 허튼 카리스마나 앞세우는 불통쌍둥이와 견줘보면 그야말로 하늘과 땅 차이다.

불통이란 무지를 감추는 행위의 다른 말이다. 박근혜가 왜 신년기자 회견장에 참모들을 우르르 몰고 나타났을까? 대통령이나 총리들 기자 회견치고는 매우 낯선 풍경이었다. 그 깊은 속내야 알 길이 없지만 혼자서는 겁이 났거나 아니면 위세를 부리고 싶었는지도 모르겠다. 뭐가 됐든 자신감이 없다는 사실을 자백한 것만큼은 틀림없다.

나는 말레이시아 전 총리 압둘라 바다위Abdullah Ahmad Badawi와 단독 인터뷰 때 그런 희한한 풍경과 마주친 적이 있다. 대통령이나 총리 단독 인터뷰 자리엔 보통 비서나 특보 한 명쯤에다 공식 사진사와 기록원이 멀찍이 앉는 게 다다.

근데 바다위는 총리실 특보와 외교부 참모 10여 명을 데리고 인해전술로 나왔다. 아니나 다를까, 바다위는 인터뷰 내내 말끝마다 참모들을 둘러보며 데이터를 확인하고 동의를 구했다. 게다가 시민 사이에 따뜻한 미소로 소문난 바다위는 온데간데없고 불편한 질문에는 얼굴을 찌푸리며 화를 내기도 했다. 그러니 가장 재미없고 지루했던 인터뷰로 기억할 뿐이다.

오히려 바다위 전임 총리이자 독선과 독설로 이름 날린 마하티르 모하맛Mahathir Mohamad은 인터뷰 자리에서 진가를 본 경우다. 그이는 동서고금을 꿰뚫는 해박한 지식과 짜임새 있는 논리로 인터뷰를 끌어갔다. 속을 할퀼 만한 날카로운 질문들도 느긋하게 받아치는 마하티르의 도도함이 말레이시아라는 나라를 다시 보게 만들었다.

그러고 보니 마주 앉아본 최고위급 정치인 가운데 불통들은 공통점이 있다. 그이들은 하나같이 인터뷰 때 비판적인 질문에 목소리를 높이거나 삐쳤다. 타이 전 총리 탁신 친나왓Thaksin Shinawatra, 아피싯 웨차치와Abhisit Vejjajiva, 메가와띠, 아웅산수찌, 바다위가 다 그랬다. 그이들이 언론을 하찮게 여기거나 통제대상쯤으로 여겼던 것도 빼닮았다.

소통, 이 분야에서는 인도네시아 전 대통령 와히드가 아주 돋보였다. 독재자 수하르또Soeharto의 32년 침묵에 신물 났던 시민사회는 첫 민주선거로 뽑은 와히드의 화끈한 소통에 열광했다.

"정부가 오늘 뭘 하는지, 내일 뭘 할지 알려준 게 와히드의 가장 큰 업적이다."

2004년 살해당한 인권운동가 무니르 탈립Munir Said Thalib 말마따나 와히드는 의전이나 형식을 제쳐놓고 늘 시민사회에 직접 정보를 전하고자 애썼던 대통령이다. 비록 수하르또 잔당들과 기득권층에 밀린 소수당 한계를 넘지 못해 임기 중 탄핵당한 대통령으로 끝났지만 와히드가 보여주었던 소통만큼은 아시아 현대 정치사에 소중한 경험으로 기록할 만하다. 그 무렵 정적들은 와히드 탄핵 사유 가운데 하나로 '대통령 권위에 어울리지 않는 말'을 내세웠다. 비슷한 시기에 대통령 노무현을 탄핵하겠다고 날뛰었던 야당과 보수언론이 들이댄 무기와 신기할 만큼 빼닮았다. 한국에서든 인도네시아에서든 수구 보수세력은 시민사회와 말문을 트고 손을 잡으려는 대통령의 소통을 그렇게 무서워했던 모양이다.

촌철살인 연설로 이름난 타이 전 총리 추안 릭빠이Chuan Leekpai도 소통에서만큼은 한 경계 넘은 정치인이다. 언제 어디서든 기자들이 질문을 던지면 가던 길을 멈춰온 추안은 긴 정치여정에서 누구보다 우호적인 언론을 달고 다닌 정치인으로 꼽을 만하다. 내외신을 통틀어 웬만해선 추안을 해코지하는 기사가 뜨지 않는 까닭이었다.

하나 덧붙이자면 외신판에서는 20년 전 야당대표 시절 인터뷰했던 외신기자들한테 대통령이 되고도 연하장을 띄웠던 김대중 이야기가 아직도 입에 오르내리고 있다. 그런 작은 정성이 바로 소통법이고 그게 국제사회에서 한국을 대표하는 인물로 김대중을 각인시킨 동력이 아니었던가 싶다.

청와대 출입 기자단의 '라면' 엠바고

이쯤에서 불통대통령만 탓할 게 아니라 우리 언론판도 짚어볼 때가 됐다. 출입처 제도다. 나는 이게 대통령과 시민사회를 가로막아온 주범 가운데 하나라고 본다. 출입처 제도는 일본 제국주의가 씨를 뿌렸고 독재정부가 키워온 아주 질 낮은 전근대적 폐습이다.

이 제도는 1922년 경제부 기자들이 일본 기자클럽을 본떠 만든 간친회懇親會에 뿌리를 두는데 1963년 박정희 정부가 청와대 기자실을 열면서부터 본격적인 언론통제 기구로 자리 잡기 시작했다.

원칙을 말하자면, 언론은 시민사회를 대신해 정부 감시 기능을 지녀왔고 따라서 언론과 정부는 필연적으로 적대관계일 수밖에 없다. 그게 건강한 사회다. 근데 출입처 제도 아래서는 그런 기능이나 관계가 제대로 돌아갈 수 없다. 예컨대 기자들 앞에 '청와대 출입 기자단'이니 '국회 출입 기자단' 같은 이름이 붙는 순간 독립적인 취재는 끝장나고 만다. 그 '단' 속에서 기자들과 취재원들이 한데 어울려 숟가락을 부딪치고 술잔을 돌리다 보면 패거리 의식이라는 굴레에서 벗어날 수 없는 탓이다.

게다가 그 '단'과 부딪치면 동료기자들 사이에서 외톨이가 되거나 취재원한테 정보를 얻을 수 없거나 아예 출입증까지 빼앗기고 만다. 조폭 문화와 다를 바 없다. 이러니 언론자유란 게 기자 독립성에서 출발한다는 원론을 백날 떠들어댄들 출입처 제도 밑에서는 일탈을 노릴 만큼 간 큰 기자가 나오기 힘들 수밖에.

좋은 본보기가 하나 있다. 2014년 5월 8일 청와대 출입 기자단이 〈한겨레〉, 〈경향신문〉, 〈한국일보〉, 〈오마이뉴스〉 동료기자들한테 63일 동안 청와대 출입 정지라는 징벌을 내렸다. 세월호가 뒤집힌 4월 16일 실종자 가족들이 묵던 진도 실내체육관에서 교육장관 서남수가 라면을 먹어 말썽이 일자 청와대 대변인 민경욱이 "계란을 넣어 먹은 것도 아니고"라며 짜증을 부렸다.

민경욱은 곧 그 말에 오프더레코드off the record를 요청했고 청와대 출입 기자단은 일정 기간 보도를 제한하는 이른바 엠바고embargo를 쳤다. 그걸 〈한겨레〉를 비롯한 네 언론사 기자들이 깨고 보도했다는 게 징벌 이유다.

좀 더 따져보자면 대변인이 '오프'를 걸었던 게 국가안보나 대통령 경호나 정책상 비밀이 필요한 중대한 발언도 아닌 '라면'이었다. 청와대 대변인은 사사로운 농지거리나 하라는 자리가 아니다. 그 한마디 한마디가 다 공적일 수밖에 없다.

더 웃기는 건 대변인 요청을 받은 청와대 출입 기자단이 기껏 '라면' 따위에 엠바고를 쳤다는 사실이다. 그래놓고는 청와대도 아닌 출입기자단이 제 몸뚱어리 한쪽인 동료기자들을 징벌했다. 이 청와대 출입 기자단 코미디를 어떻게 이해해야 좋을까? 그동안 시민사회가 알아야 할 중대한 정보들을 청와대 출입 기자단이 얼마나 많이 뭉개버렸을지 헤아려 볼 만하다.

현재 청와대 출입 기자단은 신문사, 방송사, 통신사, 외신, 인터넷 매체 기자 180여 명이 대표 간사 7명을 뽑아 꾸리고 있다. 물론 청와대 출입 기자단에 몸담지 않은 기자는 청와대를 취재할 수 없다. 국회도, 국방부도, 검찰도, 법원도 다 마찬가지다. 출입처란 이름이 붙은 곳은 모조리 기자단 소속이 아니면 취재금지 구역이 되고 만다. 그 출입처란 울타리 안에서 권언유착과 정보독점이라는 고질적인 대한민국 언론병이 자라 왔다.

나는 외신기자로서 그동안 아시아, 아프리카, 유럽 쪽 수많은 정부를 취재하면서 대통령실이니 총리실을 들락거렸지만 그따위 출입처 제도 때문에 발이 묶인 적은 단 한 번도 없었다.

보라. 2014년 대통령 신년기자회견을 놓고 말썽이 났지만 정작 청와대 출입 기자단은 굳게 입을 닫았다.

"자유로운 질의응답 아니면 대통령 신년기자회견을 거부하겠다며 왜 달려들지 못했나?"

청와대를 출입하는 동료기자한테 이 단순한 질문을 던질 수 있는 대한민국 기자는 흔치 않다. 저마다 출입처에 묶인 팔자라 이 질문이 얼마나 잔인한지 잘 아는 까닭이다. 대통령은 바로 그런 출입처 제도 뒤에 숨어 마음껏 불통을 부릴 수 있었다.

우리는 왜 다른 나라 신문이나 방송처럼 날마다 "대통령이 말하기를" "대통령 말에 따르면" 같은 뉴스를 볼 수 없는가? 우리는 왜 허구한 날 "청와대 관계자에 따르면" "익명을 요구한 청와대 참모는" 같은 말을 통해 대통령 심사나 정부 돌아가는 꼴을 헤아려야만 하는가?

대한민국 대통령이 벙어리가 아니듯이 대한민국 시민은 점쟁이가 아니다. 대통령 소리가 시민한테 바로 전해지는 게 건강한 사회다. 한참 늦었지만 이제라도 대통령과 시민 사이를 가로막는 출입처 제도를 걷어낼 때가 됐다. 불통대통령과 언론이 한통속일 때 그 피해는 결국 모조리 시민한테 돌아갈 수밖에 없다.

시진핑과 아베는 있는데 박근혜는?

"초청장처럼 골치 아픈 게 없어. 정상급 외교에서는 받는 입장이 되면 더 그래. 가고 안 가고에 따라 정부관계가 싸늘해질 수도 있고. 또 다자외교로 넘어가면 초청장 받느냐 못 받느냐에 따라 나라 지위가 결판나는 꼴이니 다루기에 따라 아주 위험한 물건이지."

2005년, 인도네시아 전 대통령 와히드가 아시아태평양경제협력체 APEC 정상회담을 되돌아보는 자리에서 내게 했던 말이다.

초청장이란 게 정부한테든 개인한테든 성가신 물건인가 보다. 남의 관심을 그냥 덮어버리기도 그렇고, 내키지 않는데 받아들이기도 영 마뜩

잖고, 그러면서도 나만 쏙 빼놓으면 섭섭하고. 게다가 초청장은 주고받는 이들 사이에 서로 급수를 저울질하면서 이문을 따지는 영악한 속내를 지닌 물건이기도 하니. 동네 사람들끼리만 그런가 했더니 국가대표 정치인들 사이에도 마찬가지인 듯.

2015년 4월 19일 자까르따는 정신없이 돌아갔다. 베트남, 이란, 타이를 비롯한 32개국 대통령과 총리에다 필리핀과 러시아를 비롯한 77개국 부통령과 부총리가 날아들었다. 19일부터 24일까지 자까르따와 반둥에서 열리는 아시아-아프리카회의Asian-African Conference 60주년과 아시아-아프리카 신전략파트너십New Asian-African Strategic Partnership 10주년을 기리는 자리였다.

무엇보다 인도네시아 힘이 드러났다. 기념식 하나를 내걸고 109개 나라 최고위급 대표단을 한날 한자리에 끌어 모을 수 있다는 건 예사롭게 볼 일이 아니었다.

1955년 이른바 콜롬보그룹 회원국인 인도네시아, 인디아, 파키스탄, 버마, 스리랑카가 앞장선 아시아-아프리카회의에는 29개국이 모여 반식민주의와 반제국주의를 외쳤다. 세상이 미국과 소비에트러시아로 갈린 냉전 시절 아시아-아프리카회의는 대안세력 가능성을 보여주며 1961년 유고슬라비아에서 열렸던 비동맹운동 발판을 깔았다.

흔히들 반둥회의Bandung Conference라고도 부르는 아시아-아프리카회의가 바로 현대사에서 반식민주의, 반제국주의, 민족자결과 함께 가장 소중한 정신으로 꼽을 만한 비동맹운동이 태어난 고향이었다.

나라마다 속셈이야 어떻든 100여 명 웃도는 최고위급 국가대표단이 몰려들었다는 건 국제사회가 그 '반둥정신'만은 업신여길 수 없다는 사실을 보여준 셈이다.

중국 주석 시진핑은 20~21일 파키스탄 국빈 방문을 거쳐 21일 자정 무렵 자까르따에 닿았다. 일본 총리 아베는 29일 미국 상·하원 합동연설을 앞두고 21일 밤 자까르따로 들어왔다. 이 둘 일정을 따져볼 만하다. 반둥회의 60주년 기념식 참석에 맞춰 다른 해외 방문 일정을 짰다는 뜻이다. 같은 시간 대한민국 대통령 박근혜는 남미 4개 방문국 가운데 하나인 칠레에서 교민들을 만나고 있었다.

왜 그 많은 정상들이 몰려갔을까?

시진핑은 2015년 1월 인도네시아 정부가 초청하자마자 곧장 참석 결정을 내렸다. 아베는 참석 결정뿐 아니라 2월부터 일찌감치 연설문까지 다듬었다. 같은 시간 박근혜는 4월 16일 세월호 1주기에 맞춰 '도피형' 남미 4개국 방문 일정을 만지고 있었다.

청와대는 초청장을 받자마자 이내 "다른 일정이 있어 참석하기 힘들다"는 말을 흘렸다. 대한민국 외교참사였다. 박근혜 둘레에는 반둥회의 60주년 기념식 의미를 아는 자도 없었고, 대통령 초청장을 다룰 줄 아는 자조차 없었다는 뜻이다.

세상 돌아가는 판을 스스로 짚을 능력이 없다면 눈치라도 볼 줄 알아야 한다. 그게 외교다. 시진핑과 아베를 비롯해 동남아시아국가연합(ASEAN, 이하 아세안) 회원국 총리들이 곧장 초청을 받아들이는 걸 보면서 왜 그러는지 공부부터 하는 게 외교다. 그런 다음 초청을 받아들이든 말든 "대통령 일정에 맞춰 긍정적으로 다뤄보겠다"고 흘리는 게 예의다. 초대형 국제행사를 낀 대통령 초청을 앞뒤 재보지도 않고 공개적으로 되박는 건 외교적 파탄이다.

인도네시아 외교부 사람들은 반둥회의 1개월 전만 해도 "어림잡아 60개국 정상이 참석할 것으로 본다"고 귀띔해주었다. 날짜가 가까워지면서 그 수는 점점 줄어들었다. 인도네시아 외교부는 속이 탔다. 결국 참석한 32개국 정상도 반둥회의 일주일쯤을 앞두고 저마다 최종 결정을 통보했다. 국제회의를 낀 정상외교란 건 다들 그렇게 한다. 청와대처럼 초청장을 받자마자 곧바로 내쳐버리지 않는다는 말이다.

더구나 초청자인 인도네시아는 동남아시아에서 딱 하나뿐인 이른바 '전략적 동반자' 관계를 맺은 나라다. 대한민국 정부한테는 '포괄적·전략적 동맹' 관계라는 미국과 '전략적 협력동반자' 관계라는 중국, 러시아, 베트남 다음으로 중요한 나라다. 비록 전략적 동반자 관계가 추상적인 데다 구속력이 없더라도 그런 이름을 달았다면 상대국 체면쯤은 세워주는 게 외교다. 그렇잖아도 대한민국 외교가 10여 개 나라와 전략적 동반자 관계란 이름만 걸어놓고 그에 어울리는 실질적 관계로 발전시켜내지 못해 말들이 많았다.

그 가운데 하나가 바로 인도네시아였다. 머잖아 경제 규모 세계 10위

권 진입을 눈앞에 둔 인도네시아는 대한민국의 열 번째 큰 무역상대국이
자 여덟 번째 큰 투자국이다. 인도네시아 바다는 대한민국 원유 수송로
와 무역로가 걸려 있는 전략지대이기도 하다. 대한민국이 수입하는 원유
80%가 그 바다를 통해 들어온다.

　인구 2억 5,000만을 거느린 세계 최대 무슬림 국가인 인도네시아는
아세안과 비동맹운동을 이끌어왔고 북한과도 말이 통하는 나라다. 대한
민국 입장에서 보면 정치, 경제, 안보, 문화 모든 면에서 그야말로 외교적
버팀목으로 삼을 만한 나라다. 무엇보다 인도네시아는 그동안 다른 동남
아시아 국가들과 달리 대한민국한테 아주 우호적인 모습을 보여왔다. 그
러니 반둥회의 60주년 기념식에 안간힘을 썼던 인도네시아고 보면 대한
민국 정부한테 적잖이 실망했을 법도 하다. 대한민국 '허당외교'가 언제
까지 통할지는 아무도 알 수 없다.

　요즘은 대통령이나 총리가 몸소 외교판에 뛰어드는 게 유행이다. 국
익에 보탬이 된다면야 정상외교를 놓고 구시렁댈 일도 없고 말릴 까닭도
없다. 형편 되면 대통령이 외국에 나가 상대를 만나고 서울로 불러오는
것도 다 좋다. 또 박근혜가 달려갔던 남미도 중요하다. 대한민국한테 경
제규모 세계 7위권에 들어선 브라질을 비롯한 남미 대륙은 아직 뚜껑이
안 열린 시장인 데다 칠레, 페루, 콜롬비아는 환태평양을 낀 정치경제 협
력체로서 가치도 적잖다. 비록 서울에서 가장 멀리 떨어진 곳이지만 대
한민국이 힘껏 다가가야 할 땅인 것도 틀림없다.

다만 외교에도 순서가 있고 방향이 있다. 정상외교쯤 되면 언제 어디로 향할지를 먼저 따지는 게 기본이다. 그동안 박근혜가 외국으로 떠날 때마다 말썽이 났던 건 그런 기본을 안 헤아렸던 탓이다. 예컨대 '인종차별 반대'라는 인류정신사의 가치를 실천했던 남아프리카공화국 전 대통령 넬슨 만델라Nelson Mandela 장례식은 거들떠보지도 않더니 독재 논란을 달고 다닌 싱가포르 전 총리 리콴유Lee Kuan Yew 장례식에는 만사를 제쳐놓고 '개인 인연'을 앞세워 달려가는 게 대한민국 정상외교 수준이었다.

대통령이 나서는 정상외교란 눈에 보이는 국익만을 좇는 게 아니라 한 나라의 정신과 가치를 가름하는 행위이기도 하다. 왜 만델라 장례식에 100여 명 웃도는 전·현직 대통령과 총리가 몰려갔고, 왜 반둥회의 라는 기념식 하나에 그 많은 정상이 참석했는지 깊이 새겨볼 만하다.

그래서 반둥회의를 제쳐두고 남미로 날아가버린 박근혜 모습에서 기본도 원칙도 없는 대한민국 외교를 본다는 뜻이다. 박근혜의 남미 4개국 방문 일정을 보라. 무엇보다 세월호 1주기인 4월 16일에 맞춰 떠났다는 대목이다. 여기서 국빈방문인 페루, 칠레, 브라질과 달리 첫 번째 방문국인 콜롬비아는 본디 계획에도 없었다.

근데 느닷없이 상대국 요청이라며 콜롬비아를 끼워 넣고는 국빈방문도 아닌 공식방문으로 일정을 잡았다. 그렇게 해서 콜롬비아를 첫 번째 방문국이라며 16일 떠났다. 이건 죽어도 16일 나라를 뜨겠다는 절박함이 묻어나는 일정표였다. 청와대는 16일 출발을 놓고 방문 요청국인 콜롬비아 사정 탓으로 둘러댔다. 외교판 상식으로 보자면 상대국 요청에 따른 방문 일정을 청와대가 쥘 수 없다는 건 앞뒤가 안 맞는다.

이건 두 가지로 풀이할 수 있다. 청와대가 16일에 맞춰 콜롬비아한테 일정을 구걸했거나 아니면 청와대가 정상외교 일정조차 짜낼 능력이 없었거나. 뭐가 됐든 대한민국 외교 수준이 드러난 셈이다.

반둥회의는 최전선이었다

온 나라를 들쑤셔놓았던 세월호, 그 1주기가 무섭긴 무서웠던 모양이다. 오죽했으면 관례상 대통령의 외국 방문에 따라붙어 현장을 지휘하고 외교를 책임져야 할 외교장관이 박근혜 첫 방문국인 콜롬비아에 함께 갈 수도 없는 일정을 잡았을까.

그날 외교장관 윤병세는 네덜란드 헤이그에서 열린 2015사이버스페이스 총회에 2013년 총회 의장 자격으로 개회식 기조연설을 하러 갔다. 박근혜의 콜롬비아 방문은 오직 16일 서울을 떠나는 데 초점을 맞춰 억지 일정을 짜냈다는 뜻이다.

그 결과 대통령이 떠나버린 서울은 세월호 격전장이 되었다. 게다가 '성완종 리스트'로 국무총리란 자까지 사라지면서 대한민국은 선장 없는 난파선 꼴이 되고 말았다. 이런 사태를 대통령쯤 되는 자가 미리 못 헤아렸을 리 없다. 그러면 안 떠났어야 옳다. 진짜 모르고 떠났다면 곧장 되돌아왔어야 옳다.

반둥회의에서 좋은 본보기가 나왔다. 애초 참석 결정을 했던 남아프리카공화국 대통령 제이컵 주마Jacob Zuma가 반둥회의 하루 전인 18일 외국인 혐오 폭동으로 여덟 명이 사망하자 곧장 불참 통보를 하고 내정에 매달렸다. 인도네시아 정부는 만델라 전 대통령 사진을 자까르따와 반둥에 도배했을 만큼 남아프리카공화국을 중요한 파트너로 여겨왔다.

그럼에도 이미 짜놓은 반둥회의 일정을 깨뜨렸다고 제이컵 주마를 탓하는 이가 아무도 없었다. 오히려 제이컵 주마는 '내정이 외교의 첫발'이라는 기본을 잘 보여줬다. 대통령이나 총리가 국내문제로 외국 방문 계획을 접거나 방문 중에도 급히 되돌아가는 건 흔히 있는 일이고 그리 놀랄 일도 아니다.

더 본질적인 문제는 박근혜가 반둥회의를 얕잡아 봤다는 대목이다. 반둥회의는 109개국 정상을 초청한 다자외교로 일찌감치 날짜가 잡혀 있었고 남미 방문은 쌍방외교로 일정을 조정할 수 있는 사안이었다. 시진핑도 아베도 모두 해외 방문 일정을 맞춰가며 반둥회의에 참석했듯이. 초청받았던 아시아 쪽 대통령이나 총리 가운데 박근혜를 빼고 나면 비록 반둥회의에 참석은 못 했을지언정 그 날짜에 맞춰 다른 나라로 날아가버린 이는 아무도 없었다.

반둥회의는 기념식장이 아니었다. 살벌한 외교전이 벌어지는 최전선이었다. 미국에 맞서 국제질서 재편을 노리는 중국에다 아시아 최대 투자국인 일본에다 경제통합을 앞둔 아세안 10개국까지 뒤섞여 온갖 이문을 따지며 양자회담과 다자회담을 벌인 현장이었다.

800여 명이 참석한 동아시아경제포럼(19~21일)이 뒤를 받치는 가운데 인도네시아는 중국이 쥐고 흔드는 아시아인프라투자은행AIIB 본부 유치에 뛰어들었고 아세안은 남중국해를 낀 지역 안보문제를 주요 사안으로 다뤘다.

중국과 일본은 인도네시아와 타이의 고속철도 건설계획을 놓고 다퉜다. 그동안 싸늘했던 시진핑과 아베도 손을 잡고 두 나라 관계 개선을 입에 올렸다. 대한민국은 그저 질투심과 시기심으로 그 둘 만남을 바라볼 수밖에 없었다. 기대했던 남북접촉마저 없었다.

과연 그날 박근혜의 남미 방문이 대한민국 정치, 경제, 안보, 문화에 사활이 걸린 아시아 사안을 팽개칠 만큼 중요했을까? 대한민국 외교사에 새겨 두고두고 따져볼 일이다.

박근혜가 남미 방문을 밀어붙이면서 대한민국 외교는 모조리 꼬이고 말았다. 외교장관이 남미로 따라가는 통에 대한민국은 반둥회의에 사회부총리라는 황우여 교육장관을 대표선수로 보냈다. 이건 마지못해 기념식장에 얼굴이나 비치겠다는 청와대 속셈을 너무 쉽게 자백한 꼴이다. 청와대도 외교부도 모두 다자외교 현장이 될 반둥회의 기념식 특성조차 제대로 공부 안 했다는 뜻이다. 그렇게 교육장관을 보내면서 4월 14일 외교부 대변인은 "우리나라의 대아시아·아프리카 외교 강화를 통해 우리 외교의 외연을 확대할 뿐 아니라 한국-인도네시아 양국관계 강화에도 크게 기여할 것으로 기대된다"고 당치도 않은 말을 늘어놓았다.

외교도 급이 맞아야 한다. 대한민국 교육장관쯤을 만나겠다고 목 놓아 기다릴 다른 나라 대통령이나 총리는 없다. 외교책임자도 아닌 교육장관과 마주 앉아 국가관계니 외교강화를 논의할 외교장관도 없다.

그러니 인도네시아 현지 신문이 시진핑이니 아베를 1면 머리기사에 올리고 방송이 하루 종일 각국 정상 얼굴을 내보내는 동안 대한민국은 대표선수 이름 한 자 못 올렸다. 자까르따에도 반둥에도 대한민국은 없었다. 그러고 보니 아주 없지는 않았다. 뉴스 채널인 메트로TV가 "한국 대통령이 참석 못한 건 뇌물사태(성완종 리스트) 때문이었다"는 낯 뜨거운 하단 자막을 줄기차게 내보냈으니. 이게 대한민국이었다. 이게 대한민국 외교였다.

4월 22일 반둥에서 반전시위를 벌이던 평화운동가 하디 조반Hadi Joban이 "한국은 아시아가 아니다. 미국의 아이일 뿐이다"며 큰 소리로 비웃었다. 이게 세계시민사회가 바라보는 대한민국 민낯이었다.

대통령의 침묵,
"한국인 사형시켜도 좋다"

2015년 1월 18일 인도네시아 안팎이 뜨겁게 달아올랐다. 출범한 지 세 달 남짓한 조꼬 위도도Joko Widodo 대통령 정부가 자국인 1명과 브라질, 말라위, 나이지리아, 네덜란드, 베트남 사형수 5명을 총살했던 탓이다.

조꼬는 "외국 정부들이 자국민을 구하려는 노력을 이해한다. (그러나) 주권과 국내법 사안은 서로를 존중해야 한다"며 2014년 말부터 사형집행 바로 전까지 전화통을 붙들고 하소연했던 브라질 대통령과 네덜란드 총리를 뿌리쳤다.

브라질 대통령 지우마 호세프Dilma Rousseff는 "화나고 당황스럽다. 두 나라 관계에 심각한 영향을 끼쳤다"며 치밀어 오르는 부아를 그대로 쏟아냈다. 마르크 뤼터Mark Rutte 네덜란드 총리는 "잔인하고 비인도적인 처벌이다. 인간 존엄성을 부정했다. 용납할 수 없다"고 노여움을 터뜨렸다.

브라질과 네덜란드 정부는 곧장 인도네시아 주재 자국 대사를 소환하며 강하게 따졌다. 그러자 인도네시아 검찰총장 모하마드 쁘라세띠오Muhammad Prasetyo는 "동남아시아 마약 45%가 흘러드는 최대 거래국이 인도네시아다. 하루 40~50명이 마약으로 숨진다"며 오히려 한술 더 떠 "연말에 마약범들을 더 사형할 것이다"고 맞받아쳤다.

인도네시아 인권단체 실종폭력희생자위원회KONTRAS는 "6명 총살이 세계적 마약 생산과 공급을 중단시키는 데 아무 도움이 안 된다"고 되박았다. 국제사면위원회는 "인권에 역행하는 짓이다"고 비난했다. 유엔도 조꼬를 향해 "인도네시아 정부가 비준한 시민적·정치적 권리에 관한 국제협약CCPR을 존중하라"고 다그쳤다.

그러나 조꼬는 "마약범 사형은 국적과 상관없다"며 다시 한번 쐐기를 박았다. 그 무렵 인도네시아에는 최소 138명 웃도는 이들이 사형선고를 받고 복역 중이었다. 그 가운데 64명이 마약 관련자들이었고 또 그 가운데 20여 명이 외국인이었다.

"이번 사형집행은 조꼬의 국내 정치용이다."

언론인이자 변호사인 아하맛 따우픽Ahmad Taufik 말을 귀담아 들어볼 만하다. 독자적 세력 없이 메가와띠 전 대통령이 이끄는 민주투쟁당

PDI-P에 올라타서 대통령이 된 조꼬는 당 안팎으로 지지세력이 필요했다. 조꼬는 그 세력을 끌어모으고자 집권 3개월 만에 두 번씩이나 정치 쇼를 벌였다. 조꼬는 2014년 말 대통령 집무실에 들어서자마자 불법 고기잡이 박멸을 내걸고 인도네시아 수역에서 붙잡은 베트남 어선 폭파 장면을 생중계로 내보냈다.

이어 한 달 만에 다시 외국인 사형집행을 들고 나섰다. 조꼬는 '인도네시아 민족주의와 주권'을 앞세운 그 정치 쇼를 통해 자까르따 주지사 시절 뒤를 받쳤던 시민사회를 버리고 대신 전통적인 두 권력 축인 군부와 무슬림 세력에 손을 내밀었다.

군부와 무슬림 세력은 1965~1966년 사이 빨갱이 소탕을 내걸고 50~300만에 이르는 시민을 학살한 주인공들로 기득권을 누려온 극우민족주의자들이다. 사형은 바로 그자들의 상징이자 무기였다. 조꼬 정부가 들어서고부터 군부와 무슬림 세력들 말발이 세진 건 우연이 아니었다.

따우픽은 "사형집행을 단순하게 볼 문제가 아니다. 조꼬가 학살과 폭력의 기억을 되살려냈다"며 사회 전 부문에 끼칠 부정적인 영향을 걱정했다.

좀 숙지는가 싶더니 조꼬는 세 달 만인 4월 29일 다시 자국인 1명과 나이지리아인 4명, 오스트레일리아인 2명, 브라질인 1명을 포함해 모두 8명을 총살했다. 그렇게 조꼬는 4개월 만에 14명 사형이라는 대기록을 세웠다. 인도네시아 정부가 1999년부터 2014년까지 15년 동안 27명을 사형했던 사실과 견줘볼 만하다.

사형수 25명 중 1명 무죄

4월 총살은 사형제에 본질적 의문을 던져놓았다. 인도네시아 사형수인 자이날 아비딘은 집에서 나온 마리화나 50킬로그램의 주인이 누군지조차 밝힐 수 없는 정신장애인이라며 인권단체가 사형집행을 강력히 반대해온 경우였다. 브라질 사형수 호드리구 굴라르체도 정신장애를 앓고 있다며 호세프 대통령이 다시 한번 조꼬한테 자비를 호소했다. 호세프는 이미 지난 1월 조꼬한테 자국민 사형수 사면을 요청했다가 거부당하는 수모를 겪고 대사를 소환한 뒤 외교관계를 중단한 상태였지만 또 나섰다. 그리고 또 거부당했다.

오스트레일리아 사형수 미우란 수꾸마란과 앤드류 찬은 사법정의를 뒤흔들어놓았다. 2005년 발리 공항으로 헤로인을 들여오다 잡힌 그이들의 변호사가 "20년 미만 감형조건으로 담당 판사가 10만 달러 넘게 요구했으나 그 뒤 정부 고위층의 사형선고 강요로 흥정이 깨졌다"고 폭로했다. 곧장 오스트레일리아 정부는 법정비리를 내세워 사형집행 연기를 강력히 요구했다.

인도네시아는 그동안 경찰, 검찰, 법원의 비리와 부정부패로 악명을 떨쳐왔다. 오죽했으면 따우픽이 "부정부패 온상인 법원에 시민 목숨을 맡길 수 없다. 그게 인도네시아에서 사형제를 폐지해야 하는 첫 번째 이유다"고 했을까.

4월 사형집행 대상자에 올랐다가 마지막 순간 총살을 면한 필리핀 사형수 마리 제인 벨로소도 소름 끼치는 경우다. 두바이에서 가사도우미로 일했던 마리는 영어가 서툰데도 인도네시아 법정은 마리의 모국어 대신 영어 통역을 붙였다. 그것도 법정 전문 통역사가 아닌 지역 대학생을. 하여 마리는 "마약인지 모른 채 지인한테 속아 가방을 들어다주었다"는 말만 되풀이하다 사형선고를 받았다. 마리는 총살당하기 직전 자신을 고용했던 필리핀 마약범이 자수하면서 결국 집행 연기로 목숨을 건졌다. 며칠만 늦었더라도 사형제가 무고한 시민을 살해해온 기록에 또 얼룩 하나를 더 얹을 뻔했다.

여기서 인권챔피언이라 떠들어온 미국을 잠깐 보자. 미국은 1976년 부터 1,408명을 사형한 세계 최대 사형국가 가운데 하나다. 근데 1973년 부터 지금까지 사형수 122명이 무죄로 석방되었다는 기록을 눈여겨볼 만하다. 2014년 미시건 대학 로스쿨 교수 새뮤얼 그로스Samuel Gross는 사형선고의 실수오차를 4%로 잡아 사형수 25명 가운데 1명꼴로 무죄일 가능성이 있다는 연구 발표를 내놨다. 그동안 세계 전역을 통틀어 사형 제가 얼마나 많은 무고한 시민을 살해했을까?

"머너뿍 아이르 디 둘랑, 떠르뻬르칙 무까 선디리"

인도네시아 사람들이 즐겨 써온 속담이다. "접시에 담긴 물을 치면 제 얼굴로 튄다"는 말인데 옳지 않은 짓을 하면 결국 자기한테 되돌아온 다는 속뜻을 지녔다. 인도네시아 정부가 딱 그 짝이 되고 말았다.

인도네시아 정부가 2015년 4월 29일 사형수 8명을 총살하기 보름 전 인 4월 14일, 사우디아라비아 정부는 1999년 고용인 살해 혐의로 복역 중이던 인도네시아인 가사도우미 시띠 자이납의 목을 벴다. 이틀 뒤인

16일엔 2012년 고용인의 네 살짜리 아이를 살해한 혐의로 복역 중이던 인도네시아인 가사도우미 까르니 따르심의 목도 벴다.

인도네시아 외교장관 레뜨노 마르수디Retno Marsudi는 "사형집행을 놓고 사우디 정부한테 아무런 정보도 못 받았다"고 밝혔다. 부통령 유숩 깔라Yusuf Kalla는 "유감이지만 우리는 최선을 다했다. 다른 나라가 우리 법을 존중해주기 바라는 만큼 우리도 다른 나라 법을 존중한다"고 아주 볼품없는 말을 늘어놓았다. 기껏 외교부 대변인이 나서 "사형집행 시간과 장소를 사전통보해온 국제관례를 따르지 않은 사우디 정부 태도는 매우 유감이다"고 밝힌 게 항의라면 항의였을 뿐.

앞선 1월 외국인 사형수 5명을 총살한 인도네시아 정부고 보면 뻥긋할 입도 없었다. 그러니 사전통보라는 절차만 문제 삼았을 수밖에. 이건 외국 정부한테 절차만 지켜주면 인도네시아 국민을 얼마든지 사형해도 좋다는 신호를 보낸 꼴이었다.

사우디 정부가 목을 벤 시띠는 정신질환자로 알려지면서 2000년 초부터 인도네시아 대통령 와히드와 수실로 밤방 유도요노Susilo Bambang Yudhoyono가 사면을 요청해왔다. 그사이 사우디 정부는 샤리아(이슬람 율법)에 따라 시띠를 용서(사면)할 수 있는 희생자의 아이들이 모두 성인이 될 때까지 기다렸다.

인도네시아 정부는 변호사 비용을 대고 희생자 가족한테 디얏(핏값) 15만 4,000달러를 제안하며 나름대로 애쓰기도 했다. 더욱이 지난 1월에는 조꼬까지 나서서 사우디아라비아 국왕한테 사면을 요청했다. 같은 시간, 조꼬는 브라질 대통령과 네덜란드 총리로부터 자국민 사형수 사면 요청을 받고 있었다.

그러나 조꼬는 결국 브라질과 네덜란드 사형수를 향해 방아쇠를 당겼다. 4월에는 호세프 브라질 대통령이 정신질환을 앓아온 자국민 사형수를 사면해달라고 다시 매달렸지만 조꼬는 기어이 총살명령을 내렸다. 조꼬가 남의 나라 국민은 총살하면서 자기 국민한테는 자비를 베풀라고 우긴 꼴이다. 법이니 국제관계를 떠나 이 비논리적이고 이중적인 태도를 어떻게 설명할 수 있을까?

틀림없는 건 자국민 시띠 사면 요청에서 보았듯이 사형집행 신봉자인 조꼬도 '필요'와 '조건'에 따라 사형을 인정 안 한다는 사실이다. 여기서 왜 사형제를 폐지해야 옳은지 그 까닭이 또렷이 드러났다. 그 필요와 조건이란 건 늘 정치적이고 차별적이었으니까.

2015년 4월, 인도네시아 외교부에 따르면 말레이시아에서 168명, 사우디아라비아에서 28명, 중국에서 15명, 싱가포르에서 4명을 비롯해 모두 467명에 이르는 자국민이 외국에서 사형 당했다고 한다. 또 외국에서 사형선고를 받고 집행을 기다리는 인도네시아 국민만도 300여 명이라고 한다. 말하자면 각국 정부가 사형제를 빌미 삼아 가히 복수활극을 벌여왔던 셈이다.

여기서 흘려버릴 수 없는 대목이 하나 더 나온다. 조꼬가 마약범 사형집행을 통해 동남아시아의 골칫거리인 마약문제를 끌고 나왔다는 사실이다.

모두가 아는 '마약 커넥션'

현재 국제사회에서 마약범죄에 사형을 적용하는 32개국 가운데 미국, 쿠바, 이집트, 소말리아를 뺀 나머지 28개국이 모두 아시아 국가다. 그러면 동남아시아에서 사형제가 과연 마약을 제압할 수 있는 장치였는지 먼저 따져볼 만하다.

유엔마약범죄사무소UNODC는 2000년대 들어 잠깐 주춤했던 동남아시아의 아편생산이 2008년부터 다시 꾸준히 늘어나 2013년 버마, 라오스, 타이 세 나라가 뽑아낸 아편이 세계 생산량의 18%에 이른다고 밝혔다. 그걸 돈으로 따지면 버마가 4억 3,300만 달러, 라오스가 4,200만 달러, 타이가 1,100만 달러를 거둔 셈이다. 아세안이 외쳐왔던 '2015년 아세안 비마약지대' 선언계획은 오래전에 물 건너갔다.

그사이 아세안 국가들은 줄기차게 마약범들을 사형해왔지만 마약이 줄어들기는커녕 오히려 더 늘어나는 실정이다. 예컨대 2003년 타이에서는 탁신 친나왓 총리 정부가 '마약과 전쟁'을 선포하고 3개월 동안 법적 절차 없이 2,500여 명(1,400여 명이 마약과 무관한 시민)을 현장 사살하는 대기록까지 세웠지만 곧 마약은 더 기승을 부렸다. 인도네시아 인권단체 실종폭력희생자위원회가 밝힌 것처럼 사형이 마약문제를 근본적으로 해결할 수 없다는 사실을 증명한다.

마약은 대량생산과 지구적 유통구조를 지닌 자본놀음이다. 잔챙이들만 잡아들여 사형해온 각국의 마약범죄 대책으로는 어림도 없다는 사실만 더 또렷해졌다. 그동안 마약 생산과 공급이 정부와 군과 경찰 커넥션을 통해 이뤄져왔다는 사실쯤이야 모두가 안다. 근데 지금껏 동남아시아 어떤 정부도 그 커넥션에 손댄 적이 없다. 이건 정부라는 공적 기관이 마약 생산과 공급에 직간접적으로 개입해온 아시아 현대사에 뿌리를 둔 까닭이다.

군이 아편전쟁까지 갈 것도 없이 제2차 세계대전 뒤부터 보자. 프랑스 비밀정보국SDECE이 인도차이나전쟁에서 전비를 마련하고자 코르시카 마약 마피아와 손잡고 라오스와 베트남의 아편을 마르세유로 실어 날랐던 1950년대부터 보면 된다. 그 프랑스가 바로 인도차이나 반도를 마약 생산기지로 만든 다음 유럽을 소비시장 삼아 국제마약판을 키운 주범이다.

이어 1954년 프랑스 대신 인도차이나전쟁에 뛰어든 미국의 CIA가 그 역할을 고스란히 물려받았다. CIA는 1970년대 초까지 라오스에서 반공용병으로 써먹은 소수민족 몽Hmong이 생산한 아편을 자신이 운영해온 에어아메리카로 베트남 사이공까지 실어다주었다. 또 CIA는 1960년대부터 자신의 끄나풀이자 타이 정치판을 주물렀던 경찰총수 파오 시야논다Phao Sriyanonda 장군 비호 아래 중국 국민당 잔당이 버마에서 생산한 아편을 홍콩, 말레이시아를 비롯한 동남아시아로 퍼트렸다.

그 결과 베트남전쟁은 마약소굴로 변했다. 참전 미군 가운데 10~15%가 마약에 중독되었고 동남아시아 전역은 마약 소비시장이 됐다. 그게

1970년대를 거치면서 미국을 비롯한 국제사회에서 마약이 폭발적으로 늘어난 발판이었다.

CIA의 그 비밀 마약사업을 승인했던 주인공이 바로 해리 트루먼 Harry Truman, 드와이트 아이젠하워Dwight Eisenhower, 존 케네디John F. Kennedy, 린든 존슨Lyndon Johnson, 리처드 닉슨Richard Nixon 대통령으로 이어지는 미국 정부였다. 그 미국 정부에 빌붙어 직간접적인 마약개입을 통해 권력과 자본을 키워온 게 바로 동남아시아 정치판이고 군부고 경찰이었다. 그 세력들이 여전히 기득권층으로 뻗어 내리고 있다. 이게 오늘날 동남아시아 마약의 뿌리다. 잔챙이 몇 명 총살로 결코 풀 수 없는 동남아시아 마약문제의 현실이다.

국민 보호가 맨 먼저다

조꼬 정부의 사형집행은 대한민국 정부한테도 많은 의문을 던져놓았다. 무엇보다 인도네시아 정부의 사형집행을 막고자 마지막 순간까지 물고 늘어졌던 브라질 대통령 호세프와 네덜란드 총리 마르크 뤼터 그리고 오스트레일리아 총리 토니 애벗Tony Abbott 태도를 되짚어볼 만하다.

그이들은 적어도 헌법과 외교 원칙만큼은 지켰다. 자국민 사형수를 살리겠다고 온갖 애를 썼고, 실패로 끝나자 곧장 입에 거품을 물었고, 자국 대사를 소환한 뒤 외교관계를 중단했다. 이런 일은 인도네시아 정부의 사형집행에서만 벌어진 게 아니다. 예컨대 2001년 필리핀 대통령 베니그노 아키노Benigno Noynoy Aquino나 2009년 영국 총리 고든 브라운Gordon Brown도 중국에서 사형집행을 기다리는 자국민을 살리려고 직접 나섰다. 실패로 끝나자 영국과 중국, 필리핀과 중국은 한동안 외교적 갈등을 빚기도 했다.

대한민국 정부는 어땠을까? 좋은 본보기가 있다. 중국 정부가 2014년 8월 한국인 마약범 3명을 사형한 데 이어 2015년 1월 다시 1명을 사형했다. 다섯 달 동안 세 번에 걸쳐 한국인 4명이 중국에서 사형당했다.

"정부는 이번에 우리 국민이 중국에서 마약범죄로 사형에 처해진 데 대해 매우 안타깝게 생각한다."

2014년 8월 외교부 대변인 말이었다.

"정부는 인도주의와 상호주의적 측면에서 우리 국민에 대해 사형을 집행하지 말아줄 것을 중국 쪽에 여러 차례 요청하였으나 사형이 집행된 것에 유감스럽게 생각한다."

2015년 1월 외교부 대변인 말이었다.

그게 다였다. 뭘 했는지 아무도 알 수는 없지만 대한민국 정부는 스스로 애썼다는 점을 내세우며 중국 정부한테 유감 한마디를 던지고 끝냈다. 대한민국 정부는 자국민 4명이 사형당하는 동안 항의 한 번 제대로 한 적 없다. 그러니 중국 정부가 2015년 1월에는 한국인을 사형하고 엿새나 지나서 대한민국 정부한테 통보했다고 그리 놀랄 것도 없다. 듣자 하니 대한민국 정부는 베이징 주재 대사관을 통해 '늑장통보'만큼은 항의를 했던 모양이다. 국제외교판에서 그런 뒷북 따위는 쓸모도 없을 뿐더러 우스갯거리란 걸 인도네시아 정부가 잘 보여주지 않았던가. 그 따위 절차나 형식보다는 더 본질적인 사형집행을 항의했어야 옳았다는 말이다.

남들은 어떻게 하는지 보자.

"잔인하고 불필요한 사형집행을 개탄한다. 이건 단순한 사건이 될 수 없다."

오스트레일리아 정부는 인도네시아에서 자국민이 사형당하자 총리 애벗이 직접 나서서 외교적 수사 없이 대놓고 항의했다. 애벗은 말이 끝나기 무섭게 자국 대사를 소환했고 외교관계를 중단하면서 '단순한 사건이 될 수 없다'를 보여주었다.

인도네시아 정부의 2015년 사형집행을 놓고 브라질 대통령, 네덜란드 총리, 오스트레일리아 총리가 몸소 나섰던 건 주권국가로서 정부가 국민을 지켜야 한다는 아주 기본적인 의무에서 비롯되었다. 인격체가 아닌 정부라는 추상적인 조직은 그 구성원을 옳고 그름 같은 윤리나 싫다 좋다 같은 감정으로 구분할 수 없다. 따라서 정부한테는 그게 마약범이건 살인범이건 모두 똑같은 국민 구성원이라는 뜻이다.

그러니 어떤 외교관계도 국민보호에 앞설 수 없다는 말이다. 그래서 사형수 하나를 놓고 그 많은 정부가 외교갈등까지 떠안으면서 매달려 왔다. 영국, 필리핀, 브라질, 네덜란드, 오스트레일리아 정부가 외교란 건 몰라서 그랬던 게 아니다.

대한민국 대통령 박근혜는 어땠는가? 중국 주석 시진핑과 10년 우정을 떠들어댔지만 정작 자국민 사형수를 살려보겠다고 전화 한 통 했다는 소리를 들어본 적 없다. 자국민 사형집행을 보고도 항의 한 번 한 적 없다.

그렇다면 자국민 사형수 구조작업에 안 나선 대한민국 대통령 박근혜를 국제사회에서는 어떤 수준쯤에 놓고 볼까? 그 답은 인도네시아 정부의 외국인 사형집행에서 이미 나왔다. 자국민이 사형당했던 나이지리아 대통령 굿럭 조너선Goodluck Jonathan이나 말라위 대통령 피터 무타리카Peter Mutharika는 인도네시아 대통령 조꼬한테 사면을 호소한 적도 없고 항의를 한 적도 없다. 중국 정부가 한국인을 사형할 때 박근혜가 보였던 태도와 한 치 다를 바 없다. 박근혜 수준이 드러난 셈이다.

이게 더도 덜도 없이 외신판에서 통하는 대한민국 대통령 수준이고 대한민국 정부 수준이다. 대통령과 정부가 안 지켜주는 국민은 그래서 안팎으로 늘 불행할 수밖에 없다.

"우리가 사형제를 지닌 탓에 외국 사형대에 선 우리 시민을 방어하는 데 어려움이 따른다."

인도네시아 전 외교장관 마르띠 나딸레가와Marty Natalegawa가 털어놓았던 고민을 대한민국 대통령과 정부는 깊이 새겨봐야 한다. 사형제를 없애야만 나라 밖에서도 제 국민을 온전히 보호할 수 있다는 말이다.

2016년 현재, 대한민국은 19년째 사형집행을 멈췄고 국제사회에서 실질적인 사형폐지국 대접을 받는다. 그사이 대한민국은 사형집행 없이도 안 무너졌다. 그렇다면 형식적인 사형제를 고집할 까닭이 없다. 이게 2015년 인도네시아 사형집행이 대한민국에 던진 화두다.

국제사회에서는 2012년 현재 198개국 가운데 사형을 금지한 97개국, 사형제는 있지만 한국처럼 10년 넘게 집행 안 한 36개국, 그리고 내란 같은 특수 상황에만 사형을 적용하는 8개국을 합해 모두 141개국을 실질적인 사형폐지국으로 꼽는다.

사형제가 범죄예방이나 단죄에 실효성이 없는 야만적인 제도라는 데 주류 국제사회가 이미 동의했다는 증거다.

"사형집행이 종신형보다 살인 범죄율을 억제하는 데 더 효과적이라는 가설을 과학적으로 입증하는 데 실패했다." 1996년 유엔보고서다.

"사형제를 없애기 직전인 1975년 10만 명당 3.09명이었던 캐나다의 살인 범죄율이 사형폐지 뒤인 2003년에는 10만 명당 1.73명으로 오히려 줄었다." 이게 현실이다.

2014년 대한민국은 침몰했다

2014년 12월 5일, 뉴욕발 서울행 대한항공 086편이 케네디 국제공항에서 램프리턴ramp return을 했다는 섬뜩한 뉴스가 떴다. 이내 세월호가 떠올랐다. 선장이 가라앉는 배에서 승객을 버리고 도망친 짓이나, 기장이 정신 나간 부사장 명령이랍시고 활주로로 향하던 비행기를 돌린 짓이나 본질적으로 다를 바 없는 범죄행위였으니.

2014년 우리는 리더십이 무너진 처절한 대한민국을 보았다. 선장과 기장은 다니는 길이 바다와 하늘로 다를 뿐, 조건 없이 승객들 안전을 책임져야 하는 이들이다. 비록 제한적인 공간과 시간일망정 조종석에 앉는 순간부터 내릴 때까지는 한 공동체를 이끄는 리더다.

그 자리에서 선장과 기장이 좇아야 할 대상은 부사장도 대통령도 하느님도 아닌 오직 직업적 사명과 운항법칙뿐이다. 우리가 선장과 기장한테 목숨을 포함한 모든 권한을 맡긴 까닭이다.

대한항공 086편 기장이 쫓겨났다면

리더로서 그런 권능을 넘겨받은 기장이란 자가 기껏 마카다미아 따위로 발광한 부사장이 사무장을 팽개치란다고 비행기를 램프로 되돌렸다. 기체나 승객 안전에 문제가 생겼을 때만 램프로 돌아갈 수 있다는 항공법을 어긴 건 승객을 사지로 몰아넣은 짓이다.

항공법이란 건 모든 경우에 발생할 수 있는 잠재적 사고를 막는 데 그 뿌리를 둔다. 따라서 기장의 판단과 행위를 법으로 보호해준다는 건 그 법을 지킬 의무와 책임도 따른다는 말이다.

모든 언론이 램프리턴에만 눈길을 꽂았지만 그에 못지않은 중대한 대목이 따로 있다. 사무장을 내동댕이치고 서울까지 날아왔다는 사실이다. 사무장은 승객한테 때맞춰 밥 주고 이불 덮어주는 서비스만 책임지는 자리가 아니다. 비상시 기장과 함께 객실승무원을 이끌고 승객들 목숨과 안전을 도맡아야 하는 아주 중요한 사람이다. 그래서 항공사들은 기장한테 모든 승무원을 이끄는 명령권을 주는 대신 사무장한테 그 기장을 감시하는 역할을 맡겨왔다.

대한항공 086편 기장이 그런 사무장을 버리고 비행했다는 건 리더로서 비상사태 대비라는 직업적 의무를 저버렸을 뿐 아니라 동료를 지켜주지 못한 도덕적 책임에서도 자유로울 수 없다. 미국을 오가는 국제선 비행기를 몰고 다닐 만큼 경험 많은 기장이 그런 걸 몰랐을 리 없다.

만약 대한항공 086편이 비상사태를 만났다면 어땠을까? 드러난 행실로 미뤄볼 때 부사장과 기장은 일찌감치 탈출했을 것이고, 사무장도 없는 객실에선 승무원들이 갈팡질팡했을 것이고, 그사이 승객들은 비명만 지르다가….

그게 바로 세월호였다. 세월호와 대한항공 086편 차이는 딱 하나다. 앞은 사고가 났고 뒤는 사고가 안 났다는 것. 사고가 나고 안 나고 확률은 언제나 반반이다. 그래서 여객선이나 여객기처럼 사람들 목숨을 실어나르는 업종에서는 단 0.1% 사고 가능성을 100% 확률로 따져 대비하고 훈련하는 게 국제관례다. 대한항공 086편은 사건 뒤에 돌아가는 꼴을 봐도 딱 세월호다. 대한항공이 사건을 대하는 태도, 대한항공과 국토부 공무원의 유착관계, 증거인멸 시도 같은 꼴들을 보면 어디 하나 다를 바 없다. 사고가 안 났던 게 행운일 뿐이다. 그래서 더 끔찍했다. 자라 보고 놀란 가슴이 솥뚜껑 보고 놀랐다는 게 아니다.

상황을 한번 뒤집어보자. 대한항공 086편 기장이 부사장 명령을 어기고 램프리턴 없이 돌아왔다면 어땠을까? 부사장의 기내 발광은 묻혀버렸을 것이고, 대한항공이라는 족벌풍습으로 볼 때 그 기장은 쫓겨났을 게 뻔하다.

부사장의 불법명령을 따르지 않은 기장, 동료인 사무장을 끝까지 지켜낸 기장, 원칙과 법을 좇아 잠재적 사고 가능성을 막은 기장, 승객을 안전하고 편안하게 모신 기장, 리더로서 책임을 다한 기장, 그래서 쫓겨난 기장….

이런 게 바로 세월호에 멍든 우리가 진정 보고 싶었던 뉴스다.

대한항공 086편 기장한테는 가혹하게 들릴지 모르겠지만 이런 게 숱한 목숨을 달고 다니는 직업인이 지켜야 할 명예고 자존심이다. 리더십이 침몰한 대한민국에서 우리가 애타게 기다려온 영웅의 출현은 아쉽게도 상상 속에서 어른거리다 사라지고 말았다. 말해놓고 보니, 참 허무한 대한민국 자화상이다. 오죽했으면 마땅히 지켜야 할 원칙을 놓고 영웅까지 들먹였을까.

2014년 세월호도 대한항공 086편도 모두 리더십 문제였다. 시민사회가 오랜 경험을 통해 만들어놓은 원칙을 지켜내는 자가 리더다. 그 원칙을 끌고 가는 게 리더십이다. 대한민국 2014년은 그 리더십이 박살났다. 선장도 기장도 부사장도 대통령도 모조리 리더십 부재로 침몰해버린 대한민국엔 제대로 굴러가는 구석이 없었다.

나는 20년 넘도록 외신기자로 일하면서 2014년처럼 대한민국이 부끄러웠던 적 없다. 만나는 이들마다 세월호를 걸고 나왔다. 방콕이나 자까르따 같은 도시 친구들뿐 아니라 쓰나미 피해를 입었던 아쩨 골짜기 친구들까지 어김없이 세월호를 입에 올렸다.

"왜 선장이 먼저 도망쳤는가?"

"왜 제때 구조를 못 했는가?"

"왜 대통령이 일곱 시간이나 사라졌는가?"

"왜 정부가 희생자들을 제대로 안 돌보는가?"

그 숱한 질문들은 비아냥거림이었고 나무람이었고 타박이었다. 그 모든 질문에 내가 답이랍시고 내놓을 수 있었던 말은 딱 하나뿐이었다.

"대통령 박근혜 탓이다."

듣기에 따라 박근혜는 억울한 구석이 없지 않겠지만 대한민국에서 벌어지는 모든 자랑거리도 허물도 대표 선수인 대통령 몫일 수밖에 없다. 그게 이른바 민주주의 정치에서 말하는 대통령의 권리와 의무다. 다른 말로 대한민국 최고 리더가 박근혜인 까닭이다.

그렇게 한 해를 보내면서 친구들 입에서 세월호가 숙지는가 싶더니 12월 들어 대한항공 086편 사건이 터지면서 다시 한번 국제적 규모로 남우세를 당했다.

"환생 믿는 아시아(한국) 사람들은 죽음 안 두려워하잖아?"며 세월호 사건을 비꼬았던 프랑스 친구가 "이번엔 또 비행기네. 비행기쯤이야 마구 돌릴 수 있잖아"라며 속을 뒤집어놓았다. 결국 얼굴을 붉히며 2014년 세밑을 보냈다.

살상무기인가, 구조장비인가

누구 할 것 없이 다들 그랬겠지만 2014년 한 해 내내 세월호에 갇혀

살았던 나는 마치 초현실적 세계를 체험한 기분이었다. 그래서 현실감을 찾겠노라 역사에 등장하는 대형 해난사고 기록들을 훑어보았다. 근데 선장부터 구조대는 말할 나위도 없고 대통령에 이르기까지 총체적 리더십 부재가 희생자를 키운 세월호 같은 경우는 눈 닦고 찾아봐도 없었다. 게다가 세월호처럼 사고원인이 불법증축이니 불법과적이니 불법운항에다 기업과 공무원들 부정부패까지 겹겹이 불법으로 둘러친 경우도 흔치 않았다.

1987년 사망 4,386명으로 최대 희생자 기록을 세운 필리핀 도나파즈호가 유조선과 충돌로, 2002년 1,864명 희생자를 낸 세네갈 르줄라호가 태풍으로, 그리고 1912년 1,517명 희생자를 낸 영국 타이타닉호가 유빙과 충돌로 침몰했듯이 거의 모든 해난사고 원인이 빙산이나 태풍 같은 거친 자연과 마주쳤거나 화재, 과적, 운항미숙 같은 사람 실수 가운데 한둘쯤이 겹친 것으로 나와 있었다. 세월호 같은 불법 종합판은 없었다.

희생자 수로 따져보니 일찍부터 대양을 들락거린 영국이 100대 해난사고에 37건을 올려 1위였고 미국이 8건으로 그 뒤를 이었다. 세계에서 가장 많은 1만 8,000여 개 섬을 지닌 인도네시아가 5건으로 3위, 일본, 필리핀, 중국, 인디아, 방글라데시, 독일, 스페인, 캐나다, 러시아가 3건씩으로 4위권에 올랐다.

대한민국은 1993년 292명 희생자를 낸 서해페리호를 100위에 올린데 이어 올해 304명 희생자를 낸 세월호를 92위에 올리면서 네덜란드와 함께 2건으로 5위권에 자리 잡았다. 그러나 100대 해난사고 기록 가운데 세월호처럼 초동단계에 리더십이 사라져버려 희생자를 키운 경우는 2012년 32명 희생자를 낸 이탈리아 코스타 콩코르디아호 정도가 다다. 선장은 죽었든 살았든 저마다 제1차 구조작업에 뛰어들었던 기록이 나온다.

선장이 먼저 도망쳐버린 경우는 100대 해난사고뿐 아니라 동네 앞 바다 통통배 사고에서도 결코 흔치 않았다. 비록 〈타이타닉〉이 이야기를 부풀렸지만 마지막 순간까지 승객을 대피시키고 배와 함께 사라지는 선장은 영화적 상상력만이 아니었다는 뜻이다.

내 목숨부터 내놓는 걸 명예로 여겨온 바다 사나이들 전통, 그런 게 바로 선장 리더십이었던 셈이다. 세월호는 그 바다사나이들 명예를 너무 헐값에 넘겨버렸다.

우리는 304명 소중한 목숨을 바다에 묻어버린 세월호 사건에서 리더십이 부리기에 따라 구조장비가 될 수도 있고 달리 살상무기가 될 수도 있다는 사실을 배웠다. 그리고 얼마 뒤 우리는 세월호 희생자 가족들이 길바닥으로 내몰리는 현실을 보았다. 대한민국 최고 리더인 대통령이란 자나 그 둘레를 기웃거리는 자들은 "희생자 가족들이 너무 정치적이다"며 몰아붙였다. 정신 나간 여당도 야당도 언론도 덩달아 날뛰며 희생자 가족을 '정치적'이라고 나무랐다.

원칙을 말해보자. 시민은 정치의 주체고 그 시민의 모든 행위는 정치다. 시민은 마땅히 정치를 할 권리와 의무까지 지녔다. 시답잖은 정당정치만 정치가 아니다. 정치인들 행위만 정치도 아니다. 하물며 리더십이 갈가리 찢기고 무너져버린 사회라면 시민은 마땅히 몸소 정치를 끌어갈 권리가 있다. 시민을 지켜주지 못하는 불량한 리더십만 날뛰는 사회에서 정치를 하지 말라는 소리는 가만히 앉아서 죽으라는 뜻이다. 그게 세월호였다.

선장이란 리더는 남몰래 도망치면서 아이들한테 "가만히 있으라"고 명령했다. 우리는 그렇게 꽃다운 아이들을 죽였다. 그날 7시간이나 사라져버렸던 대통령이란 리더는 그 희생자 가족들한테 "정치적이다"고 나무랐다. 우리는 그렇게 시민사회를 죽였다. 2014년 대한민국이라는 나라는 추악한 리더십을 화두로 던져놓고 가라앉았다.

나는 리더십이 온전히 작동하는 사회를 꿈꾸며 2014년을 접었다.

02

주범은 언론이다

음모론, 뉴스를 때리다

2014년 3월 초 외신에 수수께끼 둘이 떴다. 첫째, 이 세상에서 가장 많은 포르노그래피(나체사진 포함)를 지닌 이는 누구인가? 둘째, 통신정보를 뒷간에 견준 이는 누구인가?

그 답은 물론 뉴스에 있었다. 그동안 정보기관들 데이터 수집을 나무랐던 영국 자유민주당LD 대표이자 연립정부 부총리인 닉 클레그Nick Clegg가 3월 3일 정보감시통제법 개혁을 들고 나섰다. 그 틈에 영국 통신 감시기관인 정보통신본부GCHQ가 2008년부터 2010년 사이에 '시신경 Optic Nerve'이라는 작전명 아래 온 세상 야후 웹캠 이용자들 사진을 몰

래 들여다보고 저장해온 사실이 다시 입에 올랐다. 영국 스파이 기관이
끌어 모은 개인정보 가운데 최대 11%가 섹스 장면이나 알몸 사진이었
다고 한다.

미국이 온 세상을 도청한다?!

같은 날 필리핀 상원은 전자통신범죄 청문회를 열었다. 필리핀인터넷
자유동맹PIFA 고문변호사 마르니 톤손Marnie Tonson은 "모든 네티즌이 감
시당하고 있다"며 정부를 치받았다. 법무차관보 헤로니모 시Geronimo L.
Sy는 "우리 정부 수준이 화장실에 휴지조차 갖춰놓기 힘들다"며 통신감시
능력이 없다고 되박았다. 톤손은 "필리핀 정부가 '다섯 눈깔'(Five eyes, 약칭
FVEY)한테 언제든 정보감시 자료를 요청할 수 있다"고 대들었다.

그렇게 답이 나온 셈이다. 이 이야기들은 미국 CIA와 국가안보국
(National Security Agency, 이하 NSA) 계약직 컴퓨터 기술자로 일했던 에드워
드 스노든Edward Joseph Snowden이 2013년 미국 정부의 프리즘PRISM이
라는 비밀 정보수집 프로그램을 폭로하면서 비롯되었다. 미국 정보기관
들은 그 프리즘을 통해 마이크로소프트, 애플, 야후, 구글, 페이스북, 유
튜브, 스카이프, 드롭박스 같은 100여 개 회사와 손잡고 세계 전역 통화
기록과 인터넷 사용정보를 끌어모았다. 그 과정에서 미국, 영국, 오스트
레일리아, 뉴질랜드, 캐나다가 다섯 눈깔 아래 국제정보 수집·감시 네
트워크를 함께 굴려온 사실도 드러났다.

되돌아보면 미국이 정보수집용 갈퀴로 써먹은 다섯 눈깔은 새로운 게 아니었다. 이미 다섯 나라는 제2차 세계대전 뒤부터 영국미국협정UKUSA을 통해 신호정보 공조를 내걸고 이른바 에셜론ECHELON 네트워크를 개발해 냉전 기간 내내 소비에트러시아와 동구권을 도청해왔다. 2001년 미국이 '테러와 전쟁'을 내걸고부터는 그 영역을 온 세상으로 넓혔을 뿐이다.

그 다섯 눈깔에 다시 한국, 일본, 독일, 터키, 필리핀, 노르웨이 같은 미국 동맹국들이 '제3자third parties'란 이름 아래 참여해왔다.

세상물정에 좀 밝은 이들이라면 미국이 그 동맹국들 땅에 세운 정보기지를 통해 온 세상을 도청한다는 소문을 1990년대 중반쯤부터 들어봤을 테고, 한두 해 전부터는 웬만한 이들도 누군가 웹캠을 엿본다는 사실을 알았을 것이다. 물론 미국 정부나 정보기관은 음모론이라고 길길이 뛰었다. 그러던 게 스노든 폭로로 모조리 사실로 드러났다.

여기서 음모론conspiracy theory을 짚어볼 만하다. 요즘 외신에서 일하는 친구들을 만나면 전에 없이 음모론을 꺼내는 이들이 많다.

본디 외신판은 온갖 비사祕史가 나돌고 숱한 소문이 자라는 곳이라 웬만해선 한쪽 귀로 듣고 한쪽 귀로 흘리곤 했는데 이젠 마냥 흘려버릴 수만도 없는 실정이다. 옛날과 달리 음모론이 과학적 논리로 무장한 데다 인터넷을 비롯한 통신 네트워크를 통해 살포 대상이나 범위가 폭발적으로 늘어나면서 대중성을 확보했기 때문이다.

음모론 주제도 그동안 제1세대 단골메뉴였던 미확인비행물체 같은 공상과학류를 넘어 정치·군사·경제·역사·문화·환경에 이르기까지 전 방위로 뻗어나가고 있다. 그러다 보니 음모론 생산주체도 아주 다양해졌다. 의심과 상상을 바탕 삼았던 전통적 음모론자들 손을 떠나 정치성이 강한 개인과 이익집단뿐 아니라 정부, 군부, 정보조직 같은 공적 기관까지 달려들어 프로파간다로써 음모론과 역음모론을 뿌려대는 실정이다. 그러니 옛날과 달리 음모론의 사실관계를 따지고 그 배후를 캐는 일도 만만찮아졌다.

이제 음모론은 전통적인 정보 생산자이자 전달자로 군림해왔던 뉴스와 맞붙을 만큼 모든 영역을 건드리고 있다. 정치적 사건은 말할 나위도 없고 쓰나미나 지진 같은 자연재해에 이르기까지 음모론이 따라붙지 않는 경우가 거의 없을 지경이다.

하여 외신에서도 음모론을 허투루 넘겨버릴 수 없는 상태까지 왔다. 물론 뉴스 생산과 배급에서 여전히 절대권력을 지닌 국제공룡자본언론과 그 하부구조로 편입당한 각국 언론이야 그동안 음모론을 철저하게 부정해 왔지만, 어쨌든 현실은 현실이다.

음모론이라는 용어가 언제 태어났는지를 놓고 연구자들 사이에 말이 많지만 현대적 의미로 보자면 미국이 베트남전쟁에 뛰어들 무렵쯤이 아닌가 싶다. 그 시절 등장한 음모론이 바로 '케네디 암살 배후설' '마릴린 먼로 살해설' 같은 것이었다. 이어 '히틀러 생존설'이나 '달 착륙 조작설' 같은 것들이 튀어나왔다.

그러다 1972년 미국 대통령 닉슨의 권력남용이 정치적 스캔들로 번졌던 이른바 워터게이트사건을 놓고 음모론이 크게 불거졌다. 애초 음모론을 들이대며 버텼던 닉슨은 결국 1974년 물러났다. 그렇게 워터게이트사건이 진실로 드러나면서 숱한 음모론이 꼬리 물었다. '셰익스피어 가짜설' '에이즈균 제조설' '미국의 통신 탐지설' 같은 것들로 음모론 영역도 서서히 넓어지기 시작했다. 그러나 1990년대까지만 해도 음모론은 좀 별난 반골들 사이에 돌아다니는 희한한 얘깃거리쯤으로 여겨왔다.

9.11사건, 줄리언 어산지, 스노든

그러더니 2001년 9.11사건을 계기로 음모론이 폭발했다. 이제껏 할리우드 영화에서조차 상상할 수 없었던 9.11사건을 생중계로 지켜보았던 사람들 사이에 '이 세상엔 어떤 일이든 벌어질 수 있다'는 전혀 새로운 인식법이 생겨났다. 때맞춰 사람들은 인터넷을 비롯한 대량살포용 통신수단이 제 손아귀에 들어와 있다는 사실을 깨달았다. 음모론이 폭발할 수 있는 최적 환경이 갖춰진 셈이다.

그로부터 사람들은 믿기 힘든 사건이나 현상과 부딪칠 때마다 속 시원히 못 파주는 언론사 뉴스 대신 음모론에 귀 기울이기 시작했다.

9.11사건뿐 아니라 미국의 제2차 이라크 침공과 아프가니스탄 침공 때도 어김없이 음모론이 터져 나왔다. 때마다 미국 정부와 언론은 그런 음모론을 타박했다. 미국 정부가 음모론이라며 길길이 날뛰었던 제2차 이라크 침공은 미군이 이라크에서 대량살상무기WMD를 단 한 발도 못 찾아내면서 사실로 밝혀졌다. 그 뒤 '인도양 쓰나미' '오사마 빈 라덴 사

살' '일본 도호쿠 대지진' '자스민 혁명' '카다피 살해' 같은 큰 사건이 터질 때마다 곧장 음모론이 튀어나왔다. 오랫동안 알음알이 전해져왔던 이른바 '일루미나티와 뉴 월드 오더Illuminati and New World Order의 세계정부 인류지배설' 같은 초강력 음모론이 힘을 받은 것도 그 무렵이었다.

이제 음모론자들은 '일루미나티'니 '뉴 월드 오더'를 성전처럼 떠받든다. 모든 배후는 일루미나티고 모든 길은 뉴 월드 오더로 통할 만큼.

그사이 우리는 2010년 미국 정부 외교전문을 폭로한 위키리크스Wikileaks의 줄리언 어산지Julian Paul Assange와 2013년 미국 정부의 통신정보 수집을 폭로한 스노든을 놓고 음모론이 역음모론으로 발전해가는 새로운 유형과 마주쳤다.

두 폭로사건을 낀 역음모론은 꺼림칙한 의문에서부터 출발했다. 헤커였고 계약직 컴퓨터 기술자였던 이들이 초특급 비밀문건을 손에 쥐게 된 과정 못지않게 시의와 사안에 맞춰 터트리는 폭로방법이 매우 정치적이었던 탓이다. 예컨대 미국이 이란 공습을 깊이 고민하던 2011년 말 난데없이 위키리크스가 사우디아라비아를 비롯한 아랍 국가들이 이란 폭격을 주장해온 문건을 폭로해 바람잡이 짓을 했던 것처럼.

게다가 어산지와 스노든이라는 두 인물의 흐릿한 정체성도 역음모론을 키운 밑감 노릇을 했다. 이들은 민주주의와 언론자유에 반제국주의까지 입에 올렸으나 정작 모든 정보를 국제공룡자본언론한테만 몰아주며 강한 권력지향성을 보였을 뿐 스스로 시민사회의 도구가 아님을 드러냈다.

언론이 무너지고 음모론이 피어나다

그 두 폭로사건을 놓고 러시아나 중국과 아랍 쪽에서는 미국 CIA 배후설을 퍼트렸고 반대쪽 미국 보수진영에서는 오히려 러시아와 중국 정보기관 배후설을 음모론에 담아 퍼 날랐다. 그동안 주로 개인이나 특정 집단이 권력과 자본을 겨냥해온 전통적인 음모론과 달리 그 두 폭로사건에는 스파이 조직과 연구기관까지 파고들어 상대국으로 전선을 펼치면서 음모론과 역음모론이 어지럽게 뒤섞였다. 마침내 음모론이 정부의 프로파간다 연장 노릇을 하는 시대가 왔다.

인류사에서 시민이 오늘처럼 방대한 정보에 접근할 수 있었던 적이 없다. 거꾸로 정치권력과 자본권력이 오늘처럼 교활하게 그 정보를 막으려고 애쓴 적도 없다. 바로 대량생산 체제로 들어선 음모론의 토양이었다. 본디 음모론은 정보독점 권력에 맞서는 저항의 한 유형으로 태어났다. 그러나 그 음모론을 키워낸 보모는 권력과 자본에 빌붙어 감시와 비판이라는 제 기능을 다하지 못한 언론이었다. 이미 정부에 맞설 만큼 몸집을 불린 국제공룡자본언론은 마음만 먹으면 그동안 음모론이 걸고 나왔던 숱한 의문을 얼마든지 파헤칠 만한 힘을 지녔다.

예컨대 현대사에서 가장 충격적인 사건으로 여겨온 9.11사건은 여전히 의문투성이로 온갖 음모론에 밑감을 대고 있지만 지난 16년 동안 그 속살을 파겠다고 달려든 언론사가 없었다. 그 사건현장을 코앞에 둔 〈뉴욕타임스〉도 〈워싱턴포스트〉도 모조리 입을 닫았다. 돈과 인력에다 정보와 취재 선을 지닌 그런 언론사들이 나선다면 9.11사건을 제대로 들춰낼 수 있다는 게 기자들 믿음이다.

　마찬가지로 어산지나 스노든 폭로처럼 세상을 뒤흔들 만한 사건을 놓고 의문을 달아야 할, 그리고 그 의문에 스스로 대답해야 할 언론이 모조리 입을 닫았다. 국제공룡자본언론사는 독점보도와 선제보도에만 눈알을 부라렸을 뿐, 그 폭로방법이나 배후 따위에는 관심도 없었다. 그러니 음모론을 파헤치고 사실을 보도해야 할 언론이 이제 오히려 '일루미나티의 국제언론 지배' 같은 음모론 노리갯감이나 될 수밖에.

　결국 음모론은 언론이 무너진 땅에서 피어난 보복의 꽃이었다.

해킹팀 사건
_ 국정원, 새누리당, 조선일보는 용감했다

'정부들한테 해킹 연장 팔아온 회사 해킹당했다' __ 〈워싱턴포스트〉, 2015. 7. 6.

'첩보 회사 해킹팀: 해커가 해커를 곤경에 빠뜨리다' __ 〈슈피겔 Spiegel〉, 2015. 7. 7.

'경찰과 국가정보센터도 해커 회사 고객' __ 〈엘파이스 El País〉, 2015. 7. 7.

'해킹폭로로 사생활 걱정하다' __ 〈방콕포스트 Bangkok Post〉, 2015. 7. 19.

'한국 정보요원, 전화 해킹 스캔들로 자살' __ 〈인디펜던트〉, 2015. 7. 20.

2015년 7월 6일 정보감시 프로그램과 시스템을 팔아온 이탈리아 회사 해킹팀Hacking Team이 해킹당했다는 뉴스가 떴다. 온 세상이 떠들썩했다. 한마디로 난리가 났다.

근데 서울에서 들려오는 말은 영 딴판이었다.

"다른 나라는 (해킹팀 리모트컨트롤 시스템과) 관련보도가 전혀 없고 조용한 편인데 우리나라만 이렇게 관심을 가지고…,"

7월 14일 국회 정보위원회 새누리당 간사 이철우 말이었다.

"35개국 97개 기관이 이 프로그램을 구입했는데 우리나라처럼 시끄러운 나라가 없다."

7월 17일 국가정보원 공식 입장이었다.

"30개국 정보기관, 이탈리아 해킹팀과 거래…, 해당국들 '안보현안' 차분히 대응."

7월 19일 〈조선일보〉 기사 제목이었다.

이 셋은 정보와 권력을 움켜쥐고 기득권 세력을 지켜온 국가대표 '우익지사'들이다. 한 나라 집권당의 국회 정보위원회 간사도, 한 나라 정보를 쥐고 흔드는 스파이 조직도, 한 나라 최대 발행부수를 자랑해온 신문도 외신을 안 보거나 보더라도 읽는 법을 모른다는 사실을 폭로한 셈이다.

요즘 세상엔 정당이든 정보기관이든 언론이든 정보를 다루는 이들이라면 외신부터 챙기는 게 기본이다. 정부가 대사관마다 언론담당관을 두는 것도 언론사들이 해외 지국에 특파원을 보내는 것도 모두 현지 뉴스(외신)를 파서 정보를 얻겠다는 뜻이다. 저마다 국제정보를 얻고 정세를 분석하는 데 외신을 가장 귀한 밑감으로 여겨온 까닭이다.

근데 집권당 정보위원회 간사란 자가 "다른 나라는 관련 보도가 전혀 없고 조용한 편이다"고 하질 않나, 시민혈세로 대사관마다 요원까지 파견한 국정원은 "우리나라처럼 시끄러운 나라가 없다"며 모조리 허튼 소리만 질러댔다. 인터넷만 때려봐도 외신이 줄줄줄 뜨는 마당에 새누리당이나 국정원이나 〈조선일보〉가 공부를 안 했거나, 세상 돌아가는 판을 못 읽었거나, 이도 저도 아니면 계획적인 거짓말을 했거나 그 속내야 알 수 없다. 다만 뭐가 됐든 새누리당도 국정원도 〈조선일보〉도 정보를 다루는 일을 할 만한 자격이 없는 것만큼은 틀림없다.

언론탄압국은 '차분'했다

"다른 나라는 관련 보도가 전혀 없다"는 새누리당 정보위원회 간사 말은 이미 앞서 소개한 외신제목에서부터 빤한 거짓말로 드러났으니 이쯤에서 제쳐두고 "우리나라처럼 시끄러운 나라가 없다"는 국정원 말과 "해당국들 '안보현안' 차분히 대응"을 내건 〈조선일보〉를 좀 더 따져보자.

국정원도 말했듯 그 무렵 해킹팀 자료유출로 드러난 사실을 보면 35개국 97개 기관이 해킹 프로그램RCS을 구입했다. 여기서 눈여겨볼 대목은 그 35개국 정체다. 좀 어지럽더라도 그 35개국을 2015년 국경없는기자회RSF가 매긴 세계언론자유 지표와 2014년 〈이코노미스트〉가 매긴 민주주의 지표를 잣대 삼아 견줘보자. 참고로 괄호 속 앞 숫자는 언론자유 지표고 뒤는 민주주의 지표다.

에콰도르(108위/79위), 나이지리아(111위/121위), 아랍에미리트(120위/152위), 오만(127위/139위), 콜롬비아(128위/62위), 모로코(130위/116위), 온두라스(132위/80위), 타이(134위/93위), 에티오피아(142위/124위), 말레이시아(147위/65위), 멕시코(148위/57위), 러시아(152위/132위), 싱가포르(153위/75위), 이집트(158위/138위), 아제르바이잔(162위/148위), 바레인(163위/147위), 사우디아라비아(164위/161위), 우즈베키스탄(166위/154위), 카자흐스탄(169위/137위), 수단(174위/153위), 베트남(175위/130위)

이 나라들은 그동안 언론탄압으로 악명을 떨쳐왔다.

대한민국(60위/21위), 칠레(43위/32위), 미국(49위/19위), 몽골리아(54위/61위), 헝가리(65위/51위), 이탈리아(73위/29위), 키프로스(76위/42위), 파나마(83위/47위)
중간그룹에 속한 이 나라들은 언론자유가 위협당해왔다.

체코(13위/25위), 폴란드(18위/40위), 룩셈부르크(19위/11위), 독일(18위/13위), 스위스(20위/6위), 오스트레일리아(25위/9위), 스페인(33위/22위)
이 나라들은 언론환경이 괜찮은 편이다.

이 자료는 언론자유가 곧 한 나라의 민주화 수준이라는 사실을 잘 보여준다. 여기서 국정원이나 〈조선일보〉 말이 왜 이치에 안 맞는지 또렷이 드러났다. 언론탄압국으로 꼽은 나라들 가운데 타이나 멕시코 같은 몇몇 나라 언론을 빼곤 자국 정부가 해킹팀 자료유출에 올랐다는 사실조차 제대로 보도할 수 없었다. 그나마 타이의 〈방콕포스트〉가 자국 경찰의 해킹팀 프로그램 구입사실을 보도는 했지만 더 이상 물고 늘어지진 못했다. 2014년 쿠데타로 집권한 군사정부의 지독한 언론탄압에 눌렸던 탓이다. 말하자면 압제정부 아래 입도 뻥긋 못 하는 그 21개국은 그래서 '차분한 대응'처럼 보였을 뿐이다. 사람들은 강요당한 고요함을 차분한 대응이라 부르지 않는다. 국정원과 〈조선일보〉는 그런 속살을 숨긴 채 껍데기만 내세워 '시끄러운' 대한민국과 견줬다.

'조용'할 수 없다

대한민국을 뺀 나머지 13개 나라도 볼 만했다. 스위스, 미국, 오스트레일리아, 스페인을 비롯한 13개 나라 언론들은 해킹팀 사건이 터지자마자 저마다 자국 정부한테 강한 의문을 던졌다. 국정원이나 〈조선일보〉 말처럼 처음부터 결코 조용하지 않았다. 다만 그 나라들은 애초 대한민국보다 조금 덜 시끄러울 수밖에 없는 조건을 지녔다. 그동안 정보기관이 시민을 불법도청하거나 감시한 적이 없었던 – 적어도 그런 사실이 밖으로 새어나온 적이 없었던 – 그 나라 언론은 정부가 불법으로 써먹지 않았다고 발뺌하자 숙졌을 뿐이다. 그런 나라들은 시민사회와 정부 사이에 그나마 믿음이 있었다는 뜻이다. 대한민국처럼 시민을 적으로 여겨온 정부와 정보기관한테 마구잡이 불법도청 당하거나 감시당해온 경험이 없었던 까닭이다.

"한국에서 더 민감한 이유는 국정원이 과거에도 불법도청, 민간인 사찰 등의 의혹을 받았기 때문인 것으로 보인다."

이게 〈조선일보〉가 7월 19일치 그 제목 아래 올린 기사 결론이다. 이 문장은 AP를 인용했다고 밝혔다. 〈조선일보〉도 대한민국이 시끄러운 까닭을 뻔히 알았다는 뜻이다. 더 못된 건 대한민국 시민 모두가 아는 사실을 굳이 외신을 빌어 마치 남의 일처럼 다뤘다는 점이다. 참 얄량하고 떳떳하지 못한 짓이다. 이게 해킹팀 사건을 놓고 벌인 논란의 본질이었다.

덧붙이자면 그 13개 나라 언론은 보름이 지나도록 여전히 해킹팀 사건을 주요 뉴스로 다루면서 사후대책을 보도했다. 유럽연합도 해킹팀의 불법성을 조사하겠다고 나섰다. 이렇듯 다른 나라들도 결코 조용히 지나가지 않았다. 이건 국정원이나 〈조선일보〉가 세상 돌아가는 모습까지 얼렁뚱땅 속였다는 증거다.

여태껏 대한민국 정부가 시민한테 저질러온 온갖 불법도청과 불법감시의 주범인 국정원, 그 불법을 국가안보랍시고 뒤받쳐온 새누리당, 그 불법 국가안보를 팔아 몸집을 불려온 〈조선일보〉, 이자들의 애국방법과 시민사회의 애국방법은 본질부터가 그렇게 달랐다.

왜 대한민국은 시끄러우면 안 되는가?

왜 시민사회가 의문을 품으면 안 되는가?

왜 야당이 나서서 조사하면 안 되는가?

오히려 지금은 해킹팀뿐 아니라 그동안 외신판에서 "디지털 시대 용병"이라 불러온 '감마Gamma' '트로비코르Trovicor' '에미시스Amesys' '블루코트Blue Coat'처럼 악명 높은 감시용 프로그램을 국정원이 사들여 불법으로 시민을 훔쳐봤는지도 따져야 할 때다. 이미 숱한 정부가 그런 프로그램들로 인권을 유린하고 정보의 자유를 짓눌러왔다.

이제껏 행실로 보면 국정원이 그런 프로그램들을 써먹지 않았다는 게 더 이상하지 않겠는가?

"모든 국민은 통신의 비밀을 침해받지 아니한다."

대한민국 헌법 제18조가 위협받고 있다.

드레퓌스, 마타 하리, 유우성…
누구든 간첩이 된다

2013년 3월, 국정원이 서울시 공무원 유우성 씨를 간첩으로 몰아붙였다는 뉴스가 떴다. 이른바 간첩조작사건이었다. 독재정권들 그 단골메뉴가 세계시민사회를 외치는 21세기에도 살아 꿈틀댔다.

나라 안팎에서 심심찮게 터져 나오는 간첩조작사건을 볼 때마다 〈뗌뽀〉 편집장인 내 친구 밤방 하리무르띠Bambang Harymurti 말이 떠오른다.

"반군이란 증거 없으면 시민이다."

반군과 간첩이라, 그 사연을 좀 따져보자. 2003년 5월 19일 인도네시아 정부는 독립을 외쳐온 자유아쩨운동GAM을 박멸하겠다며 아쩨에 계엄령을 선포한 뒤 대규모 군사작전을 벌였다. 앞서 군은 신문사 편집국장과 방송사 보도국장을 밀실에 모아놓고 '민족언론' '애국언론'을 들이대며 으름장을 놨다. 주눅 든 언론사들은 군사작전 첫날부터 1면에 아쩨 반군 희생자 사진을 깔고는 정부군 승전보를 울려댔다.

그러다 나흘 만인 5월 23일 일이 터졌다. 아시아 언론자유 투쟁사에 선봉장 노릇을 해왔던 뗌뽀그룹은 일간 〈꼬란 뗌뽀〉에 '정부군, 시민 7명 사살'이란 제목을 뽑아 올렸다. 같은 날 다른 언론사는 모두 '정부군, 반군 7명 사살'로 제목을 달았다. 곧장 정부와 군 쪽에서는 난리가 났다. 밤방 하리무르띠는 "13세 아이를 포함한 희생자 7명이 반군이란 증거가 없다. 증거 없으면 시민이다"고 되박았다. 그 한마디는 '군·언 동침'을 깨우는 날카로운 자명종 노릇을 했다. 그로부터 사람들은 '반군이라서 사살당한 게 아니라 누구든 사살당하면 반군이 된다'는 사실을 깨닫기 시작했다.

바로 간첩조작논리란 게 딱 그 짝이다. 간첩이라서 잡히는 게 아니라 누구든 잡히면 간첩이 된다. 그리고 이 세상 모든 간첩조작사에는 어김없이 미친 언론이 등장한다. 권력에 빌붙었건, 장삿속이었건, 빨갱이 강박증이었건, 이도 저도 아니면 부화뇌동이었건 늘 언론이 간첩몰이 앞잡이로 나섰다.

정보기관이 간첩체포란 말만 슬쩍 흘려놓으면 언론이 벌떼처럼 달려들어 사실 따위와 상관없이 진자리에서 확인사살을 해주었다. 어느 나라 어느 정부할 것 없이 간첩 만들기는 그렇게 식은 죽 먹기였다. 그러니 정부는 필요할 때마다 간첩을 만들어왔고 시민은 무슨 큰일이 터져 정부가 구석에 몰리기만 하면 때맞춰 잡히는 간첩을 봐왔다.

"증거 없으면 시민이다." 아주 상식적인 이 한마디를 내지를 줄 아는 언론이 흔치 않았던 탓이다.

언론이 공범이었다

현대사로 넘어오는 길목에서 우리는 간첩조작사건 희생자 둘을 만난다. 알프레드 드레퓌스Alfred Dreyfus와 마타 하리Mata Hari라 불리는 마르하레타 헤이르트라위다 젤러Margaretha Geertruida Zelle다. 두 사건은 19세기 말에서 20세기 초 극우민족주의가 판치던 유럽 사회에서 태어났다. 1894년 프랑스 포병대위 드레퓌스는 군 정보부가 독일대사관 우편함에서 발견한 비밀문건의 코드네임 'D'와 오직 이름 첫 알파벳이 같다는 이유 하나로 체포당했다.

그러자 반유대인 정서를 퍼뜨려온 〈라 리브르 파롤La Livre Parole〉, 〈레클레르L'Eclair〉, 〈르 프티 주르날Le Petit Journal〉, 〈라 파트리La Patrie〉 같은 극우언론들은 "출생을 배신한 매국노, 유대계 드레퓌스"로 몰아 단죄를 외쳤다. 드레퓌스는 비전문 필적 감정사가 말한 "닮은 필체" 한마디를 증거 삼은 법정에서 종신형을 받았다.

2년 뒤, 드레퓌스를 간첩으로 몰았던 페르디낭 에스테라지Ferdinand Esterhazy 소령이 진짜 간첩으로 밝혀지면서 드레퓌스건 재심을 놓고 프랑스사회는 반유대 민족주의자, 가톨릭, 군부가 지원하는 반드레퓌스파와 일부 공화파와 사회주의 지식인이 지지하는 친드레퓌스파로 갈려 거세게 부딪쳤다. 군부가 드레퓌스의 무죄요구를 거부하는 가운데 다시 극우 언론은 재판마저 반대하는 광기를 뿜어댔다.

한편 장 조레스Jean Jaurès를 비롯한 사회주의 정치인들과 작가 아나톨 프랑스Anatole France 같은 이들은 드레퓌스를 거들고 나섰다. 에밀 졸라 Émile Zola가 공개편지 '나는 고발한다'를 문학신문 〈로로르L'Aurore〉에 띄운 것도 바로 그때였다.

1906년 드레퓌스는 마침내 무죄판결을 받고 다시 군인으로 돌아갔다. 세월이 흘러 1995년 대통령 자크 시라크Jacques Chirac가 드레퓌스 무죄를 공식인정했다. 법원은 이미 무죄를 판결했지만 드레퓌스가 정부로부터 무죄를 인정받기까지는 그렇게 꼭 100년이 걸렸다.

마타 하리를 보자. 마타 하리와 드레퓌스는 똑같은 간첩조작사건 희생자였지만 그 과정과 결과는 아주 달랐다. 그이는 100년이 지났지만 여전히 간첩이다. 왜? 여자고 춤꾼이었기 때문이다.

제1차 세계대전이 달아오르던 1917년 2월 프랑스 정보국은 마타 하리를 간첩혐의로 체포했다. 그 무렵 마타 하리는 타고난 아름다움에다 파격적인 반나체 춤으로 유럽을 휩쓸고 다녔다. 프랑스 정부는 "영국군 정보국MO5이 독일과 스페인의 라디오 교신을 도청해서 얻은 코드네임 'H-21'이 마타 하리다"고 밝혔다. 그러나 정작 법정에서는 단 한 건 문서나 증거도 못 내놨다. 프랑스 정보국이 내민 증거라고는 마타 하리가 화장도구라고 밝혔던 비밀잉크가 다였다. 마타 하리는 증인도 세울 수 없었고 변호사가 검찰 쪽 증인을 심문할 수도 없는 불법재판을 받았다.

마타 하리의 걸음마다 열광하며 가십으로 따라붙었던 언론은 장삿속에만 눈알을 부라렸을 뿐 그 불법재판에 의문을 달아주지 않았다. 언론은 오직 마타 하리가 체포당할 때 나체였는지 아니었는지 따위에만 열올렸다. 〈랭트랑시장L'Intransigeant〉, 〈르탕Le Temps〉을 비롯한 극우언론들은 기꺼이 한 여인을 몸 파는 이중간첩으로 몰아붙였다. 예나 이제나 세상 언론이 마타 하리 앞에 '섹스' '매춘부' '이중간첩' 같은 얍삽한 말을 덧붙여온 전통은 그렇게 출발했다.

남자고 군인인 드레퓌스한테는 있었던 '에밀 졸라들'도 마타 하리한테는 없었다. 그렇게 마타 하리는 누구한테도 도움 받지 못한 채 불법재판에서 사형선고를 받았다. 그해 10월 마타 하리는 안대와 포박을 마다한 채 총살당하면서 삶을 마감했다.

마타 하리가 독일에 정보를 넘긴 간첩이라며 죽임당하고 30년이 지난 뒤에야 당시 마타 하리를 기소한 프랑스 검찰이 증거불충분을 자백했다. 1999년 영국 정보국MO5은 "마타 하리가 독일군한테 군사정보를 넘긴 사실을 자백했다는 프랑스 정보국 주장을 뒷받침할 만한 어떤 증거도 못 찾았다"고 밝혔다. 마타 하리 간첩조작사건은 그 시절 영국과 프랑스 정보국 합작품이었다는 뜻이다. 시대와 어울리지 못한 마타 하리를 간첩으로 몰아 살해한 공범은 선입견과 질투심에 불타는 사내들, 그리고 섹스를 팔아 이문을 챙긴 매춘언론이었다.

제2차 세계대전과 냉전을 거치는 동안 이번에는 미국 쪽에서 간첩사건들이 줄줄이 터져 나왔다. 소비에트 러시아에 핵무기 정보를 넘겼다는 이른바 '어토믹 스파이Atomic Spies'란 이름을 단 사건들이었다. 세상을 떠들썩하게 했던 것들만 따져도 열 건이 넘는 그 사건 가운데 몇몇은 아직까지 음모와 조작설로 말썽을 빚고 있다.

좋은 본보기가 로젠버그Rosenberg 사건이다. 매카시즘 광기에다 한국전쟁까지 겹쳤던 1950년, 줄리어스Julius 로젠버그와 그의 아내 에설Ethel 로젠버그는 핵폭탄 정보를 소비에트 러시아에 넘긴 혐의로 체포당했다. 그러나 에설은 재판에서부터 큰 말썽이 났다. 검찰이 들이댄 증거란 게 "에설이 그 자료를 타이핑하는 걸 보았다"는 에설의 동생 데이비드 그린글래스David Greenglass 말이 다였던 탓이다. 데이비드는 핵폭탄 정보를 빼내 줄리어스한테 준 인물로 알려졌다.

1951년 판사 어빙 카우프만Irving Kaufman은 끝끝내 간첩혐의를 부인했던 에설과 줄리어스한테 간첩죄뿐 아니라 당치도 않은 한국전쟁 희생자들에 대한 책임까지 얹어 사형을 때렸다. 이 사건으로 함께 체포당했던 데이비드를 비롯한 모든 이는 자백 대가로 9~17년형을 받았다.

그 많은 가짜 간첩을 만든 한국 언론은

그사이 〈워싱턴포스트〉, 〈뉴욕포스트〉 할 것 없이 모든 미국 언론은 그 정치적인 간첩조작사건을 놓고 반공만 죽어라 외쳐댔을 뿐 에설의 몸

부림에는 눈길 한번 안 줬다. 에설은 법정에서 사형선고를 받기 전 일찌 감치 언론한테 먼저 사형선고를 받았던 셈이다.

결국 미국 언론 대신 국제사회가 들고 일어났다. 장 폴 사르트르Jean Paul Sartre, 장 콕토Jean Cocteau, 알베르트 아인슈타인Albert Einstein, 베르톨트 브레히트Bertolt Brecht, 파블로 피카소Pablo Picasso를 비롯한 당대 지식인들과 교황 비오 12세까지 나서서 에설 무죄석방운동을 벌였다. 그러자 1953년 〈뉴욕타임스〉는 '로젠버그를 이용해 미국 증오로 몰아가다'란 제목 아래 공산주의 언론이 친로젠버그 운동을 벌인다며 국제사회를 싸잡아 비난했다.

에설과 줄리어스는 1953년 6월 전기의자에서 삶을 마쳤다. 냉전 기간 동안 미국 시민 가운데 간첩죄로 사형당한 사람은 이 부부 딱 하나뿐이었다. 세월이 흘러 데이비드를 비롯한 그 간첩단 사건 관련자들이 형기를 마치고 나오면서 하나둘씩 에설의 무죄를 자백했다. 이미 정치적 음모에 희생당한 에설이 돌아올 수 없는 길을 떠난 뒤였다. 그로부터 〈뉴욕타임스〉를 비롯한 수많은 미국 신문과 방송이 에설 간첩조작사건을 다뤄왔다. 시민을 간첩으로 몰아 살해한 공범인 미국 언론이 이제 와서 진실을 떠들어대지만 용서를 빈 언론사는 단 하나도 없었다.

간첩조작사건은 아시아에서도 끊이지 않았다. 2010년 타이와 캄보디아가 쁘리이 위히어Preah Vihear 사원을 끼고 영토분쟁을 벌이던 가운데 느닷없이 간첩사건이 튀어나왔다. 그해 12월 29일 캄보디아 정부는 타이 극우민족주의 시위대가 국경을 침범했다며 전 하원의원 파닛 위낏셋

Phanit Wikitset을 비롯한 일곱 명을 체포했다.

그 가운데 위라 솜꽘낏Veera Somkwamkid을 비롯한 두 명을 간첩혐의로 구속했다. 타이 극우들의 국경시위는 수많은 기자가 쫓았고 두 정부도 미리 알고 있던 터였다. 이건 '기자들을 달고 다닌 간첩도 있다'는 아주 새로운 사실을 세상에 처음 알려준 사건이었다.

맞선 타이 정부는 2011년 6월 9일 캄보디아, 베트남, 타이 국적 시민 셋을 쁘리이 위히어 국경에서 간첩혐의로 체포했다. 타이 총리 아피싯은 "그 셋이 타이 국경 군사지역을 돌아다녔고 지도를 지녔다"며 "그 간첩들이 술 취하고 마약을 한 상태였다"고 덧붙였다. 일주일쯤 뒤 타이 정부는 "그 간첩들이 도망쳤다"고 밝혔다. 술 마시고 지도 들고 국경 근처에서 어슬렁거리면 간첩이 되고 마는 세상이다. 그것도 한 해 수십만이 몰려드는 관광지에서. 외국인이라면 더 조심하는 게 몸에 이로울 듯!

그 두 코미디를 놓고 타이와 캄보디아 정부는 서로 간첩조작이라며 상대를 향해 거칠게 삿대질해댔다. 그랬다. 누가 봐도 터무니없는 간첩 조작사건이었다. 여기서도 언론은 후견인 노릇을 톡톡히 했다. 애타는 민족주의와 피 끓는 애국주의로 무장한 두 나라 언론은 서로 상대 정부만 나무라고 타박했을 뿐, 자기 정부 행위에는 굳게 입을 닫았다. 아주 못된 언론이었다.

이렇듯 시대와 지역을 넘어 모든 간첩조작사건에는 반드시 언론의 광기가 깔려 있다. 그 많은 가짜 간첩을 만들어냈던 박정희와 전두환 시절을 거쳐 오늘까지 오는 동안 대한민국 언론은 모두 안녕하신가?

독재정권 나팔수를 자임하며 그 많은 무고한 시민을 간첩으로 내몰았던 대한민국 언론은 아무 말이 없다. 어느 언론사 하나 용서를 빈 적도 없고, 오보였다고 핑계라도 댄 기자 하나 없었다. 그 많은 시민이 간첩으로 몰려 희생당하는 동안 우리 곁에는 "증거 없으면 시민이다" 이 한마디를 외쳐줄 줄 아는 언론이 없었다.

언론이 천사를 불러올 수 없다면 악마의 출현만이라도 막아야 옳지 않겠는가?

대한민국 언론이 대답할 때가 됐다.

〈산케이신문〉 고발
_ 대통령 명예보다 소중한 것들

대통령은 시민이다. 대통령도 개인은 마땅히 보호받아야 한다. 대통령도 친구를 만나고 술을 마시고 여행을 하고 연애를 하고 섹스를 하고, 남들처럼 다 할 수 있다. 대통령이 가슴 아린 로맨스를 한 토막쯤 흘린들 손가락질할 까닭도 없다. 성자가 아닌 대통령한테 도덕적 기준을 따로 두고 닦달할 일도 없다.

대한민국 헌법도 대통령 개인의 삶을 옥죈 적 없다. 대한민국 헌법은 시민 모두의 삶을 평등하게 보호하라고 명령했을 뿐이다.

다만 대통령이라는 직업으로 넘어가면 이야기가 달라진다. 대통령은 비록 5년짜리 임시직 공무원이지만 화려한 법적 보호에다 엄청난 월급까지 받는 만큼 온갖 눈치도 봐야 하는 팔자다.

대한민국 정치판이 교범처럼 받들어온 미국과 그 대통령들도 다 마찬가지다. 2009년 대통령 당선자 오바마는 백악관에 들어가면서 국가안보국한테 개인 전화와 이메일을 빼앗겼고 그동안 즐겨 써왔던 블랙베리는 특수 부호를 심은 다음에도 사적 통신을 20여 명쯤으로 제한당했다. 대통령을 '감방 속의 권력'이라 했던 건 괜한 말이 아니다.

"의전과 경호가 도를 넘을 때가 많고 지켜야 할 것들이 너무 많아 힘들다."

타이 전 총리 추안이 내게 귀띔해준 말이다.

"움직임 하나, 말 한마디도 감시당하는 자리를 벗어나니 속은 후련하다."

인도네시아 첫 민주대통령이었던 와히드가 2001년 정적들한테 탄핵당하고 여섯 달쯤 뒤 내게 했던 말이다.

모두 사적 영역을 제한당하는 고달픔을 털어놓은 말들이다. 한마디로 미국 대통령이든 타이 총리든 인도네시아 대통령이든 다 제 맘대로할 수 없다는 뜻이다.

우리는 지금껏 제왕적 권력을 휘둘러온 대통령이란 자들한테 너무 눌려 산 탓에 대통령 권한만 생각했지 의무나 책임은 캐물을 겨를이 없었다.

따져보자. 대통령도 출퇴근 시간이 있고 직장을 지켜야 할 의무가 있다. 나라에 무슨 일이 터지면 동사무소 고계장이 자리를 지켜야 하듯 대통령도 마찬가지다. 거꾸로 시민사회는 대통령이 출근을 제때 하는지, 근무시간에 일은 제대로 하는지 따위를 마땅히 알 권리가 있다.

시민이 대통령한테 월급을 주며 정부를 잘 꾸려달라는 게 민주주의다. 민주사회에서는 대통령과 시민사회를 이어주는 게 언론이다. 다른 말로 대통령 감시 기능을 지닌 게 바로 언론이다. 대통령 잘잘못을 낱낱이 파헤치고 그 소식을 시민한테 전해주는 대가로 돈을 받아 굴러가는 게 언론이다. 그러니 대통령과 언론은 적대관계여야 정상이다. 그게 건강한 사회다. 이런 기본적인 이치마저 못 깨닫거나 마다하는 자라면 대통령을 안 해야 옳다.

2014년 8월 초, 한 시민단체가 '대통령 박근혜의 사라진 7시간'을 기사로 다룬 일본 〈산케이신문〉 서울 지국장을 고발했다는 뉴스에 속이 아주 거북했던 까닭이다.

대한민국에 '친일' 언론이 없듯이

요즘 세상이 툭하면 고발질이니 시민단체가 기자 하나쯤 고발했다고 놀랄 일은 아니다. 본디 시민사회가 언론을 감시해야 건강한 사회니까 그럴 수도 있다. 다만 고발이란 게 이성적 논리가 통하지 않고 합의점을 찾을 수 없을 때 써먹는 가장 질 낮은 문제해결 방법이란 건 다시 생각해볼 만하다. 이게 〈산케이신문〉 기자 고발건의 성격이기도 했다.

고발자인 자유수호청년연합, 피고발자인 〈산케이신문〉 기자, 그 기자가 밑감 삼은 〈조선일보〉 기사, 명예훼손을 당했다고 펄펄 뛰는 청와대, 겉으론 안 드러났지만 분위기를 잡은 일본 총리 아베까지 모두 대한민국과 일본을 대표하는 극우들이다. 달리 말해 〈산케이신문〉 고발건의 본질이 이른바 '나라 사랑'을 앞세운 극우들끼리 치고 박은 진흙탕 싸움이었다는 뜻이다. 그러니 처음부터 이성적이거나 합리적인 구석을 기대할 수 없었다.

고발자가 트집 잡은 〈산케이신문〉 서울 지국장 가토 다쓰야加藤達也가 쓴 8월 3일치 기사 '박근혜 대통령, 여객선 침몰 당일 행방불명…, 누구와 만났을까?'는 〈조선일보〉 7월 18일치 최보식 기자가 쓴 '대통령을 둘러싼 풍문'을 제목만 달리 했을 뿐 고스란히 짜깁기한 글이었다. 〈산케이신문〉이 "조선일보를 인용했는데 왜 우리만?"이라고 묻고 늘어지는 게 얌통머리 없는 짓인 만큼 아무 대꾸도 못 했던 고발자와 청와대도 다를 바 없다.

〈조선일보〉도 똑같았다. 〈조선일보〉는 8월 9일치 '일본 산케이의 도발… 연일 한국·박 대통령 비하'란 제목 아래 〈산케이신문〉이 자신들 기사를 인용했다는 사실은 감춘 채 "증권가 루머 인용"이라며 타박했다. 〈동아일보〉 같은 언론사들도 덩달아 〈산케이신문〉의 반한 논조를 집중적으로 두들겼다.

일본 쪽 언론도 들고 일어났다. "국제사회에서 한국 이미지 손상"(〈아사히신문〉) "비정상적인 외신 고발"(〈요미우리신문〉) 같은 기사들을 쏟아내며 〈산케이신문〉을 편들고 나섰다. 〈산케이신문〉 인터넷판 독자란에는 "한국인 살해는 불법 아니다" 같은 글이 버젓이 올라왔다. 두 나라 언론판

싸움으로 번진 꼴이었다.

여기서 두 나라 언론상황을 짚어볼 만하다. 본디 일본 언론에는 '친한'이란 게 없다. 알려진 것처럼 〈산케이신문〉이나 〈요미우리신문〉만 '반한'이 아니다. 흔히들 진보적 자유주의라고 여겨온 〈마이니치신문〉이니 〈아사히신문〉도 사안에 따른 '눈치진보'일 뿐 사실은 모두 '보수' '우익' '반한'에 태생적 뿌리를 둔다. 대한민국에 '친일' 언론이 없는 것과 같은 이치다.

그동안 행실을 속속들이 뜯어보면 헷갈리는 경우들도 적잖았지만 〈조선일보〉, 〈동아일보〉, 〈중앙일보〉를 비롯한 모든 보수·우익 언론이 '반일'을 신줏단지처럼 여겨왔다. 적어도 겉보기에서만큼은 그랬다. 예컨대 〈조선일보〉가 가장 무서워하는 말이 바로 '친일 언론'이듯 대한민국에서 '친일'로 찍힌다는 건 곧 죽음을 뜻하니까. 비록 정치적 성향에서는 차이가 날지언정 〈한겨레〉도 본능적 '반일'만큼은 다를 바 없다.

그게 바로 〈산케이신문〉 고발건을 보도하는 대한민국 언론의 강박감으로 드러났다. 저마다 '못된 〈산케이신문〉'만 두들겨 팼을 뿐 언론 자유라는 더 본질적인 대목은 피해 갔다. 그게 일본 신문이었던 탓이다.

만약 〈뉴욕타임스〉였다면 어땠을까? 하기야 우익단체들이 미국 신문을 고발도 안 했을 것이고 청와대도 모른 척 시치미 떼고 넘어갔겠지만.

이게 두 나라 언론판 현실이다. '친한'이니 '친일'로는 절대 먹고살 수 없는 역사적 경험과 사회분위기 탓이다. 어쩌다 '친한'이니 '친일'로 찍히는 날엔 끝장난다는 사실을 잘 알기 때문이다. 돌려 말하면 '반한'이니 '반일'을 앞세워야 장사가 된다는 뜻이다.

그러니 두 나라 언론은 죽어라고 상대를 욕해왔고 그 밑감으로 상대국 대표선수인 대통령이나 총리만큼 멋들어진 게 없었다. 여태껏 두 나라 언론이 반대쪽 대통령이나 총리를 수도 없이 까왔지만 서로 그러려니 여기며 넘겨왔던 까닭이다.

박근혜의 명예보다 중요한 것들

그게 〈산케이신문〉 고발로 넘어오면 사정이 좀 달라진다. 박근혜와 아베 등장 뒤부터 두 나라 극우정부가 심하게 삐걱거리는 사이 세상 돌아가는 판을 제대로 못 읽은 〈산케이신문〉이 걸려든 꼴이다. 청와대는 고발소식이 뜨자마자 기다렸다는 듯 대변인까지 나서 "민·형사상 책임을 묻겠다"며 전의를 불태웠다. 일본 정부는 신문 하나를 놓고 외교장관이 나서 "한일 관계에 영향을 미칠 것이다"며 외교까지 들먹이며 대들었다. 결국 〈산케이신문〉 고발건이 두 나라 민관합동 극우들의 결투장을 제공한 셈이다.

대한민국 극우들한테 던지는 의문이다. 나라를 사랑하고 박근혜를 사랑한다던 극우들이 그래서 얻은 게 뭔가? 한 나라 대통령이 그깟 신문 하나와 실랑이 벌여서 얻은 게 뭔가?

오히려 〈산케이신문〉 고발로 박근혜한테는 숙져가던 '실종 7시간'이

도졌을 뿐 아니라 대한민국이란 나라까지 남세스러워져버렸다. 외신판 상식으로 보면 대한민국 대통령이 걸린 〈산케이신문〉 고발건을 주요 기사로 안 날렸을 서울 특파원이 없다. 실제로 그 뉴스는 곧장 일본, 미국, 중국을 비롯해 온 세상으로 퍼져나갔다. 더욱이 서울 주재 외신기자들 움직임이 심상찮다는 소리가 이내 방콕까지 들려왔다.

외신판에서는 그 사안을 박근혜의 명예보다는 언론자유 문제로 다뤘다. 국제언론은 저마다 정치적 성향이 다르고 사업적으로는 사납게 다투지만 언론자유라는 주제 앞에서는 전투적 패거리 의식을 보인다. 한 나라 대통령 명예쯤을 언론자유와 맞바꿀 국제언론은 없다. 마찬가지로 고발 한 번 당했다고 〈산케이신문〉이 갑자기 친박이나 친한으로 돌변하지 않을 게 뻔하고 일본 언론이 겁먹고 몸 사릴 일도 없다.

내 경험이 그렇다. 나는 기사 때문에 미국, 이스라엘, 타이, 인도네시아, 스리랑카를 비롯해 숱한 정부한테 항의와 협박을 당했고 버마 군사정부한테는 16년 동안 입국금지까지 당했다. 그렇다고 달라진 건 없다. 나는 예나 이제나 외신기자로서 원칙을 지킬 뿐이다.

타이 정부가 좋은 본보기다. 타이 정부는 그동안 〈한겨레〉, BBC, 〈이코노미스트〉를 비롯한 수많은 외신을 짓누르고 쫓아내며 악명을 떨쳤지만 결국 아무것도 얻은 게 없다. 오히려 비판강도만 더 키웠을 뿐이다. 국경없는기자회가 2014년 언론자유 지표에서 타이를 전쟁 중인 아프가니스탄(128위)보다 못한 130위에 올린 건 결코 우연이 아니었다.

대한민국도 만만찮은 상황까지 왔다. 57위다. 언론자유 지표가 밥 먹여주는 건 아니지만 국제사회가 한 나라의 건강상태를 가름하는 가장 중요한 잣대로 여긴다는 사실을 고발자나 청와대가 생각해봤는지 모르겠다. 언젠가부터 정체불명 국격이란 말을 자주 입에들 올리는데 그런 게 있다면 바로 좌표가 언론자유다.

그래서 나라 안팎으로 말썽 났던 〈산케이신문〉 고발을 놓고 재미 본 건 정작 아베 정부였고 일본 극우였다. 생각이 짧았던 대한민국 극우가 일본 극우한테 완패했다는 뜻이다. 대한민국 극우의 대통령과 나라 사랑법이 참 별나다는 말이다.

말이 난 김에 대통령 박근혜의 명예와 부딪친 언론자유를 따져보자. 이건 2014년 4월 16일 세월호가 뒤집혀 아이들이 죽어가는 판에 대통령이 7시간이나 행적을 감추고 속인 데서 비롯되었다. 원인도 과정도 결과도 대통령이 제공했다는 뜻이다. 대통령이 누구를 몰래 만나고 말고 따위는 〈조선일보〉나 〈산케이신문〉같이 본디 그런 주제를 즐기는 극우 신문이 걸고 나온 곁가지일 뿐이다. 건강한 시민은 그런 데 관심도 없다. 그보다는 온 나라가 침몰하는 마당에 경호나 기밀을 내세워 대통령 동선을 못 밝히겠다고 우겨댄 권력남용을 문제 삼았다.

대한민국 헌법과 경호법 어디에도 300명 웃도는 시민 목숨이 걸린 위급한 상황에서 대통령 동선을 감추라는 조항이 없다. 시민은 그런 권력을 대통령한테 쥐여준 적도 없다. 시민은 바보가 아니다. 대통령한테 다가올 동선뿐 아니라 지나간 동선 가운데도 경호상 비밀에 붙일 부분이 있다는 것쯤이야 굳이 우기지 않더라도 모두가 다 아는 사실이다.

그래서 시민사회도 국회도 대통령 동선을 다 말하라는 게 아니라 사라진 7시간만 떼서 물었다. 누가 봐도 대통령한테 그날만큼은 아이들 생명을 건지는 일보다 더 중요한 업무나 행사 따위가 결코 있을 수 없었다. 그 7시간 동안 대통령이 나서지 못할 만큼 경호상 중요한 일도 상상할 수 없었기 때문이다.

시민은 마땅히 대통령의 사라진 7시간을 알아야 하고 그 잘잘못을 가려 책임이 있다면 물어야 옳다. 〈산케이신문〉 보도로 박근혜는 명예를 잃었다고 여길지 모르나 우리는 300명 웃도는 아이들과 시민 목숨을 잃었다. 이게 본질이다.

그래서 대통령 명예보다는 시민을 지켜야 하는 언론자유가 더 소중할 수밖에 없다. 언론자유보다 더 뛰어난 대통령 감시도구가 현실에 존재하지 않는 까닭이다. 그래서 이름만 들어도 두드러기가 돋는 〈산케이신문〉이지만 그 존재마저 부정할 수 없다는 뜻이다. 그게 반한이든 극우든 그런 건 일본 쪽 사정일 뿐이다.

반일과 극우 챔피언인 〈조선일보〉가 한국에서 가장 많이 팔리는 신문이듯 〈산케이신문〉도 300만 일본 독자를 거느린 신문이다. 극우든, 반한이든 반일이든 시민은 정치적 신념에 따라 언론을 선택할 자유가 있다. 그 시민사회에 필요한 게 언론자유다.

하여 나는 〈조선일보〉가 일본 총리를 나무라다 고발당한다면 정치적 신념과 상관없이 언론자유라는 대의 아래 구조운동에 나설 뜻이 있다. 세계시민사회의 소중한 가치인 언론자유라는 깃발 아래서만큼은 〈조선일보〉도 함께 데리고 가야 하기 때문이다. 좋든 싫든, 보수든 진보든, 우익이든 좌익이든, 대한민국 신문이든 외국 신문이든 언론자유의 가치는 하나인 까닭이다.

그게 국제사회에서 대한민국 언론자유 지표를 높이고 대한민국이 보호받는 길이기도 하다. 그게 나라와 대통령을 사랑하는 우리의 방법이기도 하다. 극우의 나라 사랑법과 대통령 사랑법을 받아들일 수 없는 까닭도 여기에 있다.

연합뉴스, KBS, MBC는
내가 주인이다

"한국 기자는 한 명도 안 보이던데. 이러다 한류 다 떨어지는 거 아냐?"

"한국 언론이 아직 정신없을 거야. 침몰했잖아, 배도 나라도."

"그러면 요즘 한국 언론엔 국제뉴스가 아예 없나?"

"그런 건 아니지만…."

2014년 5월 10~11일 버마 네이삐도에서 열렸던 아세안정상회의 ASEAN Summit를 취재하고 막 돌아온 타이 기자 수빨락과 나눈 이야기 한 토막이다. 참 쑥스러웠다. "한국 특파원들은 골프장에 가면 만날 수 있다"는 해묵은 외신판 비아냥거림이 또 도지지나 않을지.

전화를 끊자마자 곧장 기사를 뒤졌다. 수빨락 말이 옳았다. 한국 언론사 가운데 현장발 기사를 올린 신문이나 방송은 단 하나도 없었다.

세계화를 외쳐온 〈조선일보〉, 〈중앙일보〉, 〈동아일보〉는 말할 것도 없고 창간 때부터 제3세계에 관심을 가지겠다고 선언한 〈한겨레〉도 같았다. 공영성을 외쳐온 KBS나 MBC 같은 방송뿐 아니라 각 언론사에 뉴스를 공급하는 연합뉴스마저 안 움직였다.

여기서 아세안을 잠깐 짚고 가자. 아세안은 베트남전쟁이 끓어오르던 1967년 인도네시아, 타이, 말레이시아, 필리핀, 싱가포르 다섯 나라가 반공동맹체로 출발한 뒤 1980년대 브루나이와 1990년대 베트남, 라오스, 버마, 캄보디아를 받아들여 현재 10개 회원국을 거느린 지역 연합체다.

아세안은 유럽연합을 본보기 삼아 2015년 말 경제통합에 이어 정치, 안보, 사회, 문화까지 차례로 통합하겠다는 거창한 목표를 향해 가고 있다. 한국은 1989년 아세안과 '대화관계'를 맺은 뒤 1997년부터 '아세안+3(한국, 중국, 일본)'의 일원이 되었고 2010년엔 '전략적 동반자 관계'를 맺었다. 말 그대로다. 한국한테 아세안은 중국과 일본을 벗어나면 바로 마주칠 만큼 지정학적으로 아주 중요한 전략지대다.

수치들이 말해준다. 2013년 한국과 아세안 교역량이 1,353억 달러(수출 820억 달러/수입 533억 달러)였다. 인구 6억 1,300만을 거느린 아세안은 중국 다음으로 큰 시장 노릇을 했다. 한국의 최대 투자지역이 아세안으로 그 액수만도 576억 달러에 이른다. 게다가 한국 경제의 사활이 걸린 원유 수송로 80%가 아세안을 지난다.

2013년 한국과 아세안 사이 인적 교류도 570만 명을 넘었다. 한 해 동안 한국인 430만이 아세안을 드나들었다. 한국인 최대 방문지역이 아세안이다. 집계에 잡힌 수치만 따져도 한국 사람 28만이 아세안에 뿌리를 내렸고 아세안 사람 32만이 한국에 산다.

한국 특파원은?

바로 그 아세안 10개국 대통령과 총리가 모였던 자리가 네이삐도 아세안정상회의였다. 더구나 그 무렵 한국 정부는 2014년 12월로 다가온 '아세안+한국'이라는 아세안특별정상회의를 준비하고 있었다. 근데 어찌 된 일인지 유독 한국 언론은 그 아세안정상회의를 뉴스가치로 안 여겼다. 10여 개 넘는 전국 일간지와 그 수에 버금가는 방송사가 마치 담합이라도 한 듯 하나같이 그 가치를 얕잡아봤다. 한국 언론사들이 과연 국제면을 독립적으로 편집하는지조차 의심스러웠다. 한국 언론이 한눈팔던 그 시간 네이삐도에서는 〈방콕포스트〉〈네이션〉〈스트레이츠타임스〉〈자까르따포스트〉 같은 동남아시아 지역 언론은 말할 나위도 없고 로이터, AP, AFP, 〈뉴욕타임스〉, 〈아사히신문〉, BBC, CCTV 같은 수많은 국제 언론사가 취재경쟁을 하고 있었다.

흔히 외신판에서 뉴스가치를 가름하는 잣대로 긴급성을 지닌 사건과 사고를 빼고 나면 해당국과 정치적·경제적 연관성을 가장 먼저 꼽는다. 그러다 보니 자연스레 해당국 최고위급 정치인들 움직임을 늘 톱에 올리고 그 다음으로 자국민과 해당국 사이 연관성을 윗자리에 놓는 게 일반적인 틀이다. 이런 조건이 모두 맞아떨어지는 뉴스라면 마땅히 1면 톱으로 뽑는다.

앞서 한국과 아세안 관계를 살펴봤듯이 외신을 아는 이들이라면 누가 봐도 아세안정상회의는 한국 언론한테 1면 헤드라인감이었다. 근데 1면은 제쳐두고라도 국제면에서조차 다룬 언론사가 없었다. 전통적으로 미국과 유럽 중심 판짜기를 해왔던 한국 언론이 얼마 전부터 눈길을 제법 넓혔다고는 하지만 그 대상이 중국이고 일본일 뿐, 여전히 아시아를 소 닭 보듯 한다는 사실이 아세안정상회의를 통해 잘 드러난 셈이다.

취재는커녕 제대로 된 기사 하나 안 올렸다. 아세안정상회의가 열렸던 5월 10~11일과 하루 뒤인 12일 한국 언론을 보자. 기껏 〈동아일보〉, 〈중앙일보〉, 〈한겨레〉가 남중국해 분쟁을 다루면서 아세안정상회의를 몇 마디 옮긴 게 다다. 〈조선일보〉는 10일치 국제면 뉴스 다섯 꼭지 가운데 '일본 지자체 절반 고령화'를 비롯한 세 꼭지를 시의성마저 희박한 일본 관련 기사로 메웠고, 12일치 국제면 두 쪽을 "우크라이나 동부 독립 투표" 말고는 모조리 가십으로 때웠다. 방송도 그랬다. 11일 SBS와 12일 KBS도 남중국해 사안을 놓고 아세안정상회의를 잠깐 입에 올린 게 다였다.

무엇보다 네이삐도와 엎어지면 코 닿을 만한 방콕에 지국과 특파원을 둔 연합뉴스, KBS, MBC가 수상하다. 이 매체들은 시민세금을 투입하는 공공재며 따라서 주인이자 뉴스 소비자인 시민사회에 봉사할 의무를 지녔다. 두말할 것 없이 봉사란 건 취재와 보도다. 근데 그 지국들은 자신들 취재영역인 아세안정상회의를 거들떠보지도 않았다. KBS와 MBC는 보도조차 제대로 안 했다. 연합뉴스는 서울에 앉아서도 누구나 볼 수 있는 교도뉴스, AP 같은 뉴스에이전시나 방콕 영자신문 〈네이션〉을 따서 11일 "아세안정상회담, 남중국해 분쟁 주요 의제로 논의" 같은 관련 기사 다섯 꼭지를 올렸다. 현장성도 없는 방콕 특파원 이름을 달았지만 서울에서도 쓸 수 있는 기사였다.

'현장 없는 기자', '취재 없는 기사'는 결국 서울과 방콕 지국 사이의 차별성을 전혀 못 보여주었다. 돈 들여 해외지국을 꾸리고 특파원을 보낸 까닭이 의심스러울 뿐이었다.

연합뉴스는 현장을 뛰나?

외신판 상식으로 보자면 연합뉴스 사연이 참 궁금하다. 뉴스가 아니라고 여겼든지, 인력이 모자랐든지, 예산이 쪼들렸든지, 골프 약속이 있었든지 뭐가 됐든 안타깝긴 마찬가지다. 그 아세안정상회의에는 버마 지국을 둔 로이터 같은 몇몇 뉴스에이전시를 빼고는 거의 모든 언론사가 방콕 특파원을 보냈다. 모든 나라에 지국을 열고 특파원을 보낼 수 없는 형편인 국제언론사들이 전통적으로 방콕 지국한테 버마 취재를 맡겨왔기 때문이다.

그동안 아세안정상회의는 방콕이든 싱가포르든 동남아시아에 지국을 차린 언론사라면 누구 할 것 없이 가장 큰 뉴스이벤트로 다뤄왔다. 속살을 파보면 그런 행사에는 취재 목적만 있는 것도 아니다. 외신판에도 외교가 있고 사교란 게 있다. 연합뉴스나 KBS처럼 스스로 국가대표 언론사라 여긴다면 그런 현장엔 얼굴을 내미는 게 외신판 상식이다.

아세안정상회의 같은 국제정치판은 무엇보다 각국 언론사들 등장을 놓고 상대국 관심을 헤아린다. 게다가 외신기자들한테는 온갖 '거물급'이 몰려드는 아세안정상회의 같은 자리가 훗날까지 두고두고 써먹을 만한 취재 선을 달 수 있는 현장이기도 하다.

여기서 옛날이야기 한 토막. 1990년대 말, 프놈뻰에 상주했던 일본 신문과 방송이 뉴스거리가 수그러들자 하나둘씩 발을 빼던 시절이었다. 그 무렵 교도뉴스 프놈뻰 지국장이었던 친구는 "우리도 철수할 계획인데 아직 〈요미우리신문〉이 남아 있어 떠날 수 없다"고 했다. 언론사에 뉴스를 공급하는 교도뉴스는 그 소비자 하나를 위해 끝까지 현장을 지켰다. 교도뉴스는 1999년 동티모르 독립을 반대하는 민병대가 온 천지를 불바다로 만들었을 때도 모든 일본 언론사가 다 떠난 뒤까지 현장에 남아 기사를 제공했다. 그동안 수많은 언론사들이 교도뉴스가 취재한 국제뉴스를 받아 쓴 까닭이다. 교도뉴스를 본보기로 삼은 건 연합뉴스처럼 공영성을 지닌 비영리 뉴스에이전시이기 때문이다.

나는 25년 넘게 외신판에서 일하는 동안 서울발 보도가 아닌 국제뉴스에서 연합뉴스를 인용하는 외국 언론사를 본 적 없다. 현재 40여 개 해외지국에 특파원을 파견한 연합뉴스가 뉴스현장을 뛰는지조차 의문스럽다.

오죽 현장을 멀리했으면 연합뉴스 방콕 특파원이 2014년 5월 9일치에 '태국 반탁신 진영 최후의 결전 시위 현장 가보니'란 제목 아래 기사를 올렸을까. 이건 그동안 방콕 특파원이 방콕에서 벌어지는 아주 중대한 정치뉴스 현장조차 취재 안 했다는 고백인 셈이다. 그러고 보니 애초연합뉴스한테 네이쩨도 아세안정상회의 취재를 기대했던 게 억지였는지도 모르겠다. 너무 순진했거나.

세상이 바뀌었다. 이젠 굳이 연합뉴스 특파원이 외신이나 현지신문을 번역해서 제공하지 않더라도 언론사나 독자가 서울에 앉아 인터넷으로 실시간 뉴스를 받아볼 수 있다. 아직도 중세를 살고 있는 연합뉴스가 바뀌어야 할 때가 됐다.

시민이 공공재 뉴스매체한테 바라는 건 장사를 잘해서 회사가 엄청난 이문을 남겼느니 어쨌느니 따위가 아니다. 시민은 현장에서 건져 올린 팔팔 살아 있는 뉴스와 남들이 못 가진 특별한 정보를 바란다. 연합뉴스, KBS, MBC는 주인인 시민 소리에 귀 기울일 의무가 있다. 연합뉴스, KBS, MBC가 상업 언론 흉내를 내면 안 되는 까닭이다.

세월호 사건 뒤 한국 언론사들이 저마다 공정성 문제로 큰 몸살을 앓았다. 시민사회 인내력이 한계에 닿았다는 신호였다. 보도의 옳고 그름만을 따지는 게 공정성이 아니다. 그 모든 것에 앞서 뉴스가치를 판단하고 뉴스현장을 확보하는 일이 공정성의 첫발이다.

아세안정상회의를 아프게 돌아보는 까닭이다. 내남없이 외신과 국제면을 만지는 기자들이 스스로 회초리를 들어야 하는 까닭이다.

김정은쯤은 오보를 내도

"수까르노센터가 김정은을 세계적 정치인으로 불렀다"

__ 〈자까르따글로브〉, 2015.7.30.

"인도네시아 수까르노어워드 수상자로 북 김정은 선정" __ 연합뉴스, 2015.7.31.

"뭐, 김정은에 상을?" __ 〈조선일보〉, 2015.8.3.

"인도네시아, 김정은한테 세계적 정치력 상 수여" __ 〈인디펜던트〉, 2015.8.2.

"김정은 국제평화상 받을 것으로" __ 〈워싱턴포스트〉, 2015.8.3.

"김정은, 간디가 받았던 평화상 받게 될 것" __ 〈허핑턴포스트〉, 2015.8.3.

2015년 7월 말에서 8월 초 사이 난데없이 북한 국방위원회 제1위원장 김정은이 떴다. 나라 안팎 언론사들이 뽑은 제목을 보면 솔깃할 만도 한데 그 속살은 엉망진창 오보투성이였다. 뉴스발원지였던 인도네시아 언론에서부터 오보가 튀어나오더니 그 기사를 베낀 대한민국 언론은 말할 것도 없고 자까르따에 특파원을 둔 외신들마저 줄줄이 오보를 날려 댔다.

정작 그 뉴스는 '누가 누구한테 어떤 상을 주려고 한다'는 게 다였다. 실수를 하고 말고 할 일도 없는 주제였다. 골치 아픈 판단이나 번거로운 계산 따위도 필요 없는 이른바 '행사용' 기사였으니.

제목을 보면 드러난다. 이건 언론사들이 어떻게든 뉴스주인공을 까겠다는 의지를 보이면서 비롯된 오보였다. 그러니 뻔한 오보를 내고도 바로잡은 언론사가 없다. 국제언론이 북한 같은 나라나 김정은 같은 인물쯤이야 마음껏 휘갈겨도 그만이라는 태도를 드러낸 셈이다.

제목부터 오보였다

따져보자. 위에 뽑아 든 제목들부터가 모조리 오보였다. 차례대로 바로잡으면 이렇다. '수까르노센터는 김정은을 세계적 정치인으로 부른 적 없다' '인도네시아 수까르노어워드란 건 없다' '인도네시아가 김정은한테 상을 주지 않았다' '국제평화상 같은 건 없다' '마하트마 간디Mahatma Gandhi가 받았던 상이 아니다'.

'뭐, 김정은에 상을?' 같은 건 오보와 상관없이 뉴스제목으로 볼 가치도 없다. 나는 여태 나라 안팎 언론사들이 제목부터 하나같이 오보 날리는 꼴은 결코 본 적 없다.

제목부터 엉터리니 기사인들 어련할까. 연합뉴스와 〈조선일보〉가 베낀 것으로 볼 만한 인도네시아 영자신문 〈자까르따글로브〉 7월 30일치 기사부터 훑어보자. "김정은은 아웅산수찌와 마하트마 간디처럼 세계적 정치인과 함께하게 되었다. 적어도 인도네시아 수까르노센터가 주는 희한한 논리의 상으로." "발리의 수카르노센터는 해마다 세계적 정치력에

주는 상을 올해 북한 김정은한테 줄 것이다."라흐마와띠 수까르노뿌뜨리Rahmawati Sukarnoputri는 수까르노센터가 과거 김일성한테도 이 상을 주었다고 했다."

이 터무니없는 기사를 바로잡으면 이렇다. "수까르노센터는 김정은을 아웅산수찌와 마하트마 간디와 같은 반열에 올린 적이 없다.""수까르노센터는 해마다 그런 상을 준 적이 없다.""라흐마와띠 수까르노뿌뜨리는 수까르노센터가 김일성한테 그 상을 주었다고 한 적 없다."

이번엔 〈서울신문〉을 비롯한 대한민국 언론사들이 그대로 받아쓴 7월 31일치 자까르따 통신원발 연합뉴스 기사를 보자. "인도네시아 수까르노센터가 김정은 북한 국방위원회 제1위원장을 수까르노어워드 수상자로 선정했다.""라흐마와띠 수까르노뿌뜨리(65) 수까르노 센터장은⋯.""수까르노센터는 2001년 김일성을 수상자로 선정한 바 있다."

바로잡으면 이렇다. "수까르노센터는 김정은을 수상자로 선정하지 않았다.""라흐마와띠 수까르노뿌뜨리는 수까르노 센터장이 아니다.""수까르노센터는 2001년 김일성을 수상자로 선정한 바 없다."

〈조선일보〉가 자까르따 특파원발로 날린 기사인 "수까르노센터는 올해의 수까르노상 수상자로 김정은을 발표했다", "앞서 2001년에는 김정은의 할아버지 김일성이 이 상을 사후수상했다"도 앞서 모두 엉터리임이 드러났다.

〈워싱턴포스트〉 8월 3일치 기사도 "김정은은 인도네시아 단체가 주는 정치력 상에 따라 아웅산수찌와 마하트마 간디와 함께하게 되었다", "발리의 수까르노교육재단이 주는…"처럼 똑같은 오보를 냈다. 게다가 수까르노교육재단이란 건 발리가 아니라 자까르따에 있다.

〈허핑턴포스트〉 8월 3일치 기사도 "마하트마 간디와 아웅산수찌한 테 주었던 평화와 인도주의 상이 곧 북한 독재자 김정은한테 갈 것이다", "수까르노센터라고도 알려진 수까르노교육재단…"처럼 마찬가지 오보였 다. 더욱이 수까르노교육재단과 수까르노센터는 전혀 다른 단체다.

〈인디펜던트〉 8월 2일치 기사도 "북한 독재자 발리의 수까르노센터 로부터 상을 받게 될 것이고", "과거 수상자로 아웅산수찌와 마하트마 간 디…"처럼 앞에 것들과 다를 바 없는 오보를 날렸다.

북한 뉴스는 '아니면 말고'

이 오보를 간추려보면 이렇다. 김정은한테 상을 주겠다고 밝힌 단체 는 인도네시아 독립영웅이자 초대 대통령이었던 수까르노의 둘째 딸 라 흐마와띠가 대표인 자까르따의 수까르노교육재단YPS이었다. 이 단체 는 2001년 수까르노 탄생 100주년을 맞아 13명한테 '수까르노의 별 상 Anugerah Bintang Sukarno'을 준 바 있다. 수상자는 호치민Ho Chi Minh(베 트남), 자와하랄 네루Jawaharlal Nehru(인디아), 쑨원孫文(중국), 노로돔 시아 누크Norodom Sihanouk(캄보디아), 조지 워싱턴George Washington(미국), 요시 프 브로즈 티토Josip Broz Tito(유고), 샤를 드골Charles De Gaulle(프랑스), 넬슨 만델라Nelson Mandela(남아공화국), 아흐멧 벤 벨라Ahmed Ben Bella(알제리아), 야세르 아라파트Yasser Arafat(팔레스타인), 키 하자르 데완따라Ki Hajar Dewantara(인도네시아), 사담 후세인Saddam Hussein(이라크), 김일성(북한)이었다. 이 단체는 10년 뒤인 2011년 바하루딘 유숩 하비비Bacharuddin Jusuf Habibie 전 인도네시아 대통령한테 같은 상을 주었다.

라흐마와띠는 8월 4일 전화 인터뷰에서 "올해는 북한 김정은과 베네수엘라 전 대통령 우고 차베스Hugo Chavez를 비롯해 대여섯 명쯤한테 상을 줄까 한다"고 밝혔다. 라흐마와띠는 "이 상의 정신이 네꼴림Nekolim, 곧 신식민주의와 제국주의 반대"라며 "김정은한테 상을 주겠다는 건 할아버지 김일성을 따라 한반도에서 미국 패권주의에 맞서기 때문이다"고 덧붙였다. 듣는 이에 따라 말썽거리가 될 만한 말을 한 라흐마와띠는 메가와띠 전 대통령 동생으로 적잖은 논란을 몰고 다녔던 인물이다. 그이는 자기 아버지 수까르노를 쫓아낸 독재자 수하르또의 사위이자 악명 높은 특전사(꼬빠수스) 사령관을 지낸 쁘라보워 수비안또Prabowo Subianto가 만든 정당인 거린드라Gerindra 부의장이기도 하다.

그리고 인도네시아 안팎 언론이 김정은한테 상을 줄 단체라며 오보를 낸 수까르노센터는 발리에 있고 수까르노의 셋째 딸인 수끄마와띠 수까르노뿌뜨리Sukmawati Sukaroputri가 지도위원장을 맡아왔다. 이 단체는 2008년 간디와 노로돔 시아누크 캄보디아 국왕, 2009년 만델라와 아웅산수찌, 2010년 달라이라마Dalai Lama와 마이클 잭슨한테 수까르노상

Sukarno Prize이란 걸 준 적 있다. 앞에 말한 수까르노교육재단이 주었던 '수까르노의 별 상'과 전혀 다른 물건이다.

한마디로 모든 언론이 그 두 단체를 마구 뒤섞어 오보를 냈다. 여기서 '취재 않는 기자' '취재 없는 기사'라는 언론고질병이 잘 드러났다. 예컨대 연합뉴스나 〈조선일보〉 특파원이 인도네시아 최대 일간지인 〈꼼빠스〉나 〈꼬란 뗌뽀〉를 들쳐봤거나 전통 영자신문 〈자까르따포스트〉라도 읽었더라면 그런 오보를 안 날렸을 것이다. 으레 그런 신문들은 같은 기사를 올리면서도 오보를 안 냈다.

특히 대한민국 언론한테는 김정은이라는 사안이 예민할 수밖에 없다. 그런데도 특파원이 현지신문조차 제대로 안 읽고 전화 한 통 때려보는 기본적인 취재마저 안 한다는 사실을 자백한 셈이다. 여태껏 북한 뉴스는 '아니면 말고'로 휘갈겨온 대한민국 언론사들 못된 버릇이 고스란히 드러났다.

외신도 다를 바 없다. 오다가다 주운 현지 언론사들 기사를 짜깁기해서 날리는 외신판 버릇은 미국이나 영국도 마찬가지라는 사실이 함께 드러났다. 그동안 외신판에서 얼마나 많은 오보가 날아다녔을까?

뉴스가치로 따진다면 인도네시아 정부도 아닌 한 재단이 김정은한테 무슨 상을 주든 말든 외신판이 호들갑 떨 만한 일이 아니었다. 더구나 인도네시아 시민조차 몰랐던 상이다.

아돌프 히틀러Adolf Hitler니 베니토 무솔리니Benito Mussolini가 노벨평화상 후보에 올랐고 현대사에 최대 전범인 헨리 키신저Henry Alfred

Kissinger가 그 상을 받은 마당에 이젠 무슨 상 하나쯤에 들썩거리는 시대는 지났다. 국제사회에 돌아다니는 상이란 것들은 본디 정치적 이문을 노린 연장일 뿐이다. 지금은 오히려 오보로 정보를 조작하고 여론을 비틀어대는 언론속살을 노려봐야 할 때다.

표절, 언론도 한패다

"한국 소설가 표절 비난에 사과하다" __ 〈뉴욕타임스〉

"한국 작가 신경숙 표절 논란 뒤 사과하다" __ BBC

"한국 수상 작가 표절로 책 회수" __ 〈월스트리트 저널〉

"한국 소설가, 일본 작가 표절 인정하다" __ ABC News

"한국 소설가 신경숙, 일본 작가 유키오 미시마 표절 인정하다" __ 〈재팬타임스〉

"한국 스타 작가 표절 스캔들로 사과, 출판사 인쇄중단" __ 〈사우스차이나모닝포스트〉

"한국 스타 작가 표절 스캔들 사과" __ 〈방콕포스트〉

"한국 소설가 일본 작가 표절 인정하다" __ 〈자까르따포스트〉

2015년 6월 23일 하루 동안 국제 언론이 뽑아든 기사 제목들이다. AP, AFP, 로이터를 비롯한 뉴스에이전시들도 주요 기사로 뿌려댔으니 온 세상 구석구석 다 퍼져나갔을 게 뻔하다. 이쯤 되면 서울발 '빅뉴스'로 꼽을 만도 했다.

근데 그 제목들이 영 찜찜하다. 하나같이 '한국'을 물고 나왔다. 내가 훑어본 40여 개 넘는 국제언론 가운데 '맨아시아 문학상Man Asian Literary Prize 수상 작가 표절 법석 뒤 사과하다'란 제목을 단 영국 신문 〈가디언〉

하나를 빼고는 다 그랬다. 표절 혐의를 받은 건 작가라는 한 개인인데 모조리 '한국'을 걸고 넘어진 꼴이다.

비록 소설가 신경숙이 국제사회에 잘 알려진 바 없긴 하지만 지나치게 '한국'에 초점을 맞췄다. 독자들은 이런 제목과 마주치면 소설가보다는 한국이 표절했다는 느낌을 강하게 받을 수밖에 없다. 기사에서 다뤄도 될 국적을 굳이 제목에 올려 편견을 부추긴 꼴이었으니.

견줘보면 외신들은 2000년대 중반부터 여러 차례 표절로 소송당하며 난리 피웠던 댄 브라운Dan Brown의《다빈치 코드》나 조앤 롤링Joan K. Rowling의《해리포터》를 놓고 작가들 고향인 미국과 영국을 건드린 적이 없다. 그 표절 사건들을 철저하게 작가 개인문제로 다뤘다는 뜻이다. 이런 게 국제언론사들 몸에 밴 인종주의 습성이고 서구중심주의 태도다.

예컨대 2007년 버지니아공대 총기난사 사건이 좋은 본보기다. 미국뿐 아니라 국제언론이 모두 범인을 '한국계 아무개'로 보도했던 적이 있다. 그이는 일곱 살 때 이민 가서 미국에서 자란 미국 시민이다. 그 사건은 한국과 아무 상관없었지만 미국 언론은 저마다 '한국'을 앞세웠다. 미국 언론은 무슨 사건을 다루면서 범인이 백인이면 일일이 족보를 따져 '영국계 아무개'니 '독일계 아무개' 따위로 제목을 달지 않는다.

해묵은 인종차별 DNA가 언론판에 살아 있는 증거다.

표절로 끝장난 인생들

"시나 글, 노래 따위를 지을 때에 남의 작품의 일부를 몰래 따다 씀."

국립국어원 표준국어대사전이 보여주듯 표절이란 건 모두한테 참 만만찮은 화두다. 그 한자를 뜯어보면 '표剽'란 놈은 사납다는 뜻과 함께 협박이나 겁탈을 일컫는데 오른쪽엔 칼까지 쥐고 있다. '절竊'이란 놈은 한마디로 도둑질이다. 표절이 그렇게 무시무시한 도둑질이란 뜻이다. 그러니 표절로 끝장난 인생이 한둘 아니었다.

요 몇 년 사이 외신판을 달궜던 표절 사건을 보자. 독일에서는 2011년 국방장관 칼 테오도르 추 구텐베르크Karl-Theodor zu. Guttenberg와 2013년 교육장관 아네트 샤반Annette Schavan이 학위논문 표절로 쫓겨났다. 미국에서는 2014년 상원의원 존 월쉬John Walsh가 석사논문 표절로 쫓겨난 데 이어 2015년엔 샴쌍둥이 분리수술로 '신의 손'이라 불리며 2016년 공화당 차기 대통령 후보에 올랐던 존스홉킨스대학 의사 벤 카슨Ben Carson이 저서 표절 혐의 끝에 꿈을 접었다.

표절 앞에서는 성직자도 별 수 없었다. 2013년 프랑스 유대교 조직을 이끌던 최고성직자 질 베른하임Gilles Bernheim은 저서 《유대인의 명상 40개40 Jewish Meditations》에서 표절이 드러나 자리를 물러났다.

표절은 글만 따지는 게 아니라 말까지 물고 늘어진다. 1987년 미국 민주당 대통령 후보로 나섰던 조 바이든Joe Biden이 연설에서 영국 정치인 닐 키녹Neil Kinnock의 말을 표절한 사실이 드러나 결국 물러났듯이.

물론 이런 일들은 남의 나라 이야기일 뿐 대한민국으로 넘어오면 영

딴판이 되고 만다. 장관이나 고위공직 후보자 가운데 논문 표절 혐의 안 받았던 이가 오히려 드물지만 모두들 "관행"이니 "실수" 한마디로 거뜬히 살아남은 걸 보면.

하기야 스승이나 제자나 도둑질을 대물림해온 '표절공화국'에서 딱히 누가 누구를 나무라기도 힘들 테지만.

누구는 안 되고 〈뉴욕타임스〉는 되고

스스로 표절 감시 기능을 지녔다고 여기는 언론은 어떨까?

2014년 11월 프랑스 언론인 아그네스 쇼보Agnès Chauveau는 〈허핑턴포스트〉에 칼럼을 쓰면서 〈르몽드〉를 비롯한 몇몇 신문기사를 표절한 끝에 언론학교로도 유명한 정치과학연구소Sciences Po 이사 자리에서 물러났다. 앞서 그해 5월에는 CNN이 국제뉴스 편집자 마리 루이스 구무치안Marie-Louise Gumuchian을 로이터 표절 혐의로 쫓아냈다.

CNN은 성명을 통해 "신뢰와 정직과 신용을 주는 건 언론의 교의 가운데 하나다"며 유감을 밝혔다. 그날 방콕 외신기자 친구들과 둘러앉아 한참 웃었던 기억이 난다. 뉴스에이전시와 국제언론사 지국들이 내남없이 현지언론을 베끼거나 현지기자들 취재물을 재가공해온 사실을 CNN이 모른 척하며 아주 엄숙하게 굴었던 탓이다.

국제 언론사들이 늘 '질 낮은 아시아 언론'이라 타박하면서도 그것들을 적당히 예술적 언어로 바꿔치기해서 보도해온 게 바로 국제뉴스였다. 좋은 본보기가 있다. 인디아 기자 라즈꾸마르 께스와니Rajkumar Keswani는 내게 〈뉴욕타임스〉를 비롯한 국제언론사의 표절을 피 토하듯 고발했던 적이 있다.

라즈꾸마르는 1984년 온 세상을 뒤흔들어놓았던 보팔 폭발사고를 미리 내다보면서 예고기사를 날렸고 또 실제로 그 폭발현장을 최초로 보도한 '시골기자'다. 사건이 터지자 인디아 안팎 언론사들은 그이가 목숨 걸고 취재했던 탐사보도를 그대로 베껴 써먹었다. 마치 자신들이 취재한 기사인 양 거짓말까지 덧붙여가며.

그 무렵 〈뉴욕타임스〉는 라즈꾸마르 기사뿐 아니라 현장취재까지 도움 받았지만 정작 자사 특파원 이름만 내걸었다.

이런 일은 라즈꾸마르만 겪은 게 아니다. 현장을 취재하다 보면 "아무개 방송, 아무개 신문이 내 기사와 아이디어를 허락도 없이 그대로 베껴갔다"는 현지기자들 넋두리를 심심찮게 들을 수 있다. 이게 국제뉴스를 다루는 외신판의 가려진 얼굴이다. 그러니 외신기자들은 아그네스나 마리가 그저 운이 나빠 걸렸다고 여길 수밖에는.

표절 기준을 잡기에 따라 언론판에서는, 특히 내가 일해온 외신에서는 몸 성히 살아남을 기자가 흔치 않을 듯싶다. 고백컨대, 지난 25년 동안 외신을 뛰어온 나도 마찬가지다. 남들 기사를 대놓고 베낀 적이야 없지만 현지기자들이 잡아낸 취재물을 뒤쫓아 가서 내 눈으로 깎고 덧붙이며 재가공하는 일을 수도 없이 해왔으니.

현지기자들 도움을 받는 외신기자 현실을 놓고 보면 그사이 정보, 자료, 현장, 취재, 기사, 보도라는 모든 과정에서 어떤 걸 어디까지 표절로 볼 것인가에 따라 혐의를 받을 만한 일도 적잖았을 듯싶다.

도둑놈이 안 되려면

이걸 대한민국 언론사들 국제부로 돌려놓으면 사태는 더 심각해진다. 그나마 보는 눈들이 있고 나름껏 감시장치가 있는 국내 뉴스야 덜할지 몰라도 외신이나 현지언론 기사를 짜깁기로 만들어내는 국제면은 그야말로 표절 지대다. 국제언론 표준으로 보면 출처 감춘 기사만 문제가 아니다. 출처를 밝히더라도 허락받지 않은 채 문장을 끌어다 쓰는 건 모조리 표절이다.

외신판에서 까다롭게 표절을 따지고 들면 예컨대 "6월 20일 세계난민의 날에 맞춰 유엔이 기념행사를 한다"는 〈워싱턴포스트〉의 공적 정보를 담은 기사 한 문장을 〈한겨레〉가 그대로 옮겨도 낚이게 된다. 기술적으로 〈한겨레〉 기자가 전화로라도 유엔에 확인했다면 같은 문장을 쓰더라도 표절에서 자유로울 수 있다. 원칙만큼은 그렇다는 말이다.

같은 '도둑질'을 하는 동업자 정신 탓에 웬만해선 서로 알고도 눈감아주고 모르고도 넘어가는 게 이 바닥 습성이라 지금껏 언론사나 기자가 살아남았을 뿐이다.

이러니 국제부 기자나 외신기자들은 내남없이 도둑놈 팔자를 벗어나기 힘들다. 일일이 현장 취재를 할 수 없는 형편인 국제부 기자들은 억울한 구석이 없지 않을 것이다. 그렇다고 표절이 아니라며 우길 수 있다거나 용서받을 수 있는 일도 아니다. 하여 현실에서 표절을 피할 수 있는 길은 오직 하나다. 죽어라고 국제전화라도 돌리는 수밖에 없다. 그렇게 간접적이나마 현장을 확인하고 인터뷰를 따야 겨우 도둑놈 신세는 면할 수 있을 테니.

사실은 바깥에서 뛰는 외신기자들도 다 그렇게들 한다. 외신기자라고 모든 현장을 확보할 수 없기는 마찬가지니까.

이게 남들 논문이나 소설 표절을 모질게 물고 뜯어왔던 언론판 속살이다. 기자들은 남이 써놓은 글을 짜깁기하면서 결코 표절이라 부른 적이 없다. 그냥 기사라고들 할 뿐.

소설가든 학자든 기자든 다른 사람 글을 훔치는 데는 저마다 속사정이 있었겠지만 세상은 그 도둑질을 결코 용서한 적도 없고 사과를 받아들일 만큼 너그럽지도 않다. 글로 밥을 먹는 이들은 모지락스레 제 몸을 매질하며 꾐을 뿌리치는 수밖에 달리 길이 없다. 그걸 명예라 불러도 좋고 자존심이라 여겨도 좋다.

한참 늦었지만 언론도 이제 도둑질에서 손을 끊을 때가 됐다. 세상의 '신경숙들'과 결투를 하겠다면 내 속에 감춰온 '신경숙'을 먼저 걷어내는 게 정정당당하지 않겠는가? 결투는 같은 체급 같은 조건 아래 이뤄져야 옳을 테니.

03

제3의 눈으로
세상을 보라

아이스버킷,
가진 자들의 비정한 놀이

'근위축성측색경화증' '근육위축측삭경화증' '근육위축가쪽경화증'…

뭐가 됐든 다 어렵기만 하다. 루게릭병ALS을 말하려니 심사가 참 어수선해진다. 하기야 1930년대 이 병을 앓았던 미국 야구선수 이름에서 따왔다는 루게릭병이란 말도 그리 만만치 않지만.

이 병 이름을 놓고 의료전문가들도 헷갈리는 듯. 일본식 한자 '근위축성측색경화증筋萎縮性側索硬化症'을 그대로 베껴 쓰다 보니 같은 병을 부르는 말이 대한의학회와 서울대병원과 연세세브란스병원이 저마다 다르다. 특히 '索'이란 한자를 놓고 '색'이나 '삭'으로 의사마다 달리 부르고들 있다. 뭘 찾거나 바랄 때는 '색'으로 읽고, 흩어지거나 사라지거나 숫자를 세거나 혼자를 뜻할 때는 '삭'으로 읽는 게 이 한자 속성이다.

베낄 때 베끼더라도 읽기만큼은 바로 읽고 용어라도 통일해야 할 텐데, 그렇게 일본 제국주의자들이 깔아놓은 의학용어를 아무 생각 없이 베껴온 게 벌써 100년째다.

이렇게 사람들이 뜻도 알 수 없는 이름을 헷갈리게 붙여놓고는 희귀성 난치병에 대한 사회적 무관심만을 나무라는 건 지나치다. 루게릭병이 다도 아니다. 루게릭병처럼 희귀성 난치병이라 부르는 것만도 2,000여 종에 이른다. 그 분야 전문가가 아닌 다음에야 의사들도 모르긴 마찬가지다.

'엘러스-단로스 증후군'이니 '타이로신혈증'같이 희한한 이름만 던져놓고는 사회적 무관심을 탓할 수 있을까? 왜 그동안 루게릭병을 비롯한 희귀성 난치병 환자들이 소외당했는지 의료분야가 먼저 대답해야 하는 까닭이다. 병도 잘 알고 병 이름도 잘 아는 의사들이 나서서 사람들이 알아듣게끔 용어를 다듬고 통일하는 일이 희귀성 난치병에 대한 사회적 관심을 끌어내는 첫걸음이 아닌가 싶다.

돈 내든지 얼음물 뒤집어쓰든지

2014년 9월, 루게릭병 환자를 돕겠다는 이른바 아이스버킷 챌린지ice

bucket challenge가 두어 달째 접어들면서 온 세상이 난리였다. 미국 쪽에서 출발한 이 열풍은 이내 동남아시아를 덮쳤다. 타이에서는 백화점 행사로 한꺼번에 수백 명이 얼음물을 끼얹는 쇼를 했고, 캄보디아에서는 훈 센 총리 아들이자 하원의원인 훈 마니Hun Many가 연예인들과 함께 얼음물을 뒤집어썼고, 필리핀에서는 참여자 수가 세계 8위라고 자랑스레 떠들어댔다.

싱가포르, 인도네시아, 말레이시아 쪽도 다를 바 없었다. 그런가 하면 가뭄에 시달려온 중국 남부 하이난 섬 사람들은 '노 아이스버킷 챌린지no ice bucket challenge'로 맞서기도 했다.

이건 정상이 아니다. 적어도 아시아 쪽에서 볼 때는 그렇다. 얼음물 놀이 같은 건 오직 이문을 쫓는 언론사들 호들갑이고 연예인이나 정치인 같은 딴 세상 사람들 이야기일 뿐이다. 아시아 시민 절반이 마실 물도 넉넉잖고, 40%에 이르는 시민이 굶주림에 시달리고, 온 천지가 전쟁이고 날마다 사람들이 죽어나가는 판이다.

아시아는 아이스버킷 챌린지 같은 놀이를 할 만한 현실적 조건도 없고 문화적 전통과도 어울리지 않는다.

한마디로 아이스버킷 챌린지는 미국식 문화고 미국식 놀이일 뿐이다.

'돈을 내든지 얼음물을 뒤집어쓰든지!'

이게 바로 미국식 문화다. 놀이방법이 아주 폭력적이다. 이런 협박성 캠페인은 그동안 흔히 봐왔던 공격적인 미국 정치문화다.

'항복하든지 폭탄을 맞든지!' 이게 이라크, 유고, 아프가니스탄, 리비아, 시리아 침공 때 써먹었던 미국식 흥정이다. 이런 문화는 독선적 결정과 일방적 강요만 있을 뿐 선택여지가 없다. 상대가 뭘 택해도 잃을 수밖에 없도록 만드는 상징적인 군사대결주의 문화다.

그 결과 사람들은 '기부도 하고 얼음물도 뒤집어썼다'. 미국 침략전쟁에서 상대는 '항복도 하고 폭탄도 뒤집어썼다'. 이런 호전적 문화는 언제나 보복을 바탕에 깐다. 그게 아이스버킷 챌린지라는 캠페인에서조차 기부가 아니면 얼음물 보복이라는 꼴로 드러났다.

'얼음물을 뒤집어쓰며 루게릭병 환자들처럼 근육이 오그라드는 체험을 하자!'

여기엔 가학적 심리가 도사리고 있다. 루게릭병을 그 따위로 체험하자는 발상부터가 오히려 환자들을 희화하는 아주 가학적인 짓이다. 병을 체험한다니? 가진 자들, 건강한 자들 사치가 극에 달했다. 병은 체험대상이 아니다. 치료대상일 뿐이다.

게다가 얼음물을 뒤집어쓰는 자들이 괴로워하는 모습을 보며 즐거움을 얻겠다는 것도 그동안 수없이 봐온 싸구려 가학증상들이다. 방송마다 리얼리티 프로그램이라는 이름 아래 참가자들을 갖은 빙법으로 해코지하며 웃고 떠들어대는 미국식 가학문화에서 봐왔듯이.

그러면서 이 얼음물 놀이는 교묘하게 사회적 윤리를 들이댔다. 하여 이름으로 먹고사는 연예인이나 정치인한테는 처음부터 도망가기 힘든 족쇄였다. 더구나 빌 게이츠Bill Gates니 마크 저커버그Mark Elliot Zuckerberg 같은 '거물급'이 선봉장으로 나서자 정치인, 사업가, 연예인 들은 자신의 존재감을 확인하는 연장 삼아 기꺼이 얼음물을 뒤집어썼다. 조시 워커 부시나 축구선수 리오넬 메시Lionel Messi 같은 유명인사 반열에 오른다면야 까짓 기부금과 얼음물쯤은 아무것도 아니었다. 오직 중요한 건 이름이 불렸다는 사실이다. 그리하여 영광스럽게 얼음물을 뒤집어썼고 돈도 냈다.

스스로 유명인이라 여겼던 이들 가운데 이름이 불리지 않았다면 치명타를 입은 셈이다. 그런 환상이 시민들 사이에도 번지면서 저마다 얼음물을 뒤집어썼다.

'자본'을 위하여

'얼음물을 뒤집어써라!'

이건 대량생산을 바탕에 깔고 대량소비를 부추기는 미국식 자본주의 버릇이다. 8월 〈워싱턴포스트〉에 따르면 미국에서만 2,000만 리터에 이르는 얼음물을 뒤집어썼다고 한다. 지구 인구 18%에 이르는 12억이 마실 물조차 없고, 37% 웃도는 28억은 물이 쪼들리는 형편이다. 유엔보고서는 한 사람이 하루를 살아가는 데 최소 19리터 물이 필요하다고 밝혔다.

얼음물 놀이로 흘린 2,000만 리터면 100만 명이 하루 동안 쓸 수 있다. 아이스버킷 챌린지는 물뿐 아니라 얼음을 만드는 데 드는 전기를 비롯해 엄청난 자원을 허투루 뿌려대는 가진 자들만의 아주 비정한 놀이였다. 기부에도 굳이 놀이가 필요하다면 노래를 한 소절씩 부르게 하거나 춤을 추게 할 수도 있지 않겠는가? 남을 괴롭히거나 자원을 버리지 않고도 즐길 만한 일은 온 천지에 깔렸다.

'100달러씩 내라!'

대놓고 달라는 건 미국식 기부문화다. 남몰래 어려운 사람을 돕는 걸 기부라고 배워온 아시아에서는 아주 어색한 풍경이지만 미국에서는 그 반대다.

사회주의 국가에서는 정부가 복지를 떠맡았듯이 미국은 자본 자체가 중요한 사회 안전장치 노릇을 해왔다. 그게 기부다. 기부가 세제혜택이니 기업선전을 넘어 자본주의를 유지하는 연장이었다. 단, 자본이 침해당하지 않는 한도 안에서 벌이는 일이었다. 말하자면 미국에서 기부는 부의 재분배가 아니라 생산비에 포함하는 체제 유지비용이라는 뜻이다.

그러니 미국에서는 기부를 세상에 알리고 인정받는 걸 아주 중요한 일로 여겨왔다. 그게 얼음물 놀이에 담긴 기부 방법이었다. 한 해 지구 전체 군사비의 36%에 이르는 680조 원을 쏟아 붓는 미국 정부가 제 나라 루게릭병 환자 1만 2,000여 명을 못 돌봐서 이런 캠페인을 벌인다고 놀랄 까닭이 없다.

'얼음물 뒤집어쓴 증거를 소셜 네트워크에 올려라!'

얼음물 놀이로 결국 이문을 챙긴 이들은 따로 있었다. 그해 9월 초가 지만도 페이스북은 이미 3,000만 웃도는 클릭 수를 얻었고 트위터와 유튜브도 난리 났다. 많은 이가 소셜 네트워크의 사회적 순기능이라며 감동했다.

뒤집어보면 소셜 네트워크는 이런 가학적이고 낭비적인 캠페인을 인도주의로 포장해서 사업적 성공모델을 확인한 셈이다. 앞으로 소셜 네트워크는 온갖 캠페인을 벌이며 '인도주의 사업가'로 자본을 불려나갈 게 뻔하다.

그래서 아시아에서 보면 미국을 따라 하는 이런 놀이가 딱하고 걱정스러울 수밖에 없다. 그나마 다행스러웠던 건 저항기운이다.

굶주린 이들한테 쌀이나 먹을거리를 나눠주자는 인디아의 라이스 버킷 챌린지rice bucket challenge나 이스라엘 공격으로 파괴당한 조각들을 모아 전쟁참상을 알리자는 팔레스타인의 러블버킷 챌린지rubble bucket challenge 같은 반가운 운동들이 태어났으니. 비록 그런 소중한 운동들이 세상 눈길을 사로잡지 못해 안타까움을 남겼지만.

얼음물로 때우지 마라. 박근혜 책임이다

대한민국도 의문투성이다. 얼음물 놀이는 끝났고 다시 외로운 싸움을 벌이는 루게릭병 환자들을 어떻게 할 것인가? 온통 난리를 친 뒤 루게릭병 단체들이 2억 원을 받았다는데 이걸 기뻐해야 옳은가? 루게릭병 환자 2,500명이 다가 아니다. 척수수막류를 비롯해 희귀성 난치병을 앓고 있는 1만 7,000여 명은 또 어떻게 할 것인가? 희귀성 난치병조차 차별해야 옳은가?

물론 그 대답은 대통령 박근혜 몫이다. 박근혜는 대통령 후보 시절 "암, 심장병, 뇌혈관 질환, 희귀성 난치병 치료비를 국가가 전액 부담하겠다"고 가는 곳마다 소리쳤다. 박근혜는 대통령이 되었다. 이제 대통령이 약속만 지키면 된다. 그러면 대한민국에서는 얼음물 따위를 뒤집어쓰며 난리 피울 일도 없다.

세계 15위 경제대국이라고 떠들어대는 대한민국 정부가 희귀성 난치병 환자 2만여 명을 못 보살피겠다는 건 말도 안 된다. 시민은 선거 때나 이제나 꼬박꼬박 세금을 내고 있다. 근데 이제 와서 박근혜는 예산 타령하며 희귀성 난치병 환자들을 본 척도 않는다. 애초 계산이 틀렸다면 바보고 알고도 약속했다면 사기꾼이다.

시민은 바보나 사기꾼을 대통령으로 뽑은 적 없다. 그 난리판에도 박근혜는 입 한 번 뻥긋 안 했다. 박근혜를 대통령으로 만든 새누리당 대표 김무성이란 자도 얼음물만 뒤집어썼지 한마디 말이 없었다. 부끄러움을 모르는 자들이다.

그사이 대한민국 언론도 참 비겁했다. 사회적 관심을 촉구한답시고 연예인과 정치인을 한없이 팔아먹었을 뿐 루게릭병 문제해결책과 그 본질은 말하지 않았다. 그렇잖아도 힘겹게 살아온 시민을 왜 죄인으로 만드는가? 루게릭병에 대한 사회적 무관심을 마냥 시민한테 돌려서는 안 된다. 그렇게 전선 없고 타격점 없는 캠페인이 늘 책임져야 할 자들한테 빠져나갈 구멍만 열어줬을 뿐이다.

그래서 온 세상이 얼음물을 끼얹고 놀든 말든 당신들만큼은 놀면 안 된다.

'대통령'' 정책 입안자들' '입법가들' '의료 행정가들'. 당신들은 약속대로 루게릭병 같은 희귀성 난치병 환자들을 보살펴야 한다. 이게 시민사회 관심이다. 시민사회는 무관심했던 적 없다.

개그콘서트를 길들이다

"기뇰은 아주 똑똑하고, 아주 정치적이고, 아주 사납다. (그 프로그램이) 내게 늘 상냥하진 않았지만 나를 묘사한 꼭두각시만큼은 마음에 들었다."

프랑스 전 대통령 자크 시라크는 2009년 AFP와 인터뷰에서 맥주를 게걸스레 마셔대는 썩어빠진 깡패이자 거짓말쟁이 영웅 꼭두각시로 자신을 묘사해온 정치풍자 뉴스 '레 기뇰 드 랭포(Les Guignols de l'info, 뉴스 꼭두각시)'에 애정을 드러냈다.

2015년 7월 2일, 카날플뤼스Canal Plus 방송이 1988년부터 날카로운 정치풍자로 사랑받아왔던 '레 기뇰 드 랭포'를 9월부터 그만두겠다고 밝히자 프랑스가 들썩거렸다.

'풍자 꼭두각시 은퇴 직면, 강력 항의' AFP가 곧장 주요 뉴스로 날리자 일간 〈리베라시옹Libération〉도 '레 기뇰 드 랭포 (폐지) 위협, 청원 시작했다'란 머리말로 받아쳤다. 트위터를 비롯한 소셜 네트워크에도 '기뇰을 건드리지 마라'는 청원이 쏟아졌다. 프랑스 하원의장 클로드 바르톨론Claude Bartolone도 "비록 (비판) 과녁이 된 정치인들은 기분 나빴지만 기뇰은 뉴스와 정치논평을 빛냈다"며 꼭두각시 구조를 외치고 나섰다.

그즈음 서울에서는 방송통신심의위원회가 〈개그콘서트〉니 〈무한도전〉 같은 오락프로그램을 손봤다는 뉴스가 들려왔다. 2015년 6월 24일 방송통신심의위원회가 정부의 메르스 사태 대응을 풍자한 〈개그콘서트〉 한 꼭지인 '민상토론'이 방송심의규정 제27조(품위유지)를 어겼다며 행정지도라는 징계를 내렸다.

이어 7월 1일 〈무한도전〉 출연자가 "메르스 예방하려면 낙타, 염소, 박쥐 같은 동물접촉을 피하고 낙타고기나 생낙타유를 먹지 않도록 해야 합니다"고 했던 말 가운데 중동이라는 지역을 특정하지 않아 제14조(객관성)를 어겼다며 똑같은 징계를 내렸다.

파리와 서울은 그렇게 달랐다. 파리에서는 정치풍자를 살리자고 난리들인데 서울에서는 징벌하겠다고 날뛰었으니.

조선시대에도 했다

14년 전 기억이 되살아났다. 2002년 타이에서는 ITV가 '사파 조크 Sapha Joke'란 걸 방송했다. 우리말로 '웃기는 의회'쯤 되는 그 프로그램은 총리를 비롯한 정치인들과 닮은 출연자들이 나와 온갖 풍자를 해대면서 시민 사이에 큰 인기를 누렸다.

4년 만인 2006년 쿠데타로 권력을 잡은 군사정부가 그 프로그램을 없애버렸다. 그로부터 타이 방송에서 정치풍자는 사라졌다. 2015년 국경없는기자회가 매긴 언론자유 지표에서 타이는 134위로 전쟁 중인 아프가니스탄(122위)보다 한참 뒤졌다. 우연이 아니었다.

대한민국이 비웃을 만한 일이 아니다. 정치풍자했다고 오락프로그램을 징계하는 짓들도 그렇지만 되돌아보면 대한민국엔 제대로 된 정치풍자 뉴스 같은 게 아예 없었다.

정치풍자란 건 표현자유 영역이며, 고대부터 대물림해온 창작의 한 장르이기도 하다. 기원전 5세기 말 혼탁했던 그리스 정치판을 날카롭게 풍자해 이름 날린 극작가 아리스토파네스Aristophanes를 보라. 자그마치 2,500년 전 일이다. 멀리 갈 것도 없다. 그 살벌했던 조선시대에도 탈바가지만 뒤집어쓰면 임금도 사또도 양반도 마음껏 까댈 수 있었다. 그게 탈춤이었다. 민중의 애환을 담았던 굿도 타령도 소리도 광대놀음도 넓게 보면 다 정치풍자였다. 표현의 자유가 짓밟혔던 고대나 조선시대에도 사람들은 그런 풍자를 통해 정보를 주고받고 권력을 비판해왔다. 반대쪽 권력은 그런 정치풍자를 적당히 눈감아주고 숨통을 터주면서 폭발을 막는 장치로 삼았다. 바로 풍자의 정치학이다.

그게 오늘날 방송이라는 대중매체 공간으로 옮겨왔을 뿐이다. '레 기놀 드 랭포' 같은 건 프랑스만 지닌 별난 톨레랑스가 아니다. 사실은 그 기뇰도 1984년부터 1996년까지 영국 ITV를 통해 장수했던 꼭두각시 정치풍자쇼 '스피팅 이미지Spitting Image, 빼닮음'를 본떠 만들었다.

그 시절 총리 마거릿 대처Margaret Thatcher를 지독하게 몰아붙이며 폭발적 인기를 끌었던 '스피팅 이미지'는 1986년 미국 NBC의 '스피팅 이미지'로도 이어졌다. 타이 ITV의 '사파 조크'나 2007년 인도네시아 메트로TV의 '레뿌블릭 밈삐Republik Mimpi, 몽상공화국'도 모두 '스피팅 이미지'에서 태어난 2세라 부를 만했다.

비록 '스피팅 이미지'라는 방송은 죽었지만 시가를 꼬나문 입정 사나운 폭군이자 성도착자 대처, 반바지에 모자를 눌러쓴 공립학교 아이 토니 블레어Tony Blair 총리, 쓰레기통을 뒤져 옷을 찾아 입는 반쯤 정신 나간 엘리자베스 여왕Elizabeth II을 상징했던 그 꼭두각시들은 아직도 살아서 돌아다닌다. 대한민국에서야 상상도 할 수 없는 일이겠지만! ITV는 '스피팅 이미지'에 향수를 지닌 이들을 위해 지난 4월부터 '뉴조이즈Newzoids'란 새 정치풍자 프로그램을 내보내고 있다.

하도 다들 미국, 미국 하니 그쪽도 잠깐 보자. 1999년부터 코미디센트럴Comedy Central 방송을 통해 17년째 이어오는 존 스튜어트John Stewart의 '데일리 쇼Daily Show'는 정치풍자 뉴스로 이미 일가를 이뤘다. 이 프로그램은 국제판까지 만들어 온 세상에 내보내고 있다.

그사이 코미디언인 스튜어트가 놀랍게도 미국에서 가장 믿을 만한 언론인으로 꼽혔다. 오히려 미국 정치인들은 '데일리 쇼'의 풍자감이 되기를 손꼽아 기다려왔다. 이런 걸 정치풍자라고 한다.

검열은 위헌이다

이게 오늘날 세상 돌아가는 모습이다. 정부가 코미디나 오락까지 집적거리는 대한민국과 너무 다르지 않은가? 왜 대한민국 시민은 영국, 프랑스, 미국, 인도네시아 시민들처럼 웃고 즐기면서 내 손으로 만든 내 정부를 비판할 수 없는가? 정부가 문화적 · 정치적 감각이 모자란다면 공부라도 하든지, 그마저 싫다면 세상 돌아가는 눈치라도 볼 줄 알아야 옳지 않겠는가? 이도 저도 다 싫다면 '품위'와 '객관성'이 권력을 향한 충성심이라고 말할 수 있는 정직함이라도 지녀야 하지 않겠는가?

이 모두는 방송통신심의위원회, 당신의 대한민국에 던지는 질문이다.

대한민국 헌법 제21조는 표현자유에 대한 검열과 허가를 금지한다고 박아놓았다. 근데 방송통신위원회란 게 방송사를 징계해왔다는 건 한마디로 검열을 한다는 뜻이다. 이건 '방송통신위원회의 설치 및 운영에 관한 법'이라는 하위 법이 헌법을 잡아먹은 꼴이다. 시민은 헌법을 뛰어넘는 권력을 누구한테도 쥐여준 적 없다.

이 위헌적인 위원회를 언제까지 내버려둘 것인가?

영국, 독일, 미국을 비롯한 이른바 선진국들은 모두 심의를 방송사 자율규제에 맡겨왔다. 프랑스를 빼면 대한민국처럼 방송통신심의위원회라는 행정기관이 방송을 쥐고 흔드는 나라가 없다. 오해 마시라. 프랑스 방송위원회도 '기뇰' 같은 정치풍자를 손대지 않는다. 인간존엄성에 바탕한 사회질서나 어린이 보호 같은 사안만을 다룰 뿐이다.

이건 표현자유를 행정기관이 가타부타할 대상이 아니라고 믿어온 까닭이다. 달리 말하자면 방송통신심의위원회 같은 기관이 밥값을 안 할수록 민주적인 사회라는 뜻이다.

국경없는기자회가 밝힌 언론자유 지표를 보면 노무현 정부 때 30위권이었던 게 박근혜 정부 들어 2014년 57위에서 2015년 60위, 2016년 70위로 해마다 곤두박질치고 있다. 진짜 손봐야 할 건 대한민국 정부 코미디다.

'적은 아군 남자였다'

"이슬람국가에 맞서는 쿠르드군, 3분의 1은 여전사" -- 〈조선일보〉, 2014.9.15.

"잠수함에도 여군 탄다, 이르면 2017년부터" -- 〈중앙일보〉, 2014.10.15.

"노르웨이, 2016년부터 여성징병제 실시" -- 〈경향신문〉, 2014.10.15.

"현역 육군 중령, 부하 여군 성폭행 혐의 구속" -- 연합뉴스, 2014.10.22.

"여군 1만 명 시대에 산부인과 군의관은 전원 남자" -- 〈세계일보〉, 2014.10.27.

2014년 9월 중순쯤부터 대한민국 언론은 여군한테 부쩍 눈길을 주었다. 10월 들어서는 신문 방송 가릴 것 없이 모든 언론사가 거의 날마다 여군 뉴스를 퍼 날랐다. 여군이 갑자기 나타난 것도 아니고 여군 성학대 같은 고질적 문제가 10월에만 터진 것도 아닐 텐데 마치 무슨 유행인 양.

여군한테 관심 가지는 걸 굳이 나무랄 일은 아니지만 그 눈길이 마뜩잖았다. 어제는 여군 성학대 문제를 애처롭게 다루며 핏대를 올리더니 오늘은 은근히 여군을 내세워 군사주의를 부추기는 대한민국 언론사들

태도가 그랬다. 동정심도 군사주의도 여군을 바라보는 눈길이 될 수 없는 까닭이다.

그러고 보니 대한민국 언론사들이 여군을 아주 '귀하게' 다뤄온 건 어제오늘 일이 아니다. 무슨 여군 이야기만 떴다 하면 눈을 부라린 채 지면과 화면으로 대접해왔다. 여군이면 가십거리도 곧잘 뉴스로 둔갑했다.

그사이 여군은 조건 없이 예쁜 얼굴, 잘 빠진 몸매여야 한다는 게 대한민국 언론사들 선택이었다. 여군을 돈 되는 상품으로 여겼다는 뜻이다. 그러니 언론사들은 여군 성학대를 놓고 불같이 화를 내다가도 어느 틈엔가 비키니 입고 총 든 금발 여군 사진을 떡하니 올릴 만큼 간도 커졌다.

그즈음 대한민국 언론사들 인터넷 판을 보자. 예컨대 10월 10일 부하 여군을 성추행한 혐의로 체포당한 육군 17사단장 뉴스판이다. "육군 현역 17사단장 긴급체포, 성추행 피해 여군 위로해준다며 껴안고"(《동아일보》, 2014.10.10) "육군 현역 사단장 긴급체포, 17사단장 집무실서 여군 성추행 행위 보니 경악"(《서울신문》, 2014.10.11) "성추행으로 징역 6개월 수감 사례 보고도…, 육군 17사단장 긴급체포"(한국경제TV, 2014.10.12) 같은 기사들은 머리, 꼬리, 옆구리 할 것 없이 모조리 벌거벗은 여성 사진들에 포위당했다. "육군 현역 17사단장 긴급체포, 부하 여군 성추행 혐의…, 군 기강 비상"(《조선일보》, 2014.10.10)이란 기사 옆구리에는 "우리는 누구보다 강한 대한민국 특전사"와 "탄성 자아내는 허벅지"란 설명을 단 사진 두 장을 함께 붙여놓았다.

어쩌자는 건가? 뭘 말하고 싶은 건가? 이게 여군 성추행이나 성폭행을 비난해온 대한민국 언론사들 민낯이다.

'79%가 성학대 경험'

하기야 남근중심주의 역사관을 바탕에 깐 신화나 전설에도 어김없이 여전사들이 등장하는 걸 보면 여군은 꽤 오래된 상품이 아닌가 싶다.

메소포타미아의 이슈타르, 이집트의 아누케트, 힌두의 두르가, 아스테카의 이츠파파로틀, 아마존의 펜테실레이아 같은 이들이 신화 속 여전사라면 삼한을 정벌했다는 일본 진구황후나 을지문덕의 살수대첩을 거들었다는 녹주부인은 전설 속 여전사다.

역사시대로 넘어와서도 7세기 중동의 카울라 빈트 알아즈와르Khawlah bint al-Azwar, 10세기 키예프의 올가Olga, 11세기 고려의 설죽화, 13세기 몽골의 쿠툴룬Khutulun, 15세기 프랑스의 잔다르크Jeanne d'Arc, 16세기 타이의 수리요타이Suriyothai 같은 구국 여전사들이 대를 이었다.

20세기로 넘어오면 영국 식민지배에 맞섰던 가나의 야아 아산테와아Yaa Asantewaa, 농지를 요구하며 브라질 정부군에 맞섰던 15세 소녀 마리아 호자Maria Rosa, 김원봉의 민족혁명당에 참여해 조선의용대 부녀대 대장을 지낸 이화림처럼 해방 혁명전쟁에 앞장섰던 여전사들이 등장한다.

그런가 하면 발틱 지역에서는 흰옷 입은 여성 저격수가 러시아군을 쏘아 죽였다는 이른바 '화이트 타이츠' 같은 현대판 전설도 나돌고 있다. 이 이야기는 1980년대 러시아의 아프가니스탄 침공과 1990년대 체첸 전쟁에 이어 2014년 우크라이나 분쟁에서도 어김없이 사람들 입에 올랐다.

이처럼 시대와 장소 가림 없이 등장하는 여전사들 이야기는 모두 정사를 벗어나 부풀려졌고 거의 모두가 남장을 한 채 적을 무찔렀다는 공통점을 지녔다. 인류사에서 전쟁은 남자의 일이었다는 증거다.

그 남자들 사업에는 초월적 힘이 필요했고, 그 남자들이 숭배대상인 어머니를 투영해 여전사라는 상품을 만들어낸 셈이다.

이제 현실 속 여군을 보자.

"2012년 현역 여군 1만 2,100명이 성폭행이나 성추행 경험" "퇴역 여군 37%가 두 차례 이상 성폭행 경험" "퇴역 여군 14%가 집단 성폭행 경험" "성폭행 피해를 보고한 여군 15% 미만" "여군 79%가 성학대 경험" "성폭행 가해자 40%가 상급 장교" "성폭행 피해 고발자 62%가 보복 경험" "성폭행 가해자로 고발당한 군인 80%가 명예 제대" "이라크, 아프가니스탄 참전 여군 4만 8,100명이 성적 외상 고통 호소"

요 몇 해 사이 〈뉴욕타임스〉, CNN, BBC를 비롯한 외신들 보도내용이다. 이게 우리 군이 신줏단지처럼 떠받들어온 미국 군대의 여군 실상이다.

2011년 미국 국방부 통계에는 미군 140만 가운데 여군이 14.5%인 20만 3,000명으로 나와 있다. 장군 697명 가운데 7.1%인 69명과 장교

16.6%인 3만 6,000명이 여군이다. 그동안 미국은 공식적으로 여군 전투 참여를 금지해왔지만 2012년까지 이라크와 아프가니스탄 침공에서 여군 전사자 100여 명과 전상자 900여 명이 났다.

이 통계들은 군사체계뿐 아니라 전투지역에서도 여군이 중요한 역할을 맡아왔으나 한편으로는 여전히 성적 피해자에 지나지 않는다는 사실을 잘 보여준다. 오죽했으면 이라크와 아프가니스탄 참전 여군들이 "적은 (아군) 남자였다"는 유명한 말을 남겼을까.

2014년 4월 말 미국 국방부는 "2013년 성폭행과 성학대가 1년 전보다 50% 늘었다. 성범죄 5,061건 가운데 484건을 재판에 부쳐 376건에 유죄판결을 내렸다"고 밝혔다. 재판회부도 유죄판결도 모두 10%가 채 안 된다. 미국 국방부는 병영 내 성폭행 범죄 가운데 85% 이상이 보고되지 않은 것으로 추정했다.

공개적으로 밝히지는 않았지만 실제로 미국 국방부 2012년 비밀조사 보고서는 성범죄가 2만 6,000건에 이른 것으로 추정했다. 그 가운데 보고된 사례는 3,374건에 지나지 않았다. 그 결과 1991년부터 지난 25년 동안 미군 내 성폭행 피해자만도 남녀를 통틀어 50만 명에 이른다.

미국 군대만 그런 것도 아니다. 1948년 건국 때부터 여군 징병제를 해온 이스라엘에서는 여군 8명 가운데 1명이 성폭행과 성학대를 당해왔다. 2014년 이스라엘 군 발표에 따르면 현역군인 17만 6,500명 가운데 여군이 33%인 5만 8,000여 명이다. 적어도 하루에 여군 1명 이상이 성폭행이나 성학대를 당한다고 밝혔다.

영국 군대도 마찬가지다. 2014년 영국군 태도조사보고서는 "영국군의 9.5%를 차지하는 여군 1만 8,000여 명 가운데 10%가 성폭행이나 성학대를 당했다"고 밝힌 바 있다. 이렇듯 수치에서 조금씩 차이만 날 뿐, 지구상에 존재하는 모든 여군이 성폭행과 성학대를 당해왔다. 이게 여군 현실이다.

실형, 3년 반 동안 '단 3건'

대한민국 여군을 보자. 한국전쟁 중이던 1950년 8월 여자 의용군 교육대 491명으로 출발한 여군은 2014년 6월 말 현재 9,228명으로 늘어났고 장교와 부사관의 4.7%를 차지한다.

국가인권위원회가 2013년 12월 발표한 '2012년 여군인권상황실태 조사보고서'에는 여군 43%가 성차별을 겪었고 11.9%는 최근 1년 동안 성희롱을 당했다고 나와 있다. 2014년 10월 국정감사 자료에 따르면 2009년부터 2013년 6월까지 여군 성범죄 피해는 61건이다. 그 가운데 가해자가 실형을 받은 경우는 단 3건(4.92%)뿐이고 기소유예, 선고유예, 공소권 없음, 무죄가 39건(63.9%)이었다.

얼핏 수치만 보면 대한민국 여군의 성범죄 피해나 성학대 경험이 교범으로 여겨온 미국 여군보다 훨씬 낮다. 그렇다고 대한민국 군대가 미군보다 더 도덕적이라고 우길 만한 증거는 어디에도 없다. 그보다는 대한민국 군대의 성범죄 기소와 유죄판결 비율이 상대적으로 낮다는 대목을 눈여겨볼 만하다. 이건 대한민국 여군 성범죄 피해자들이 보고하기 힘든 환경에 빠져 있다는 뜻이다.

다시 미군을 잠깐 보자. 지금껏 미군을 통틀어 성폭행이나 성추행을 고발한 여군 가운데 장군이 된 이는 아무도 없다. 여군 79%가 성학대를 경험했다는 미군에서 장군 7.1%가 여성이다. 그 여성 장군 가운데 단 한 명도 성적 피해 경험이 없다는 걸 기적으로 볼 것까진 없다. 성폭행이나 성학대를 당한 여군 가운데 기껏 15% 미만이 보고했을 뿐이니까.

과연 대한민국 여군은 어떨까?

문제는 대한민국이라는 사회다. 군대만 죽어라고 두들긴들 여군 사정이 나아질 수 없다. 군사주의 무장철학에 물든 사회로는 여군 현실을 바로잡을 수 없다는 뜻이다.

좋은 본보기가 바로 노르웨이 여성 징병제를 대하는 눈길이 아니었던가 싶다. 10월 20일 모든 언론이 노르웨이 여성 징병제 실시계획을 마치 세계적 흐름이라도 되는 양 떠들어대자 남성주의자들이 맞장구치고 나왔다. 여성 징병제는 군 가산제 같은 말이 나올 때마다 강골 남성들이 빼 들었던 단골메뉴다.

노르웨이와 대한민국을 견줘보자. 노르웨이가 현역 2만 4,000에다 예비군 4만 5,000을 지녔다면 대한민국은 현역 64만과 예비군 430만을 거느렸다. 인구로 따지면 5,000만인 대한민국이 500만인 노르웨이 10배 지만 군사 규모로 따지면 70배가 넘는다. 이런 노르웨이를 대한민국에 맞대 여성 징병제를 외치는 건 지나치다.

노르웨이를 본보기 삼아 대한민국 여성 징병제를 말해선 안 되는 까닭이 또 있다. 2014년 세계경제포럼이 경제, 정치, 교육, 보건을 분야별로 조사해서 밝힌 '세계성차별보고서'에 따르면 노르웨이는 양성평등 지수가 142개국 가운데 3위였고 대한민국은 117위였다. 이처럼 여성 차별이 심각한 사회에서 여성을 모두 군대에 보내자는 건 한마디로 여성 박해고 집단 자해행위다. 대한민국보다 양성평등 지수가 훨씬 높은 영국(18위), 미국(23위), 이스라엘(53위)에서도 여군은 성범죄 피해로부터 자유롭지 못한 실정이다.

여성주의자건 남성주의자건 인류사적 관점에서 여성 징병제를 봐야 옳다. 21세기 세계시민사회 화두는 군비축소와 무장해제를 바탕에 깐 반전평화운동이다. 기회평등을 말하며 여성 징병제를 외치는 소리도, 희생을 나누자며 여성 징병제를 외치는 소리도 모두 역사를 거꾸로 돌리는 짓이다. 지금 우리한테 급한 건 여성 징병제가 아니라 현역 1만 여군을 성폭행과 성학대와 성추행으로부터 먼저 보호하는 일이다. 그게 양성평등 본질이다. 지켜주지도 못할 여군을 늘리자는 건 이기심일 뿐이다.

영토분쟁
_ 실효적 지배, 옛 지도 다 소용없다

꽤 오래된 이야기지만, 방콕 커피숍에 모였던 외신기자 친구 예닐곱이 열대과일 망고를 놓고 느닷없이 핏대 올린 적이 있다. 타이, 필리핀, 인디아, 말레이시아, 인도네시아 출신 기자들이 서로 제 나라 망고가 맛있다고 우긴 끝에 얼굴을 붉힌 사건이었다.

농담으로 시작한 망고 하나를 놓고 나라를 들먹이는 걸 보면서 적잖이 놀랐다. 그로부터 나는 '망고내셔널리스트'란 말로 그 친구들을 놀리면서도 마음 한구석은 늘 찝찝했다. 나는 입에 밴 한국 '복숭아 맛'을 일본이나 중국 친구들 앞에서 순순히 포기할 수 있을까?

망고나 복숭아 같은 육질적 민족주의가 쉽사리 국제정치판 제물이
되는 꼴을 봐오면서도 내 입맛의 기억은 심심찮게 머리와 심장을 따로
놀게 만든다. 직업상 국제관계 속에서 내 입맛이 걸린 사안까지 다뤄야
하는 외신기자들은 그래서 내남없이 괴로울 때가 많다.

2013년 11월 타이와 캄보디아가 국경선을 놓고 티격거리는 걸 보면서
그렇게 외신에서 일하는 친구들 생각이 났다. 내친김에 전화를 걸었다.

"형, 우린 국적과 직업 사이에서 고민하는 존재들이잖아. 캄보디아 안
보가 걸린 군사배치 같은 걸 어디까지 쓸 건지 고민 중이야."

캄보디아 프놈펜 교도뉴스에서 일하는 뿌이 끼아Puy Kea는 너스레를
떨었다.

"내가 타이 사람이라고 타이를 이롭게 꾸밀 수 없잖아. 균형 잡는 게
숙제지 뭐. 싸움질 못하도록 평화, 평화 외치고…,"

타이 기자 수빨락 간짜나쿤디는 사뭇 심각했다.

여차하면 매국노니 반역자 소리까지 들어야 하는 두 친구는 이웃을
적으로 삼는 폭력적 민족주의가 늘 골칫거리라고 입을 모았다. 말만 들
어도 참 고마웠다.

국제사법재판소로 본 승리 공식

그해 11월 11일이었다.

"1962년 국제사법재판소ICJ 판정에 따른 쁘리이 위히어 사원을 낀 영토주권은 캄보디아 몫이다. 타이는 그 영토로부터 군인, 경찰, 수비대, 관리인을 철수하라."

제네바 국제사법재판소 소장 피터 톰카Peter Tomka가 이끈 17인 재판정은 만장일치로 판결했다.

900년 묵은 그 힌두 사원 둘레 땅을 놓고 타이와 캄보디아가 벌인 분쟁에서 모두가 바랐던 솔로몬의 판결은 없었다. 게다가 국제사법재판소는 캄보디아 정부가 제소한 쁘리이 위히어(타이명 '프라 위한Phra Wihan') 사원 아래 언덕 프눔 뜨랩(타이명 '프 마크')을 낀 4.6km^2 영토분쟁에 대한 주권 판결 없이 "캄보디아와 타이는 국제사회와 협력해 세계문화유산 지역을 보호하라"는 훈수로 때워 여전히 불씨를 남겨두었다.

그러나 그 판결문 해석에서만큼은 온갖 솔로몬이 등장했다. 제네바에서 타이 외무장관 수라뽕 또위짝짜이꾼Surapong Tovichakchaikul은 "두 나라 모두 받아들일 만한 판결이었다"며 윈-윈을 강조했고, 캄보디아 외무장관 호 남홍Hor Namhong은 "아주 좋은 결과다. 만족스럽다"며 에둘러 승리감을 드러냈다. 타이 총리 잉락 친나왓Yingluck Shinawatra은 판결이 나자마자 방송을 통해 "두 나라가 협상은 하되 타이 주권만큼은 잘 보호할 것이다. 국경은 우리 군대가 잘 통제하고 있다"고 밝혔다.

캄보디아 총리 훈 센은 "중대한 진보다. 분쟁의 평화적 해결을 강조한 역사적 중요성을 지닌 판결이다. 우리는 서로를 긴장시킬 어떤 자극적 행동도 하지 않을 것이다"는 성명서를 날렸다. 어감은 서로 다르지만 두 정부가 평화와 협상을 내세우며 저마다 승리를 강조한 셈이다. 그리고 국경은 고요했다. 두 나라 군대는 움직이지 않았다.

민족주의를 내건 우익도 나름대로 해석을 내놨다. 캄보디아 공보장관 키우 깐하리트Khieu Kanharith는 "모든 국민의 승리고 캄보디아 정부의 정치적 성숙에 대한 보답이었다"고 자찬했다. 방콕 쪽 우익사학자 텝몬뜨리 림빠파욤Thepmontri Limpaphayorm은 "이번 판결로 타이가 영토를 잃었는데 정부가 그 속뜻을 숨기고 있다. 1962년 판결은 사원만 캄보디아소유라고 했지 그 주변 땅을 포함하지 않았다"며 정부가 모든 진실을 밝히라고 압박했다.

관전평도 빠질 수 없다. 타이와 캄보디아는 1962년과 2013년 두 차례 국제사법재판소에서 부딪쳤다. 먼저 1962년을 보자. 두 가지를 눈여겨볼 만하다. 하나는 영토분쟁에서 흔히 말해온 '실효적 지배'니 '옛 지도' 같은 것들이 판결에 결정적 단서가 안 된다는 사실이다. 1962년 판결 전 쁘리아 위히어 사원은 타이 군대가 지배했고 타이 정부는 옛 지도와 온갖 자료를 들이댔다. 판결은 캄보디아 손을 들어주었다.

다른 하나는 변호인단 구성의 중요성이다. 캄보디아 정부 쪽 변호인단을 이끈 인물은 제2차 세계대전 뒤 냉전기를 쥐고 흔들었던 미국 전 국무장관 딘 애치슨Dean Acheson이었고 캄보디아를 식민지배할 때 국경지도를 그렸던 프랑스 정부가 뒤를 받쳤다. 타이 쪽은 국제사회에 생소한 영국 정치인 프랭크 소스키스Frank Soskice를 대표변호사로 내세웠다. 타이가 졌다. 변호사 선임에서부터 게임이 끝났던 셈이다.

타이 정부는 국제사법재판소가 유엔산하 기구고, 예나 이제나 미국이 유엔을 쥐락펴락해온 사실을 놓쳤다. 힘이 곧 법인 국제정치판 논리를 꿰뚫어보지 못한 결과였다.

2013년을 보자. 타이 정부는 1962년 패배원인을 뒤늦게 깨달았던지 제네바 주재 자국 대사를 대표로 미국과 프랑스 학자들로 대규모 법률지원단을 꾸렸다. 근데 캄보디아 정부는 싱가포르-말레이시아, 인도네시아-말레이시아 영토분쟁 변호를 맡았던 영국계 다국적 로펌 에버셰드 Eversheds를 앞세웠다. 두 나라가 1962년과 거꾸로 변호인단을 구성했다.

그 결과 다시 캄보디아 손이 올라갔다. 캄보디아 정부는 다국적 로펌들이 지배하는 달라진 세상을 꿰뚫어본 셈이다. 결론적으로 캄보디아 정부는 1962년과 2013년 두 차례 모두 세상 돌아가는 판 읽기에 성공했다. 캄보디아 정부의 두 차례 경험을 현재 시점에서 보면, 예컨대 세계적인 다국적 전문 로펌으로 진용을 짜고 미국 전 국무장관 힐러리 클린턴 같은 자를 법률단 얼굴로 내세우면 탈 없는 승리공식이 나온다는 뜻이다. 이어도와 독도를 놓고 중국, 일본과 실랑이 벌여온 대한민국 정부가 캄보디아를 공부해볼 만하다.

누구에겐 쓸모 많은

타이와 캄보디아는 그동안 민족주의를 앞세워 심심찮게 부딪쳐왔다.

2003년 1월 프놈뻰 폭동이 좋은 본보기다. 캄보디아 신문 〈라스메이 앙꼬르Rasmei Angkor〉가 1월 18일치에 느닷없이 "타이 여배우 수와난 꽁잉 Suwanan Konying이 캄보디아가 훔쳐간 앙꼬르왓을 타이에 돌려주지 않는한 캄보디아에 가지 않겠다고 말했다"는 정체불명 기사를 띄우자 이내방송들이 받아 날리면서 난리가 났다. 앙꼬르왓을 목숨보다 귀하게 여겨온 캄보디아 사람들이 곧장 거리로 뛰쳐나왔고 29일 타이 대사관에 불을 질렀다.

캄보디아 정부는 시위대가 10여 일 동안 폭동조짐을 보일 때도, 타이대사관이 불탈 때도 꿈쩍하지 않아 정치적 배후로 의심받았다. 그 소식이 전해지자 방콕에서도 수많은 사람이 캄보디아 대사관을 에워싸고 난동을 부렸다. 이렇듯 두 나라 사이에는 소문만으로도 폭동이 일 만큼 아주 도발적인 민족주의 기운이 흘렀다.

2008년 캄보디아 정부가 쁘리이 위히어 사원을 유네스코 세계문화유산에 등재했을 때는 아예 정규군을 동원한 무력충돌로 이어졌다. 두정부군은 2011년까지 포격전을 벌여 군인과 시민을 포함해 사망자 41명에다 중상자 200여 명을 냈다.

타이 진보사학계를 끌어온 짠윗 까셋시리Charnvit Kasetsiri 교수는 "쁘리이 위히어 사원은 두말할 것도 없다. 역사적으로 크메르(캄보디아 왕국)가 만들었고, 법률적으로 1962년 캄보디아 쪽에 판결 났다"며 "민족주의를 내세운 방콕과 프놈뻰 정치인들 다툼에 국경사람들만 죽어나가는 꼴이다"고 나무랐다. 그 무력충돌이 두 나라 정부의 정치적 속셈이라는 뜻이다.

실제로 그즈음 캄보디아 총리 훈 센은 2006년 쿠데타로 쫓겨난 탁신 타이 전 총리를 경제고문으로 임명해 방콕 군부와 반탁신 진영을 자극해 왔다. 이어 2008년 캄보디아 정부가 쁘리이 위히어 사원을 유네스코 세계문화유산에 등재하겠다고 밝히자 반탁신 극우민족주의 단체인 민주민중동맹PAD은 "탁신이 훈 센과 손잡고 타이 영토를 팔아먹었다"며 국경으로 몰려가 거칠게 항의했다.

두 나라 관계는 2008년 12월 군부지원을 받은 민주당DP의 아피싯 웨차치와 총리 정부가 등장하면서 극한대립으로 치달았다. 2008년 쁘리이 위히어 사원을 끼고 소규모 총격전으로 시작했던 국경충돌은 2009년부터 유탄발사기로 로켓을 날려대더니 2011년 들어서는 120mm 야포를 앞세워 무차별 포격전을 벌였다.

캄보디아군은 국경에서 11km나 떨어진 타이 마을 품사론까지 포탄을 날렸다. 타이군은 쁘리이 위히어 사원으로 직격탄을 날려 유적을 깨트리기도 했다. 그렇게 두 나라가 충돌한 2008년은 방콕과 프놈펜 정치판 모두 큰 혼란을 겪을 때였다. 방콕에서는 반탁신 군부지지를 업고 집권한 민주당이 취약한 정당성 탓에 흔들렸고, 프놈펜에서는 캄보디아인민당CPP을 끌고 장기 집권해온 훈 센이 시민사회로부터 큰 저항을 받고 있었다.

두 정부 모두 정치적 혼란을 뒤덮을 만한 연장이 필요했고 그게 단골로 써먹었던 민족주의였다. 국경은 그 민족주의의 경연장이었던 셈이다.

타이와 캄보디아 국경분쟁은 방콕에 탁신의 여동생 잉락 총리 정부가 들어선 2011년 8월부터 수그러들었다. 그 국경분쟁이 탁신을 낀 방콕과 프놈펜의 정치였다는 뜻이다. 쁘리이 위히어 사원을 낀 영토분쟁은 앞으로도 '협상'과 '포격전'을 되풀이할 것으로 보인다. 방콕과 프놈펜이 쁘리이 위히어 사원에 펼쳐둔 정치적 연장을 거두지 않는 한 영원히 해결책은 없을 것이고.

현재 지구에는 한국, 일본, 중국을 포함해 어림잡아 200개 웃도는 영토분쟁 지역이 있다. 아시아·태평양 지역만 해도 70여 개에 이른다. 편협한 민족주의를 걷어내고 평화공존 철학을 가르치지 않는다면 이 분쟁들은 대를 이어 온 세상을 피로 물들일 것이다.

정치에 주눅 든 타이 불교판에서 거침없이 내질러온 끼띠삭 끼띠소바노Kittisak Kittisobhano 스님 말을 되새겨볼 만하다.

"처음부터 나라를 가르는 지도란 게 어디 있었나. 세상만물이 변하는데 지도라고 변하지 말란 법이 어디 있어. 그깟 지도 다시 그리면 그뿐이야. 사람을 중심에 놓고 지도를 그리란 말이야."

스코틀랜드 독립을 죽어라 막았던 건

"국민투표 중 투표장 낙서로 유권자 협박" __ 〈인디펜던트〉, 14시 20분

"출구 조사 없는 국민투표, 민주주의 결함 아닌가?" __ 〈가디언〉, 14시 44분

"유권자 등록 97%인 423만 5,323명, 스코틀랜드 선거사에서 최대 기록"

__ BBC, 14시 55분

"온라인에서 일부 투표장 이미 100% 투표 완료로 폐장 소문"

__ 〈미러Mirror〉, 15시 14분

2014년 9월 18일 목요일, 스코틀랜드 독립을 향한 국민투표를 일곱 시간 시차가 나는 방콕에서 외신으로 지켜본다는 건 참 괴로운 일이었다. 게다가 방콕보다 두 시간 앞서가는 서울 시각 19일 금요일 오전에 기사 마감이 걸렸으니 죽을 맛이었다. 뜬눈으로 지새운들 투표결과를 담을 수도 없는 어정쩡한 기사가 될 게 뻔했으니.

그렇게 현장도 없는 데다 시차까지 속 썩이는 마당에 외신들 선거보도마저 아주 짜증스럽기만 했다. 무엇보다 영국 언론은 신문 방송 가릴 것 없이 아예 대놓고 '반독립' 쪽으로 몰아갔다. 국민투표 말이 나오고

부터 스코틀랜드 독립을 매우 부정적으로 다뤄왔던 영국 언론은 기어이 투표 날까지 억지를 부렸다. 반대 여론이 높다는 온갖 조사결과를 흘리며 유권자들이 공포를 느낄 만한 독립 뒤 전망을 쏟아냈다. 선거보도가 투표날 유권자를 자극하거나 영향을 끼치면 안 된다는 건 이 세상 어디든 상식이고 법이다. 한마디로 영국 언론은 불법 선거운동을 했다.

국민투표는 독립반대 55.3%로 끝났다. 그러나 세계시민사회는 그 결과와 상관없이 아주 즐거운 경험을 했다. 한 시민사회가 독립국가를 세우자 말자를 놓고 자결권을 행사한다는 건 교과서에서나 봐온 민주주의 아니던가! 21세기 들어 처음으로 평화 속에 국민투표를 치른 스코틀랜드를 볼 수 있었던 건 큰 행운이다. 현대사에서 전쟁과 학살을 거치지 않은 독립국가 탄생을 보기 힘들었던 끔찍한 경험에 비춰보면.

분열과 통합을 되풀이해온 인류사에서 크게 보면 지난 100년은 분열기가 아니었던가 싶다. 1905년 스웨덴에서 독립한 노르웨이를 신호탄 삼아 제2차 세계대전을 거치면서 식민지배를 당해왔던 수많은 나라가 독립했다. 냉전이 숙진 20세기 말부터만 따져도 30여 개에 이르는 새로운 독립국가가 태어났다.

그사이 세계시민사회는 1990년대 초 소비에트러시아가 큰 탈 없이 열다섯 나라로 쪼개지는 세기적인 사건을 놀란 눈으로 바라보기도 했다. 그러나 1993년 에티오피아에서 독립한 에리트리아, 1990년대 미국과 나토 침공으로 해체당한 유고슬라비아에서 태어난 크로아티아, 보스니아, 코소보, 세르비아, 1999년 인도네시아에서 독립한 동티모르, 2011년 수단에서 독립한 남수단처럼 거의 모든 신생국은 전쟁과 학살의 기억을 안고 태어났다.

그러니 정치적 혼란이나 전쟁 없이 국민투표를 끌어낸 스코틀랜드의 유쾌한 독립실험은 수많은 소수민족 사회를 들뜨게 했다. 그동안 분리독립을 외쳐왔던 바스크(프랑스), 코르시카(프랑스), 카탈루냐(스페인), 제네바(스위스), 바이에른(독일), 사르데냐(이탈리아), 스코네(스웨덴)처럼 유럽에만도 100여 개 넘는 소수민족 사회가 '스코틀랜드식 국민투표'를 외치기 시작했다. 1990년대부터 분리독립 기운이 만만찮게 일었던 미국의 텍사스나 캐나다의 퀘벡 시민사회에서도 국민투표 요구 바람이 일었다.

'스코틀랜드 추락론?'

그렇게 스코틀랜드 국민투표는 막막했던 소수민족 사회한테 희망을 던지면서 숨어 있던 독립기운을 건드렸다. 영국, 미국, 유럽 정부가 스코틀랜드 독립을 죽어라고 막았던 건 바로 그 독립요구 도미노를 두려워했던 탓이다.

국제 주류 언론사들도 스코틀랜드 독립실험이라는 그 세기적인 사건을 축소·왜곡 보도로 맞장구쳤다. 영국과 미국 언론은 오직 스코틀랜드가 잃을 것들만 내세웠을 뿐, 영국이 잃을 것들에는 두루뭉술하게 넘어갔다. 그게 '스코틀랜드 추락론'이었다. 스코틀랜드가 독립하면 금융과 해외자본이 빠져나간다는 아주 편파적이고 의도적인 공포전략이었다. 증거도 근거도 희박한 흑색선전이었다.

예컨대 스코틀랜드가 독립하면 영국과 연동된 몇몇 금융이나 자본이 초기에 철수할 가능성도 있다. 그러나 본질적으로 자본은 이문 나는 땅을 버리지 않을뿐더러 빈자리를 찾아 새 자본이 몰려든다는 것쯤은 경제전문가가 아니라도 다 아는 사실이다. 스코틀랜드는 오늘 당장 독립하더라도 1인당 국민소득 4만 5,000달러로 경제협력개발기구OECD 국가 가운데 8위고 국내총생산 2,490억 달러로 핀란드나 이스라엘과 맞먹는다.

더구나 국민투표를 끌어낸 스코틀랜드국민당SNP은 세상 자본을 쥐락펴락해온 미국을 일찌감치 최고 동맹국으로 선언했다. 스코틀랜드는 전쟁터도 아니고 반자본주의를 내건 공산혁명이 일어난 땅도 아니다. 왜, 어떤 자본이 이만한 시장을 버리고 떠날까? 자본철수론을 떠들어댔던 언론은 또렷한 근거를 못 내놨다. 그저 영국과 정치적 관계 탓이라는 추상적인 소리만 질러댔을 뿐. 자본의 신념은 오직 이문이다. 자본이 스코틀랜드를 결코 버릴 수 없는 까닭이다.

현실은 거꾸로였다. 스코틀랜드가 떨어져나가면 오히려 영국이 정치적·경제적·군사적으로 치명상을 입을 형편이었다.

해결책 없는 부채만도 1조 파운드(1,712조 원)에 이르는 영국 정부는 스코틀랜드가 차지해온 경제가 전체 10%에 못 미친다고 떠들어댈 상황이 아니었다. 당장 영국 정부는 2013년 현재 스코틀랜드에서 거둬들인 세수 570억 파운드(98조 원)가 날아가버릴 판이었다. 그것도 지금껏 영국 시민한테 1인당 연평균 9,000파운드(1,300여만 원)의 세금을 거두면서 스코틀랜드 시민한테는 1만 700파운드(1,500여만 원)를 짜낸 불평등한 돈이었다.

게다가 독립바람이 일자 영국 정부는 스코틀랜드가 갖게 될 북해유전 매장량을 줄여가며 경제적 가치를 낮추고자 안간힘을 썼다. 근데 북해유전은 영국 경제사활이 걸린 곳이다. 영국 정부는 북해유전을 넘겨주면 세수를 잃을 뿐 아니라 안정적인 원유조달에 막대한 정치적 비용까지 떠안아야 할 처지다.

이뿐만 아니다. 영국 정부는 군사적으로도 엄청난 타격을 입을 수밖에 없다.

무엇보다 지금껏 뼈대로 삼아온 군사전략부터 흔들리고 만다. 영국 '보복 핵전략'의 심장이 핵잠수함 4대. 그 기지가 바로 스코틀랜드에 있다. 스코틀랜드국민당은 이미 비핵선언을 해버렸다. 영국은 스코틀랜드가 독립한다면 곧장 핵잠수함 기지를 옮겨야 할 판이다. 전문가들은 핵잠수함 기지와 부대시설 건설에 최소 10년이 걸리고 그 비용도 500억 파운드(85조 원)에 이를 것으로 내다봤다.

영국 정부는 그런 엄청난 돈을 쉽사리 끌어댈 수도 없다. 그렇다고 지역주의가 강한 풍토에서 냉전 시절처럼 아무 데나 핵잠수함 기지를 세울 수 있는 형편도 아니다. 오죽했으면 영국 국방부 안에서는 스코틀랜드가 독립하면 새 기지를 마련할 때까지 핵잠수함과 핵미사일을 미국으로 옮기겠다는 말까지 나왔을까. 한 나라 군사전략 핵심무기를 다른 나라한테 맡겨놓겠다는 어처구니없는 발상이 나올 만큼 상황이 급박했다는 뜻이다.

논쟁거리야 한둘이 아니었지만 영국 입장에서는 적어도 독립 스코틀랜드의 추락을 입에 올리기 전에 자신들이 받을 치명상을 더 걱정해야 할 처지였다. 그래서 스코틀랜드 독립을 죽어라고 막았다.

하지만 독립의 꿈은 사라지지 않는다

비록 실패로 끝났지만 스코틀랜드 독립투표는 아시아 소수민족 사회에도 큰 영향을 끼쳤다. 1999년 동티모르 독립 국민투표를 애틋하게 지켜봤던 아시아 소수민족 사회들은 스코틀랜드 국민투표에도 부러운 눈길을 보냈다. 까렌(버마), 카슈미르(인디아)를 비롯해 50여 개 웃도는 아시아 소수민족 정치세력들은 스코틀랜드식 국민투표 지지 메시지를 날렸다.

동티모르 국민투표 때도 그랬다. 인도네시아로부터 독립을 외쳐온 아쩨, 웨스트파푸아, 말루꾸뿐 아니라 민다나오(필리핀), 타밀(스리랑카), 빠따니(타이)에서도 저마다 동티모르식 국민투표 모델을 들고 나섰다.

여기서 흔히 말하는 '스코틀랜드식 국민투표'와 '동티모르식 국민투표'를 따져볼 만하다. 그 둘은 독립을 놓고 찬반을 가리는 국민투표였다는 점에서 겉보기엔 같지만 속살은 전혀 달랐다. 무엇보다 그 둘은 역사적 배경부터 큰 차이가 난다.

스코틀랜드가 1707년 잉글랜드 왕조와 대등한 관계에서 합병되었다면 동티모르는 300년 가까이 포르투갈 식민지를 거쳐 1975년 인도네시아에 무력합병당했다. 따라서 스코틀랜드는 비록 300년 넘게 영국의 일부였지만 국민투표를 끌어낼 수 있는 결정적 동력이 된 헌법과 자치정부를 지녀온 데 비해 동티모르는 인도네시아 정부한테 압제를 당해왔다.

그러니 애초 스코틀랜드에는 독립을 외칠 수 있는 스코틀랜드국민당 같은 보수민족주의 합법정당이 자랄 수 있었지만 동티모르에는 민족주의를 내건 보수정당이 태어날 수조차 없었다. 샤나나 구스망을 비롯해 동티모르 무장독립투쟁 전선을 이끈 이들이 모두 사회주의 이념을 내걸었던 건 우연이 아니다. 그게 시민사회 자력으로 국민투표를 결정한 스코틀랜드와 유엔이 개입해서 국민투표를 끌어낸 동티모르 차이였다. 그게 평화를 바탕에 깐 스코틀랜드 국민투표였다면, 인구 25%에 이르는 25만 명이 학살당한 끝에 무장투쟁을 통해 얻어낸 동티모르 국민투표였다. 아시아 소수민족 사회가 아프게 다가오는 까닭이다. 모두들 동티모르와 같은 역사적 경험을 지닌 탓이다.

아시아 소수민족 분쟁은 모두 식민지배의 유산이다. 제2차 세계대전을 거치면서 유럽 식민통치에서 벗어난 아시아 국가들이 저마다 지역 내 소수민족 사회를 무력합병하면서 비롯되었다. 하여 아시아 소수민족 사회는 지배자만 바뀌었을 뿐 여전히 압제와 차별에 시달리고 있다.

결국 아시아 소수민족 사회한테는 좋든 싫든 '무력합병-학살-무장투쟁-국제사회 개입-국민투표'라는 비극을 거친 동티모르식 국민투표밖에 달리 길이 없다는 뜻이다. 단언컨대, 현재 아시아에서 소수민족 사회한테 국민투표라는 자결권을 안겨줄 정부는 없다. 그렇다고 소수민족 사회가 지녀온 독립의 꿈이 한순간에 사라질 가능성도 없다. 아시아에서 분쟁이 끝날 수 없는 까닭이다. 스코틀랜드는 꿈이었고, 스코틀랜드는 아시아에서 너무 멀리 떨어져 있었다.

쿠데타는 결코 반성하지 않는다

1800시 롯부리 주둔 특수부대, 방콕으로 이동 중

1830시 제3군사령부(북부 관할) 탱크, 방콕 외곽 차단

1900시 제4기갑대대, 방콕 대공사단 제1보병사단 제2기갑사단 장악

2130시 〈채널5〉 정규방송 중단, 왕실찬가 방송

2220시 탁신 총리(유엔총회 참석차 뉴욕 방문 중), 전화로 비상사태 선포.
육군총장 손티 분야랏깔린Sonthi Boonyaratglin 해임

2300시 군 대변인, 민주개혁평의회CDR 이름으로 1차 성명 발표

0039시 민주개혁평의회 계엄령 선포. 내각, 의회, 헌법재판소 해산

0130시 탁신, 유엔총회 연설 포기

0930시 손티 장군, 방송 통해 권력장악 발표

2006년 9월 18일 저녁 나절부터 19일 아침까지 타이에서 일어났던 일이다. 손티 육군총장이 탁신 총리를 몰아낸 쿠데타였다. 꼭 10년이 지났지만 시간대별로 엇비슷하게 복기할 수 있는 걸 보면 쿠데타처럼 불쾌한 사건일수록 오랫동안 잔상이 남는 모양이다.

내가 외신기자로 타이에서 맞았던 두 번째 쿠데타였다.

첫 번째는 1991년 2월 23일 합참의장 수찐다 크라쁘라윤Suchinda Kraprayoon 장군이 찻차이 춘하완Chatichai Choonhavan 총리 정부를 뒤엎은 쿠데타였다. 수찐다는 이듬해인 1992년 4월 7일 총리 자리를 차지했으나 한 달 보름만인 5월 24일 시민한테 쫓겨났다. 군인들 유혈진압으로 수많은 사상자가 났던 이른바 '검은 5월Black May'로 불러온 방콕민주항쟁이었다.

그로부터 타이 사람들은 저마다 "더 이상 쿠데타는 없다"고 말했다. 실제로 방콕민주항쟁 뒤부터 내가 만났던 육군총장 쁘라몬 팔라신Pramon Phalasin이나 체따 타나짜로Chetta Thanajaro 같은 군 최고 지휘관들도 "이제 쿠데타는 없다. 군은 절대 정치에 개입하지 않는다"고 하나같이 입을 모았다.

쿠데타 본능

그렇게 타이 현대사에서 군인들이 가장 오랫동안 숨죽였던 가운데 결국 15년 만인 2006년 다시 쿠데타가 터졌다. 사람들이 1991년 쿠데타를 공포로 받아들였다면 2006년 쿠데타는 야릇한 흥분으로 대했던 게 아닌가 싶다. 적잖은 사람이 방콕 도심에 굴러 나온 탱크 주둥이에 꽃을 꽂고 군인들과 기념사진을 찍어댔다. 진보진영 학자 가운데도 직유든 은유든 쿠데타를 지지하는 이들이 많아 충격을 받았던 기억이 난다. 쭐랄롱꼰대학교 정치학 교수 티떠난 뽕수디락Thitinan Pongsudhirak 같은 이들마저 "선거 통한 서양식 민주주의만 다가 아니다. 민주주의는 색깔과 모습과 성격이 저마다 다르다"고 했던 것처럼.

그 시절 타이 최대 갑부였던 탁신은 2001년 총선에서 포퓰리즘을 뿌리며 승리한 뒤 타이 현대사에서 최초로 4년 임기를 다 채웠고 2004년 총선에서도 압승했다. 그러나 신흥자본가와 빈곤층이 손잡은 기형적인 정치구조 아래 정부, 의회, 군부, 재계, 언론을 비롯한 사회 전 부문을 단기간에 장악해 제왕적 권력을 쥔 탁신은 결국 왕실을 비롯한 전통 토호자본 세력과 충돌하기 시작했다.

말하자면 자본대리전 속에서 그동안 왕실호위로 몸집을 불려온 군부가 토호자본의 손을 들어준 게 2006년 쿠데타 본질이었다.

역사를 거꾸로 돌리는 걸 반역이라 했다. 쿠데타를 반역으로 부르는 까닭이다. 군사정부 2년을 거쳐 2008년 12월부터 군부가 뒤를 받친

민주당 정부가 들어섰지만 타이는 여전히 정치혼란과 사회분열로 뒷걸음질쳤다.

이어 2011년 총선에서 반군부 프아타이당PTP이 승리하면서 탁신의 여동생 잉락 친나왓 총리 정부가 들어섰으나 군부 눈치를 보느라 제대로 국정운영을 할 수 없었다. 반탁신 옐로우셔츠와 친탁신 레드셔츠가 충돌하는 가운데 군부는 틈만 나면 쿠데타설을 퍼뜨리며 으름장을 놨다. 이제 사람들은 쿠데타를 시간문제로 여겼다.

2014년 5월 22일, 기어이 육군총장 쁘라윳 짠오차Prayuth Chanocha가 탱크를 몰고 튀어나왔다. 쁘라윳은 지금껏 모든 쿠데타 군인들 단골메뉴였던 '개혁'과 '안보'라는 해묵은 표어에다 '화해'를 하나 더 걸고 나섰다. 내가 타이에서 맞았던 세 번째 쿠데타였다.

잉락 정부가 끝장났다. 쁘라윳은 곧장 군사정부 총리 자리를 차지했고 입법, 사법, 행정을 모두 손아귀에 쥔 전체주의 절대권력을 휘둘렀다. 보다 보다 이런 권력은 또 처음이었다. 그사이 무엇보다 표현자유가 치명상을 입었다. 언론뿐 아니라 소셜 네트워크를 비롯한 모든 통로가 검열당했다.

견줘보자면 2006년 쿠데타는 순진했거나 바보가 아니었던가 싶다. 손티가 왜 탱크를 몰고 나왔는지, 뭘 바라는지, 앞으로 어떻게 할 건지 온갖 물음표만 남겼다. 그리고 손티는 오직 탁신만 쫓아내고 사라졌다. 권력을 쥐려고 애쓰지도 않는 희한한 쿠데타였던 셈이다. 기자들 사이에 "손티 장군이 왜 쿠데타를 일으켰는지 자신도 모를 것이다"는 우스개가 나돌 정도였으니.

물론 반대쪽 입장은 다를 수 있다. 손티 쿠데타를 아주 얕잡아볼 일 만은 아니라는 뜻이다. 왕실을 비롯한 기득권 세력의 공적이었던 탁신을 쫓아낸 혁혁한 공을 세웠을 뿐 아니라 군인들한테는 15년 동안 잠자던 쿠데타 본능을 깨워 쁘라윳으로 징검다리를 놓은 셈이니까.

2016년 5월 현재, 쁘라윳은 새 헌법 찬반을 묻는 국민투표일을 8월 7일로 잡아놓고 있다.

국민투표법은 누구든 헌법을 부정하거나 비난할 수 없도록 못 박았 다. 어기면 10년 형이다. 시민은 새 헌법이 대체 뭘 담고 있는지, 옳고 그 른지, 좋고 나쁜지마저 입에 올릴 수 없는 형편이다. 무조건 찬성하라는 뜻이다. 그렇게 해서 헌법을 통과시키면 군인 장기집권 길이 열린다.

이 헌법은 민주주의 기본개념마저 짓밟아놓았다. 선거를 안 거친 총 리를 인정할 뿐 아니라 상원의원 250명 모두를 군부가 뽑는다는 대목까 지 나온다. 시민이 뽑은 의회와 정부를 무효로 만드는 권능을 헌법재판 소에 쥐서 삼권분립을 원천적으로 깨트려놓았다. 정작 그 헌법재판소를 제어할 만한 장치는 어디에도 없다.

게다가 이 헌법은 개헌마저 불가능에 가깝다. 모든 정당이 최소 10% 지지를 해야 개헌발의를 할 수 있도록 못 박아버렸다. 한 정당만 반대해 도 불가능하다는 뜻이다.

2017년 총선에서 친군부 정당의 등장을 떠올린다면 아예 개헌불능 으로 직결된다.

따지고 보면 타이에서 쿠데타란 건 그리 새로운 일이 아니다. 1932년 유럽 유학파 관료와 군인들이 무혈쿠데타로 쁘라차티뿍Prajadhipok 절대 왕정을 뒤엎고 영국식 입헌군주제로 바꿀 때부터 싹을 키운 역사였다. 지난 85년 동안 성공한 쿠데타만도 19번이고 그사이 스쳐간 총리 29명 가운데 16명이 군인이었다. 그 군인들이 권력 휘둘렀던 기간만도 55년이다. 민간총리들은 쿠데타 뒤치다꺼리용이었던 셈이다. 타이 현대 정치사가 제대로 작동할 수 없었던 까닭이다.

'성공한 쿠데타'들의 비극적 최후

세계사에는 정권 탈취 목적을 지닌 쿠데타가 장마다 도사려 있고 그 끈질긴 생명력은 여전히 시민의 역사를 넘본다. 기원전 632년 아테네 귀족 키론이 쿠데타를 일으켜 스스로 참주가 되었던 이른바 키론사건 Cylonian Affair을 첫 기록으로 로마제국과 한나라 같은 고대국가에서부터 오늘에 이르기까지 쿠데타는 끊임없이 이어져왔다.

근대국가 성립 뒤부터 세계사를 주름잡아온 유럽도 쿠데타에서 자유롭지 못했다. 덴마크, 영국, 프랑스, 이탈리아, 네덜란드, 포르투갈, 스페인, 스웨덴, 미국도 근현대사에서 모조리 쿠데타를 겪었다. 여기서 그동안 "쿠데타는 정치적·경제적·사회적 후진국에서 발생하는 특수 현상이다"고 떠들어댔던 서구연구자들 엉터리 신화가 깨졌다. 쿠데타는 특정 국가나 시대와 상관없는 보편적 권력 탈취 방법이었다. 20세기부터만 따져도 어림잡아 105개 넘는 나라에서 400번 웃도는 쿠데타가 있었다.

우리가 노려보지 않았을 뿐 21세기 들어서도 이 세상엔 해마다 쿠데타가 터졌다. 에콰도르, 피지, 솔로몬, 베네수엘라, 중앙아프리카공화국, 기니비사우, 필리핀, 콩고민주공화국, 아이티, 차드, 모리타니, 토고, 네팔, 타이, 마다가스카르, 터키, 동티모르, 온두라스 같은 나라가 줄줄이 쿠데타를 겪었다.

가까이 2010년대 들어서만도 니제르, 기니비사우, 에콰도르, 마다가스카르, 콩고민주공화국, 파푸아뉴기니, 말리, 말라위, 코트디부아르, 수단, 베냉, 코모로, 차드, 리비아, 이집트에서 줄기차게 쿠데타가 튀어나왔다. 여기서 "쿠데타는 20세기 유물이다"고 떠들었던 연구자들 섣부른 신화가 깨졌다.

이쯤에서 눈여겨볼 대목이 있다. 20세기 말로 접어들면 성공한 쿠데타도 모두 비극적 최후를 맞았다는 사실이다. 예컨대 박정희는 암살로, 인도네시아 독재자 수하르또와 버마 철권 통치자 네윈Ne Win은 민중 항쟁으로, 이라크의 사담 후세인과 리비아의 무아마르 카다피Muammar Gaddafi는 외세 손에 끝장났다. 그리고 전두환과 노태우 일당은 비록 정치적 사면을 받았지만 군사반란죄와 내란죄를 목에 건 채 살아가고 있다.

독일 헌법에서 뻗어내린 '성공한 쿠데타는 처벌할 수 없다'는 생떼 법 신화가 깨졌다. 쿠데타 세력의 비극적 종말, 이건 법적 심판과 상관없이 세계시민의 역사가 쿠데타를 인정하지 않는다는 사실을 증명한 셈이다.

그 결과, 21세기로 넘어오면 쿠데타 시도들이 거의 모두 실패로 끝나고 만다. 2000년대 들어 발생한 60여 차례 주요 쿠데타 가운데 에콰도르, 피지, 모리타니, 아이티, 차드, 타이, 마다가스카르, 온두라스, 기니비사우, 말리, 이집트 정도에서만 권력변화가 일어났다. 세계시민사회가 더 이상 쿠데타를 용서하지 않는다는 뜻이다.

'왜 독재자 딸을 뽑았나?'

우리 역사도 쿠데타로 따지면 어디 내놔도 안 밀릴 만한 내공을 지녔다. 우리가 기원으로 삼는 고조선 때부터 쿠데타가 튀어나온다.

연나라 출신 무사 위만이 고조선에 망명한 뒤 기원전 194년 준왕을 쫓아내고 위만조선을 세웠다고 하니. 이어 642년 고구려사에 등장하는 연개소문은 영류왕을 살해한 뒤 보장왕을 허수아비로 내세워 권력을 잡았고, 839년 신라에서는 장보고 일파가 민애왕을 살해하고 신무왕을 앞세워 권력을 쥐었다.

이어지는 고려사는 아예 쿠데타로 때웠다. 1010년 목종을 쫓아내고 현종을 세웠던 강조를 비롯해 인종 때 이자겸, 무신 세습정권을 구축한 최충헌, 그 무신정권 계승자 최의를 타도하고 권력을 쥔 김준으로 쿠데타가 꼬리를 물었다. 결국 1388년 이성계의 위화도 회군과 조선 개국으로 이어지는 쿠데타가 터졌다.

그 뒤 조선에서는 정권찬탈을 노린 이방원을 비롯해 수양, 연산, 광해 같은 왕자들의 쿠데타가 판쳤다. 그리하여 조선 궁중사는 피로 물들 었다. 그 쿠데타 전통이 대한민국 현대사로 고스란히 넘어왔으니, 바로 1961년 박정희와 1979년 전두환 쿠데타였다.

2013년 박근혜 정부가 들어서고부터 외국 친구들한테 가장 많이 들었던 말이 하나 있다.

"힘들게 민주화 이뤄놓고 왜 이제 와서 쿠데타로 권력 잡았던 독재자 박정희 딸을 대통령으로 뽑았는데?"

대답이랍시고 주절주절 늘어놓았지만 사실은 나도 그 사연을 모르긴 마찬가지였다. 이건 박정희 피살과 전두환 쿠데타가 맞물리면서 우리 사회가 박정희 시대를 바로잡지 못한 채 넘어와버린 탓이다. 말하자면 현대사에서 박정희 시대 18년이 빈자리로 남아 있는 셈인데, 당대 시민사회의 엄청난 직무유기다. 후손한테 넘겨줄 18년치 사료가 없다는 뜻이다. 군사쿠데타로 민주제도를 뒤엎고 시민사회를 깨트린 박정희를 경제성장 하나로 때우자는 게 여태껏 우리 사회가 지녀온 '박정희사'였고 '박정희론'이었다.

그 경제성장만 해도 잘잘못을 꼼꼼히 따져볼 기회마저 없었다. 온갖 부정부패와 재벌 중심 경제정책이 끼친 폐해는 본체만체 그저 추상적인 수치만 놓고 박정희가 경제를 일으켰다고 떠들어대는 통에 뼈 빠지게 일한 경제주체인 시민은 노예가 되고 만 꼴이다. 한 나라 경제라는 어마어마한 주제를 박정희 하나 공으로 돌리자는 건데, 남들은 21세기 세계

시민사회를 외쳐대는 판에 여전히 왕조사관에 꽁꽁 묶인 우리 꼴이 가엾기 짝이 없다.

시민의 역사를 할퀴고 간 쿠데타의 추억은 너무 질기다. 그 쿠데타의 추억은 아직도 우리 사회 곳곳에 박혀 있고, 그 추억을 먹고 사는 자들한테 우리는 사로잡혀 있다.

공화당에서 민정당으로 한나라당으로 새누리당으로 간판만 바꾼 집권당, 중앙정보부에서 국가안전기획부로 다시 국가정보원으로 이름만 바꾼 스파이 조직, 박정희에서 전두환으로 노태우로 박근혜로 문패만 바꾼 청와대. 보라, 박정희 영구집권을 노려 유신헌법 제정에 손댔던 김기춘이 대통령 박근혜 비서실장으로 다시 살아나지 않았던가?

바로 이게 무장철학 신봉자들인 육군대장 출신 남재준이 국정원장으로, 육군대장 출신 김관진이 국방장관으로, 육군대장 출신 김장수가 국가안보실장으로 박근혜 정부 들어 한꺼번에 재취업할 수 있었던 뒷심이다. 바로 이게 검찰총장 채동욱을 쫓아내는 데 공을 세운 〈조선일보〉가 소리칠 수 있고, 5·16 군사쿠데타를 혁명이라 우기는 교학사 역사교과서가 태어날 수 있었던 바탕이다.

쿠데타의 추억은 결코 스스로 반성하지 않는다. 역사에서 보았듯이 밀리면 끝장나기 때문이다. 이게 쿠데타의 속성이다. 한참 늦었지만 이제라도 쿠데타의 추억을 낱낱이 지워야 한다. 시민사회 몫이다.

04

헤드라인에는 없는
미국을 본다

아주 특별한 전쟁전문국가

해마다 8월 15일이면 세상 곳곳에서 제2차 세계대전 종전을 기려왔다. 주로 승자의 회상으로 메워왔지만, 이따금 패자의 회한도 없지 않았다. 그러나 승자도 패자도 그 전쟁에서 얼마나 많은 이가 죽임 당했는지 아무도 진실을 말하지 않았다. 그저 연구자에 따라 군인 2,000~3,000만에다 시민 3,000~5,000만이 숨졌을 것이라는 주먹구구만 내놨을 뿐이다. 하여 적잖은 경험자들이 두 눈 빤히 뜨고 살아 있는 현대사가 여태껏 빈자리로 남아 있다.

근데 두 가지는 틀림없다. 하나는 현대사에서 연구자에 따라 이처럼 엄청난 셈값 차이를 보인 주제가 없다는 사실이고, 다른 하나는 어떤 셈값을 따르든 제2차 세계대전은 인류사에서 최대 희생자를 낸 최악 전쟁이었다는 사실이다. 공식적으로 제2차 세계대전이 터졌다는 1939년 세계인구가 어림잡아 20억이었던 걸 놓고 보면 지구상에 존재하는 생명체 한 종이 내부 충돌로 기껏 6년 만에 3~4%나 사라진 꼴이다. 생물학적으로도 충격적인 일이다.

희생자 집계를 하지 않는다

이럴 때 떠오르는 말이 하나 있다.

"한 사람 죽음은 비극이지만 수백만 명 죽음은 통계다."

러시아 정치인 이오시프 스탈린Joseph Stalin이 미국 대사 에버릴 해리먼Averell Harriman한테 한 말이라는데, 냉전 기간 내내 미국 언론이나 학자들이 스탈린의 대량숙청을 비난할 때 즐겨 써먹었던 문구다. 정작 러시아 정치 사료에서는 그런 문맥을 찾을 수 없어 요즘도 심심찮게 연구자들끼리 부딪치는 대목이다. 누가 옳은지는 그쪽 연구자들 몫으로 남겨두고 여기서는 미국식 '수백만 죽음은 통계다'를 따져보자.

2016년 현재 미국은 240년이라는 짧은 역사를 거치는 동안 시시콜콜 모든 기록을 남긴 그야말로 기록대국이다. 근데 전쟁기록만은 허술하기 짝이 없다. 미국은 거의 모든 전쟁에서 상대국 희생자뿐 아니라 자국 희생자 기록도 또렷이 안 남겼다. 이건 미국 정부가 전쟁을 감춰왔고 미국 역사는 승리만 기록했다는 뜻이다.

"우리는 다른 사람들(이라크인 희생자) 바디카운트body count를 하지 않는다."

1990년 제1차 이라크 침공 때 미국 국방장관 도널드 럼즈펠드Donald Rumsfeld가 했던 말이다. 미국 정부는 베트남전쟁에서 적군 희생자 수를 매일 밝히는 이른바 바디카운트를 했지만 지나치게 부풀렸을 뿐 아니라 결국 전쟁에 패하면서 호된 비난을 받았다. 그로부터 미국 정부는 "모든 전쟁에서 희생자 공식집계를 포기했다"고 밝혔다.

이 말부터가 거짓말이다. 미국 역사를 훑어보면 정부가 본디부터 바디카운트를 안 했던 게 전통처럼 내려온다. 베트남전쟁 뒤부터가 아니란 말이다. 심지어 미국 안에서 자신들이 학살한 인디언 원주민 수마저도 자료나 통계가 없다.

그렇다면 지금껏 미국이 전쟁에서 죽고 죽인 사람이 얼마나 되는지 여기서 한번 꼽아볼 만하다. 1776년 독립을 선언한 미국은 8년에 걸친 독립전쟁(1775~1783년)에서 미군 5만과 영국군 5만을 합해 모두 10만 웃도는 희생자를 낸 데 이어 19세기 말까지 단 한 해도 쉬지 않고 영토확장 전쟁을 벌이면서 인디언 원주민 300여만을 학살했다. 그사이 남북전쟁 (1861~1865년)이라는 내전에서 60만 웃도는 희생자를 냈다.

한편 미국은 독립전쟁 때 프랑스한테 빌린 전비를 안 갚겠다고 우기며 도미니카에 해병대를 파견해 프랑스 전함을 나포했다. 미국은 이른바 준전쟁(Quasi-War, 1798~1800년)이라 부른 그 원정을 신호탄 삼아 공격적인 국제정치 발판을 깔았다. 미국은 지중해의 트리폴리타니아를 공격한 제1차 바버리전쟁(1801~1805년), 제2차 브리티시-아메리카 전쟁인 1812년전쟁(1812~1815년), 국경 분쟁인 멕시코-아메리카전쟁(1846~1848년) 같은 굵직굵직한 전쟁을 벌이더니 1898년 스페인-아메리카전쟁을 통해 쿠바, 푸에르토리코, 필리핀, 괌에서 스페인군과 충돌해 10만여 희생자를 냈다.

이어 필리핀 독립전쟁인 이른바 필리핀-아메리카 전쟁(1899~1902년)에서 100만 웃도는 필리핀 시민을 학살했다. 그렇게 20세기 초까지 미국은 내전과 국제전을 마구잡이 치르면서 아주 특별한 전쟁전문 국가로 자라났다.

미국식 침공은 사연도 가지가지였다. 쿠바(1822년), 푸에르토리코(1824년), 그리스(1827년)를 해적 소탕 빌미로 공격했고, 수마뜨라(1832년), 일본(1853~1854년), 조선(1871년)엔 개방을 요구하며 쳐들어갔다. 피지(1840년), 사모아(1841년), 포모사(1867년), 중국(1866년)은 외교관이나 선원 공격에 대한 보복이랍시고 침략했다. 아르헨티나(1852~1853년), 우루과이(1855년), 파나마(1856년), 앙골라(1860년), 이집트(1882년), 하와이(1889년), 칠레(1891년), 니카라과(1896년), 콜롬비아(1901년), 온두라스(1903년), 시리아(1903년), 터키(1912년)엔 정치적 혼란으로부터 미국 시민과 재산을 보호한다며 군대를 파견했다.

이렇듯 몇몇 본보기만으로도 미국은 제1차 세계대전 전까지 이미 전쟁으로 500만 웃도는 희생자를 냈다. 미국이란 나라는 태어나면서부터 전쟁을 먹고 자랐다는 사실이 드러난 셈이다.

끝없는 전쟁

제2차 세계대전은 30여 개국이 참전한 데다 사망자만도 5,000~8,000만에 이르러 미군 공격에 따른 희생자 수만을 따로 뽑아내기가 쉽지 않다. 그러나 태평양전쟁에서 전사한 일본군 230만과 일본 민간인 46만 명(미군의 일본 공습 희생자 33만 8,000명 포함)은 거의 모두 직간접적인 미군 공격이 낳은 희생자로 꼽을 만하다. 미군 전사자 수는 40만 7,000여 명(유럽전선 포함)이다. 미국은 유럽전선 희생자를 뺀 태평양전선에서만 자국군을 포함해 300만 가까운 희생자를 낸 셈이다.

대량살상을 경험한 제2차 세계대전 뒤부터 미국이 개입한 모든 전쟁에서 희생자 수는 폭발적으로 늘어난다. 제2차 세계대전 뒤 미군이 개입한 첫 대규모 국제전인 한국전쟁에서 민간인 80만과 군인 63만을 포함해 150여만 명이 목숨을 잃었다.

이어진 베트남전쟁(1955~1975년)에서 미국이 개입한 1965년부터 1975년 종전 때까지 510만 명(베트남 정부 발표)이 희생당했다. 로버트 맥나마라Robert McNamara 미국 전 국방장관은 340만으로 꼽았다.

게다가 베트남전쟁 기간 동안 미국은 라오스를 "인도차이나반도 공산화를 막는 방파제'라 여기며 1964년부터 1973년까지 200만 톤 웃도는 각종 폭탄 700만 개를 쏟아부어 20만 시민을 학살했다. 이른바 비밀전쟁Secret War이라 불렀던 라오스 공습이 끝나고도 지난 44년 동안 2만여 명이 집속탄을 비롯한 온갖 불발탄 사고로 목숨을 잃었다.

마찬가지로 미군은 베트콩을 잡겠다며 1969~1973년 중립국 캄보디아에 폭탄 54만 톤을 퍼부어 30~80만 명에 이르는 시민을 학살했다. 그럼에도 베트남전쟁은 '모든 전쟁에서 승리한다'는 미국한테 최초로 패전을 가르친 전쟁이었다.

베트남전쟁에서 혼쭐난 미국은 1980년대 들어 모든 전쟁을 비밀작전covert operation으로 벌여나갔다. 러시아-아프가니스탄전쟁(1979~1989년), 이란-이라크전쟁(1980~1988년), 엘살바도르 내전(1981년), 레바논전쟁(1982~1983년)에 비밀스레 개입한 데 이어 그레나다(1983년)와 파나마(1989~1990년) 침공은 소수 정예부대를 투입해 번개처럼 해치우며 언론과 국제사회 눈길을 따돌렸다. 베트남전쟁 패배를 '못된 언론 탓'으로 돌렸던 미국 정부는 1980년대부터 전시언론통제에 열 올리며 '기자 없는 전쟁'을 실현해나갔다.

1990년대 들어 미국은 다시 대량학살을 바탕에 깐 고강도 전쟁을 몰고 나왔다. 미국은 1991년 제1차 이라크 침공에서 군인과 민간인 20만을 살해한 뒤 경제봉쇄로 의약품과 먹을거리까지 차단해 최소 56만 명에 이르는 어린이와 노약자를 숨지게 했다.

이어 미국은 유고슬라비아 해체를 겨냥한 보스니아, 크로아티아, 몬테네그로 내전에 개입했고 1999년 기어이 유고를 침공(코소보전쟁)했다. 1990년대 유고 내전에서 20만 웃도는 희생자가 났다.

21세기에도 미국의 전쟁은 끝이 없다. 2001년 아프가니스탄 침공과 2003년 제2차 이라크 침공은 2017년 오늘까지 이어지고 있다. 앞선 모든 전쟁과 마찬가지로 미국 정부는 이 두 전쟁에서도 희생자 수를 밝힌 적 없다. 다만 '2013년 현재 아프가니스탄에서 1만 6,000~1만 9,000명, 이라크에서 13만 4,000명이 사망했다'는 미국 브라운대학교 민간인 희생자 조사보고서를 통해 어림잡아볼 뿐이다.

2010년부터 벌어진 이른바 '아랍의 봄'에 개입한 미국은 결국 리비아와 이집트를 내전으로 내몰았고 시리아를 국제전쟁터로 만들어버렸다. 미국이 기획하고 미국이 개입한 이 전쟁들은 이제 최악 살육전으로 치닫고 있다.

군사케인즈주의

인류사에서 최대 희생자를 냈던 제2차 세계대전의 유럽전선을 빼고도 미국이 개입한 전쟁의 희생자는 이렇게 어림잡아도 2,000만 명에 이른다. 이건 CIA를 비롯한 스파이 조직들이 온 세상을 상대로 벌여온 국지전이나 지역분쟁 희생자를 뺀 수다. 그동안 미국이 전쟁에서 죽인 사람 수를 2,000~3,000만 명으로 꼽아온 전쟁사 연구자들 말이 헛소리가 아니었다는 뜻이다.

현대사를 훑어보면 제2차 세계대전 뒤 지구에서 벌어진 거의 모든 전쟁에 미국이 직간접적으로 개입한 사실이 드러난다. 이건 앞서 살펴보았듯이 태생적으로 전쟁을 먹고 살아온 미국식 생존법에서 비롯되었다. 미국은 경제 60~70%가 군산복합체와 연동된 탓에 군사비 지출을 계속 늘리지 않으면 성장이 불가능한 이른바 군사케인스주의Military Keynesianism에 빠져 결국 전쟁 없인 굴러갈 수 없는 체제가 되고 만 꼴이다.

미국 군사비가 말해준다. 예컨대 '테러와 전쟁'을 벌이기 전인 2000년 2,890억 달러였던 미국 군사비가 2013년에는 6,330억 달러(약 681조 원)로 두 배 넘게 늘어난다. 이건 경제지표 세계 15위권인 한국의 2012년 정부 총예산 325조 원을 두 배 웃도는 엄청난 돈이다. 같은 기간 세계군사비 총액이 1조 7,560억 달러였으니 미국 한 나라 군사비가 전체 40%에 이른다. 같은 기간 미국이 아프가니스탄 침공에 투입한 전비만도 885억 달러였다. 미국이 전쟁 하나에 퍼부은 돈이 타이, 말레이시아, 타이완 같은 아시아 주요 국가 정부들 1년 총예산을 웃돈다. 그렇게 미국은 2013년 현재 12년째 전쟁을 벌여온 아프가니스탄 침공에 이미 6,500억 달러를 썼다. 10년째 전쟁을 벌여온 이라크 침공에서는 그보다 많은 8,000억 달러를 썼다.

미국은 그런 엄청난 군사비를 통해 현재 독일, 일본, 한국을 비롯한 63개국에 865개 해외 군사기지를 두고, 156개국에 25만 웃도는 군인을 박아놓았다. 그 군사력으로 국제사회를 통합전쟁시스템 아래 주무르며 전쟁과 경제라는 미국식 쌍발엔진을 돌려왔다.

실제로 미국은 이미 상시전쟁permanent war 체제에 들어선 상태다. 미국은 제1차 이라크 침공(1991년)에 이어 유고침공(코소보전쟁. 1999년), 아프가니스탄 침공(2001년~), 제2차 이라크 침공(2003년~) 같은 전 지구적 규모의 전쟁을 줄줄이 벌여왔다. 이 전쟁들에 투입한 전비와 무기 그리고 동맹군 수는 제2차 세계대전을 웃돈다.

여기에 파키스탄을 비롯해 팔레스타인, 예멘, 시리아를 낀 중동전쟁을 묶으면 사람들이 느끼지 못하는 사이에 미국은 이미 새로운 형태의 제3차 세계대전을 벌이고 있는 중이다.

그 미국 전쟁의 제물이 바로 세계시민사회다. 그 희생자가 바로 세계시민이다. 그 희생자는 전쟁통계에도 잡히지 못하는 존재들이다. 우리는 미국 살림살이를 위해 오늘도 이 세상 어디에선가 반드시 전쟁판이 벌어져야 하는 참혹한 시대를 살고 있다.

"제3차 세계대전에서는 어떤 무기들로 싸울지 알 수 없지만, 제4차 세계대전에서는 몽둥이와 돌을 들고 싸울 것이다."

아인슈타인이 미래 전쟁을 예언하며 즐겨 썼던 말을 곱씹어볼 만하다.

나토, 전범조직

2014년 4월 4일 외신은 입을 닫았다. 인류역사에서 최대 동맹국을 거느리고 최대 군사비를 뿌려댄 나토가 창설 65주년을 맞았지만 못 본 척 흘려 넘겼다.

나토가 떠들썩한 잔치판은 안 벌였다. 그렇더라도 세상을 쥐락펴락해온 이 거대한 '지구군' 생일에 국제 주류 언론이 한마디 말도 없었던 건 아주 꺼림칙했다. 더구나 나토가 무력침략한 리비아에서 정치적 혼란이 이어지고, 나토가 우크라이나 남부 크림반도 사태에 개입해 러시아와 날카롭게 각을 세우고 있는 현실을 놓고 보면 나토 관련 온갖 기사가 쏟아져야 정상이다. 무슨 창설기념일 같은 시의에 맞춰 뉴스와 특보를 날리는 건 외신판 전통이다.

현장을 보자. 해마다 4월 초면 늘 그랬듯이 2014년에도 진보나 좌파 진영이 나서 반나토 시위를 벌였다. 4월 2일 포르투갈공산당PCP이 마련한 나토 해체와 각국의 주권지지를 밝힌 성명서에 국제좌파 정당 50여 개가 서명하고 시위를 했다. 그걸 러시아티브이RT 정도만 뉴스로 다뤘을 뿐 국제 주류 언론은 모조리 눈을 감았다. 연예인 치마 길이만 바뀌어도 기사를 날린다는 AP나 AFP 같은 뉴스에이전시마저 거들떠보지 않았다.

국제공룡자본언론사들이 '나토 지킴이'로 나서 의도적으로 고개를 돌려버린 냄새가 난다. 유럽중심주의로 무장한 채 제국주의 패권세력의 돌격대 노릇해온 나토에 기대 자본을 키워온 국제언론이고 보면. 그 국제 공룡자본언론의 하부구조로 편입당해 뉴스소비시장 노릇을 해온 대한민국 언론사들이 나토 뉴스를 뭉개고 지나쳐버린 건 그리 놀랄 일도 아니지만.

한 해 군사비 1,000조 원

1949년 미국과 영국을 비롯한 유럽 12개국이 소비에트러시아를 겨냥해 반공동맹체로 출발한 나토는 지난 68년 동안 차곡차곡 몸집을 불려 현재 69개 동맹국을 거느리고 있다. 역사상 유례없는 이 초대형 군사동맹체는 조직도 가지가지다.

미국과 영국을 비롯한 28개 유럽 국가들로 꾸린 이른바 성골 격인 나토 회원국에다 정회원국은 아니지만 스위스와 스웨덴 같은 22개국이 참여한 유럽대서양공동회의EAPC, 이집트와 이스라엘을 비롯한 7개국을 낀 지중해대화상대국MDP, 쿠웨이트와 3개국을 포함한 이스탄불협력이니셔티브ICI 같은 것들을 거느린다. 여기에 세계전역동맹국Partners across the Globe으로 한국과 일본을 비롯한 8개국을 또 끼고 있다.

현재 지구에 존재하는 나라 수가 193개다. 나토 동맹국 수가 자그마치 그 3분의 1을 웃돈다. 나토 동맹국이 아닌 나라 가운데 러시아, 중국, 인디아, 이란, 북한 정도만 공세적 전력을 지녔다. 그 가운데 인디아는 2016년 현재 미국과 군사동맹 체결을 앞두고 있다. 나토가 겨냥한 주적이 드러난 셈이다.

나토는 이 거대한 지구 군사동맹체를 꾸리는 군사비로 2013년 한 해 동안 1조 달러를 썼다. 같은 해 세계 군사비 총액이 1조 5,400억 달러였다. 28개 나토 회원국 군사비가 세계 총액 3분의 2에 이른다. 우리 돈으로 어림잡아 1,000조 원이 넘는 나토 군사비는 유엔 한 해 예산 54억 달러(2012~2013년)의 18배, 러시아 정부예산 4,300억 달러(2014년)의 2배를 웃돈다. 여기에 나토 동맹국들 군사비까지 합하면 세계 총액의 85%에 이른다.

'인도주의' 불법전쟁

대체 이 엄청난 군사동맹을 어디다 쓸 건가? 그러니 "미국이 나토를 끼고 세계정부를 구축해왔다"고 음모론자들이 떠들어대도 할 말이 없게 생겼다. 그렇게 나토가 막대한 군사비를 끌어다 쓰고 거대한 군사동맹 체를 움직여 지금껏 해온 짓이 결국 불법전쟁이었다.

나토는 1991년 크로아티아 독립과 함께 노골적인 불법성을 드러냈고 한편으로는 확장 정책을 펴기 시작했다. 그해 극우 우스타샤(Ustaša, 크로아티아혁명운동)가 유고슬라비아로부터 독립을 선언하자 미국과 독일이 즉각 추인하면서 나토는 동유럽으로 뻗어나갔다. 우스타샤는 제2차 세계대전 전부터 나치즘과 파시즘으로 무장한 극단적 민족주의와 가톨릭 중심주의를 살포해왔던 자들이다.

그로부터 나토는 1995년 보스니아전쟁과 1999년 유고 침공(코소보전쟁)을 통해 기어이 유고연방을 해체했다. 이어 나토는 루마니아를 비롯한 동유럽 9개국과 옛 소비에트러시아에서 떨어져 나온 에스토니아 같은 3개국을 끌어들여 덩치를 키웠다.

그 과정에서 나토는 온갖 불법을 저질렀다. 미국 정부는 1991년 크로아티아가 독립을 선언하기 1년 전부터 유고연방을 여섯 나라로 분리 독립시키겠다는 계획 아래 국민투표를 강요했다. 미국 정부는 대외예산법 (101-513)을 통해 경제제재와 무역봉쇄로 정치적·경제적 혼란을 부추기는 한편 극우 우스타샤 민병대한테 비밀리에 무기와 자금을 지원하며 내전으로 몰아갔다.

그렇게 해서 1995년 크로아티아내전이 끝날 때까지 미국과 나토 지원을 받은 극우 민병대는 제2차 세계대전 때처럼 세르비아계(유고) 시민을 학살하며 악명을 떨쳤다. 그 결과 20만에 이르는 세르비아계 시민이 크로아티아에서 쫓겨났다.

미국이 이끈 나토는 크로아티아의 비극을 무시한 채 1995년 보스니아로 발을 뻗었다. 나토는 15개 회원국에서 차출한 400여 대 전폭기로 세르비아계를 폭격한 뒤 지상군 6만을 투입해 보스니아를 점령했다. 그 전쟁에서부터 나토는 무력 침공의 시대를 열었다. 그게 1999년 코소보 전쟁이라 불려온 유고 침공으로 이어진다.

나토는 코소보에서 세르비아계가 알바니아계 시민 50만을 학살했다며 이른바 '인도주의 폭격Humanitarian Bombardment'이라는 신조어를 앞세워 유고를 공격했다. 미국과 나토연합폭격대는 1,000여 대 전폭기와 크루즈미사일로 78일 동안 유고와 코소보를 폭격해 유고군 4,000여 명과 민간인 1만여 명을 살해했다. 나토 공습 전 코소보 내전에서 희생당한 알바니아계가 1,500여 명, 세르비아계가 500여 명이었다. 나토의 '인도주의 폭격'으로 더 많은 사람들이 살해당했다. 나토식 인도주의 정체가 드러났다.

나토는 유고 침공으로 그동안 감춰왔던 불법성을 낱낱이 자백한 셈이다. 나토는 침공 전부터 코소보 자치안과 유고 전역 사찰권을 담은 랑부예 협정Rambouillet Accord을 승인하라며 유고 정부를 윽박질렀다.

나토는 유고 의회가 그 승인을 거부하자 24시간도 채 안 지나 공습하기 시작했다.

여기서 나토는 "유엔헌장이 규정한 국제법 원칙을 어기고 무력이나 협박으로 체결한 조약은 무효다"고 규정한 비엔나 협약의 조약법 협정 Vienna Convention on the Law of Treaties을 어겼다. 나토는 공습 한 달 동안에만 다리 30개, 기차역 16개, 주요 도로 6개, 공항 7개를 폭파해 민간인 피란로를 잘랐을 뿐 아니라 노비사드의 수도관을 폭격해 60만 시민 식수까지 끊어버렸다. 나토는 3만 8,000회에 이르는 폭격으로 병원 33개, 학교 480개, 사원 18개, 유적지 9개를 비롯해 민간 부문에만 최소 100억 달러 피해를 입혔다. 나토는 전시민간인과 민간시설물 보호를 규정한 제네바 협약Geneva Convention IV을 위반했다.

나토의 더 근본적인 불법은 따로 있다. 나토는 유고 침공 때 유엔허가를 받지도 않았고 받을 수도 없었다는 대목이다. 나토는 유엔헌장 제25조에 따른 초국가적 지역 협정체로 유엔법을 따라야 하는 조직이지만 유엔은 국가가 아닌 나토한테 무력사용을 허가할 수 없다. 따라서 나토가 유엔회원국인 유고를 공격한 건 원천적 불법이다. 게다가 나토는 자신들이 만든 나토 조약 제5조 "회원국이 공격받을 경우 군사력을 사용한다"마저 짓밟았다. 유고는 나토 회원국을 위협한 적도 공격한 적도 없었다. 더욱이 나토는 "회원국 영토 내 방어"를 규정한 조약 제6조를 어기고 영역을 벗어나 원정침공까지 벌였다.

나토는 그렇게 나토법이나 유엔법이나 국제법 따위와 아무 상관없는 초지구적 존재가 되었다. 그로부터 나토는 자신들 영역인 유럽과 북대서양을 벗어나 온 세상을 무력침공 대상으로 삼았다. 그게 미국과 함께 침공한 2001년 아프가니스탄이었고 2003년 이라크였다.

그 두 원정침공에서 불법면역성을 키운 나토는 아무 거리낌 없이 2011년 리비아를 공습했다. 나토 폭격대는 유고 침공에서 써먹었던 '대량학살 방지'와 '인도주의 중재'라는 말을 또 들이대며 220일 동안 2만 6,500회 출격해서 리비아를 돌이킬 수 없는 폐허로 만들었다.

영국 총리 데이비드 캐머런을 비롯한 나토 지도자들은 리비아 공습 전 "정밀탄 사용으로 코소보전쟁 같은 민간인 피해는 더 이상 없을 것이다"고 떠들어댔다. 그러나 나토 공습 전 1,000~2,000여 명이었던 사망자 수가 나토 공습 뒤 7개월 동안 민간인을 포함해 3만여 명으로 급격히 늘어났다. 그사이 휴먼라이츠워치HRW 같은 인권단체가 나토의 민간인 공격과 살해증거를 수없이 내놓았지만 나토는 조사마저 거부했다. 나토가 지원한 무기와 달러로 무장한 극우 민병대들이 날뛰는 리비아에서는 불법감금, 고문, 살해가 일상이 됐다. 더욱이 나토가 세운 국가과도위원회 NTC가 오히려 정치적 혼란을 부추기고 언론을 탄압하는 주인공으로 떠올랐다. 나토의 불법침공과 정치개입이 어떤 결과를 낳는지 리비아의 혼란과 파괴를 통해 또렷이 드러났다.

그렇게 '자유' '평화' '인도주의'를 내걸고 나토가 불법 무력침공한 땅엔 혼란과 주검만 나뒹군다. 그게 보스니아고, 코소보고, 아프가니스탄이고, 이라크고, 리비아다.

세상은 참 삐뚤다. 그 많은 전쟁을 일으켰고, 그 많은 전쟁범죄를 저질렀고, 그 많은 시민을 살해한 나토를 국제사법재판소로 데려가기는커녕 국제전범으로 고발조차 못했으니. 앞으로도 그럴 가능성은 없다. 국제사법재판소가 다루는 법이란 게 미국과 나토한테는 절대 적용할 수 없는 정체불명 한정법이기 때문이다.

그동안 세계시민사회가 배워온 국제법이란 건 인류의 가치를 다루는 연장이고 국제사법재판소란 건 인류의 정의를 실현하는 장치였다. 다 거짓말이었다. 국제법도 국제사법재판소도 모조리 강대국의 흉기였을 뿐이다. 그러니 지난 10여 년 동안 전쟁범죄와 비인도적 범죄혐의로 국제사법재판소가 기소한 28명은 모두 힘없고 가난한 아프리카 출신일 수밖에.

무장동맹과 무장철학이 판치는 세상에서 나토를 또렷이 노려봐야 하는 까닭이다. 나토를 이대로 내버려두고는 세계시민사회가 발 뻗고 잠들 수 없다.

IS, 탈레반, 알카에다…
한때 자유투사였다

"우리는 포괄적이고 지속적인 대테러리즘 전략으로 IS를 무찌르고 전멸시킬 것이다."

2014년 9월 10일 미국 대통령 오바마가 방송연설에서 군사작전 가능성을 흘렸다. 13일 뒤인 9월 23일 새벽, 미군은 기어이 시리아를 공습했다. 구축함 알레이버크가 홍해에서, 순양함 필리핀시가 페르시아 만에서 IS 본거지인 락까로 토마호크 미사일 47발을 날렸다. 페르시아 만에 떠 있던 항공모함 조지부시는 F-16, F-18, B1 전폭기들을 띄워 시리아, 이라크, 터키 국경까지 무차별 공습했다. 최첨단 스텔스기 F-22 랩터도 처음 실전 투입했다.

보름만인 10월 9일 미군은 116회 시리아를 공습했다. 앞서 8월 8일부터 시작한 미군의 이라크 쪽 IS 공습은 271회를 넘겼다.

미군의 시리아 공습에는 사우디아라비아, 바레인, 요르단, 아랍에미리트, 카타르 같은 중동 5개국이 참전한 데 이어 영국, 프랑스, 덴마크, 벨기에, 오스트레일리아까지 뛰어들어 판을 키웠다. 그사이 미군은 IS 공습 비용으로 해외임시작전비OCOB에서 끌어온 11억 달러를 쏟아 부었다. 어림잡아 1조 1,000억 원이다. 시리아 정부 1년치 군사비 18억 7,000만 달러(2012년 기준)의 반이 넘는다.

미군은 시리아와 이라크에 진 친 IS 조직원 수를 2만 5,000여 명으로 꼽아왔다. 그러면 두어 달 동안 적 한 명당 4,400만 원 넘는 군사비를 퍼부은 꼴이다. 시간이 지날수록 그 비용은 엄청나게 늘어날 수밖에 없을 테니 인류사에서 가장 비싼 전쟁이 될 것으로 보인다. 달리 말하면 가장 비경제적인 전쟁이다. 이게 바로 군산복합체로 굴러가는 미국 경제가 원했던 바다.

이미 돈잔치는 벌어졌다. 미군이 IS를 공습하고부터 군사비 지출 기대심리가 폭발하면서 미사일, 폭탄, 전폭기를 만드는 전쟁업자들이 때를 만났다. 헬파이어 미사일을 만드는 록히드마틴 주가는 9.3%나 뛰었고 토마호크 미사일 제작사인 레이시온은 시리아 공습 뒤 미 해군과 2억 5,100만 달러치 공급계약을 맺었다. 전략예산평가센터CSBA는 현재 수준 공습만 해도 연간 24~38억 달러가 들고 강도를 높일 경우 42~68억 달러가 들 것으로 내다봤다.

근데 미군의 IS 공습이 어떤 성과를 거뒀는지 의문이다. 오바마 연설 뒤 IS는 곧장 주력을 분산시키고 민가로 숨어들었다. 미군한테 지원받아 온 시리아 반군인 자유시리아군FSA 대변인 후삼 알마리에Hussam al Marie 는 "미군이 빈 건물들만 공습하는 꼴이다. 오히려 미군 공습이 자유시리 아군과 민간인 희생자만 내고 있다"며 투덜댔다.

시민 삶터를 발판 삼아 게릴라전을 벌여온 IS는 타격점이 또렷치 않 아 공습효과를 거두기 힘들고 결국 민간인 희생자만 낼 것이라고 경고했 던 전문가들 말이 현실로 드러났다.

필요하면 미국 국무부가 만든다

이쯤에서 미국 정부가 시리아 공습 빌미로 삼은 테러리즘terrorism이 란 말을 따져볼 만하다. 이 말을 케임브리지 영어사전은 '폭력적 행위 에 따른 극심한 두려움'으로 풀이한다. 테러리즘은 '큰 두려움'을 뜻하는 라틴어 테로렘terrorem에 뿌리를 두고, 테러terror란 영어 단어는 프랑스 혁명 때 대중들 두려움을 정치적으로 이용한 로베스피에르의 공포정치 (1793~1794년)를 일컫는 테뢰르terreur에서 따왔다고 한다.

그러나 현실에서 테러는 주로 체제에 도전하는 무장세력들 폭력을 가리키는 말로 굳어져왔다. 미국 육군 대테러리즘 작전 개념은 테러를

'폭력이나 위협으로 정치적·종교적·이념적 목표를 이루고자 공포를 일으키는 행위'로 규정해왔다.

그러나 연구자들 사이에 테러리즘이란 말은 여전히 논란거리다. 지금껏 등장한 테러리즘 개념만도 100여 가지가 넘는 데다 무엇보다 그 의미들이 아주 큰 상대성을 지닌 탓이다. 예컨대 이토 히로부미伊藤博文를 살해한 안중근을 한국에서는 영웅으로 일본에서는 테러리스트로 부르듯 서로 다른 정치적 상황이나 역사적 경험을 하나로 정의하기 힘든 까닭이다.

국제 테러리스트 수괴로 낙인찍혔던 하마스HAMAS 창설자 아흐메드 야신Shikh Ahmed Yassin이 좋은 본보기다.

"한국 사람들은 안중근을 테러리스트라 부르는가? 미국과 이스라엘이 팔레스타인 독립을 위해 싸워온 나를 테러리스트라 부른다면 나는 그 말을 기꺼이 훈장으로 받아들일 것이다."

야신이 2000년 인터뷰 때 내게 했던 말이다. 이처럼 미국이나 이스라엘과 적대적 관계인 팔레스타인 사람들한테 테리리즘이란 말은 압제자들의 일방적 용어가 될 수밖에 없다.

그러니 나는 그동안 미국 정부가 테러리스트로 낙인찍은 헤즈볼라Hezbollah, 하마스, 알카에다Al-Qaeda, 탈레반Taliban, 타밀타이거LTTE, 제마 이슬라미야JI, 신인민군NPA 같은 수많은 무장조직을 취재해왔지만 아직도 테러리즘이란 말뜻을 또렷이 짚어낼 재간이 없다. 다만 현실 속에서 테러리즘이란 용어가 사전적 의미나 학술적 개념과 달리 '미국의 이익에 반하거나 미국을 해코지하는 조직의 행위'쯤으로 쓰인 다는 사실을 몸에 익혔을 뿐이다. 말하자면 국제사회에서 이 테러리즘 이란 용어는 미국의 적을 규정하는 말로 굳어져왔다는 뜻이다.

따라서 국제사회에서 테러리스트 심판관도 미국이었다. 미국 정부 가 테러리스트로 낙인찍으면 민주화 운동단체든 인권단체든 독립투쟁 조직이든 그날로 바로 테러리스트가 되고 마는 세상이다. 미국이 만든 테러리스트엔 악마도 천사도 없다. 오직 미국의 이익만 있을 뿐이다.

한때 발칸반도를 끼고 마약거래로 악명 떨쳤던 자들이 미군의 유고 침공에 협력하면서부터 곧장 독립투사가 되었다. 바로 코소보해방군KLA 이다. 반대로 인종차별에 맞선 투쟁으로 인류사에 평화와 화해의 상징 이 된 전 남아프리카공화국 대통령 만델라와 아프리카민족회의ANC는 2008년까지 미국 국무부한테 공식 테러리스트로 찍혀 있었다.

이쯤 되면 버마 군사독재에 맞서온 버마학생민주전선ABSDF 같은 민 주세력이 테러리스트가 되었다고 그리 놀랄 일도 아니다. 9.11공격 뒤 느닷없이 테러리스트로 낙인찍혔다가 2010년에야 풀렸던 버마학생민주 전선은 왜 자신들이 테러리스트가 되었는지 영문도 몰랐다. 버마학생민 주전선 의장 탄케는 "비공식 라인을 통해 미국 국무부 '실수'였다는 한마 디 말만 들었을 뿐이다"고 했다.

그렇게 실수로도 국제테러리스트를 만들어낼 수 있는 미국 국무부 대테러국은 이민국적법 제219조에 따라 미국 국민과 국가안보(국방, 국제 관계, 경제적 이익)를 위협하는 국제조직 59개를 현재 테러리스트 목록에 올려두고 있다. 그 목록을 훑어보면 미국 정부가 뜻하는 테러리즘의 정체가 좀 더 또렷이 드러난다.

59개 테러리스트 가운데는 일본의 옴진리교나 이미 사라진 스리랑카의 타밀타이거 그리고 필리핀의 신인민군 같은 몇몇 이념 투쟁조직을 빼면 나머지는 모두 하마스, 알카에다, IS 같은 무슬림 무장단체들뿐이다. 이건 미국 정부가 무슬림을 주적으로 규정한다는 뜻이다.

키우고, 쓰고, 제거했던

"테러리스트에 맞서 세상을 움직일 수 있는 능력과 의지를 지닌 건 미국이다. 러시아의 침략에 맞서 세상을 결집할 수 있는 건 미국이다. (…) 시리아의 화학무기를 제거하고 파괴하는 데 보탬이 될 수 있는 건 미국이다."

2014년 9월 10일 오바마 연설을 다시 귀담아들어볼 만하다. 오바마는 시리아에 진 친 테러리스트 IS를 공격하겠다는 뜻을 밝히는 자리에서 냉전 때부터 유일한 핵무기 경쟁국인 러시아와 중동의 친러시아 정부인 시리아를 대놓고 겨냥했다. 그 속뜻은 미국 정부가 테러리스트 개념을 개인이나 조직을 넘어 국가로까지 확대한다는 선언이었다.

따지고 보면 이미 대통령 조지 워커 부시 시절 테러리즘을 앞세워 탈레반의 아프가니스탄과 후세인 대통령의 이라크를 폐허로 만들 때부터 그 낌새가 있었다. 그게 오바마로 넘어와 카다피를 몰아내겠다며 리비아를 공습한 데 이어 다시 바샤르 알아사드Bashar al-Assad 대통령을 끝장내 겠다며 시리아를 공습하고 있다. IS 공습은 핑계거리일 뿐이다.

이쯤에서 미국이 적이라 불러온 테러리스트들 뿌리를 캐볼 만하다.
먼저 1999년 사라진 캄보디아의 크메르루주를 보자. 1975년 반미를 외치며 혁명에 성공한 크메르루즈는 민주캄뿌찌아 정부를 세웠으나 4년 뒤인 1979년 사회주의 형제국 베트남 침공을 받아 쫓겨났다. 그러자 베 트남공산당의 인도차이나반도 확장을 막겠다며 미국과 그 동맹국들은 적이었던 크메르루즈한테 비밀스레 무기와 재원을 지원했다.
1989년 베트남군이 캄보디아를 떠나면서 미국한테 크메르루즈 유효 기간도 끝났다. 미국은 1997년 크메르루즈를 테러리스트로 낙인찍었다. 마찬가지로 1980년대 중동의 친러시아 축인 이란을 견제하고자 이라크 의 후세인을 키운 것도, 2006년 테러리스트 배후라며 후세인을 제거했 던 것도 모두 미국이었다.
1980년대 소비에트러시아의 아프가니스탄 침공에 맞서 무장투쟁을 벌인 무자헤딘mujahidin 진영을 들락거린 자원봉사자였던 빈 라덴을 키 운 것도 CIA였고, 러시아가 떠난 뒤 내전에 빠진 아프가니스탄에서 물라 오마르Mullah Omar를 지원해 탈리반을 키운 것도 CIA였다.
1994년 CIA가 이란 혼란조성용 자금 가운데 2,000만 달러를 불법으 로 빼내 설계했고 사우디아라비아가 뒷돈을 대고 파키스탄이 병참지원 으로 만들어낸 게 탈리반이다. 그 탈리반에 더부살이하면서 덩치를 키운 게 바로 빈 라덴이 이끌었던 알카에다다.

탈리반과 알카에다, 이 두 테러리스트는 러시아의 남진정책을 봉쇄하면서 한편으로는 중앙아시아 원유와 가스 수송로를 노려온 미국의 대중앙아시아 정책이 낳은 아이들이었다.

이렇듯 미국이 창조한 모든 '천사'들은 유효기간이 끝나는 순간 결국 테러리스트 낙인찍혀 '악마'로 생을 마감하는 공통점을 지녀왔다. 그 창조물들이 미국의 정체를 깨달았을 때는 이미 너무 늦은 뒤였다.

미국이 시리아 공습 빌미로 삼은 IS도 다를 바 없다.

"사우디아라비아와 카타르가 시리아의 알아사드 정권에 맞선 반군한테 지원해온 거의 모든 무기가 강경파 이슬람 지하드 단체로 넘어가고 있다."

2012년 10월 14일치 〈뉴욕타임스〉 기사다. 여기서 사우디아라비아와 카타르의 무기지원은 미국 정부 요청에 따른 것이고 강경파 이슬람이란 IS를 일컫는다.

미국은 알아사드 정부를 몰아내고자 그동안 시리아 반군들을 지원해왔고 그 가운데 IS가 세력을 키우면서 미국의 적, 테러리스트로 둔갑했다. 말하자면 미군은 자신들이 IS한테 직간접적으로 지원한 무기들을 이제 막대한 전비를 들여 파괴하고 있는 꼴이다. 〈포린 폴리시Foreign Policy〉가 2014년 10월 8일치에 "IS의 3만 달러짜리 픽업트럭을 파괴하는 데 드는 (미군) 비용이 50만 달러"라고 비꼰 건 우스개가 아니다.

그런 상황 속에서 혜성처럼 나타난 인물이 IS 지도자인 아부 바크르 알바그다디Abu Bakr al-Baghdadi다. 미국의 제2차 이라크 침공 때인 2003년까지만 해도 바그다드 인근 동네 성직자에 지나지 않았던 바그다디는 2004년 2월 미군한테 붙잡혀 열 달 동안 감옥살이를 하고 나온 뒤 곧 무장조직을 만들었다.

2010년 알바그다디는 알카에다 이라크 지부 격인 이라크이슬람국IS 지도자가 되었다. 그 뒤 바그다디는 알카에다와 손을 끊고 2013년 IS를 창설했다. 이게 흔히 지금껏 알려진 알바그다디다. 그러나 외신판에서는 여전히 알바그다디 정체에 의문을 달고 있다. 무엇보다 이름 없는 성직자에서 무장조직 지도자가 되는 과정이 공백으로 남아 있기 때문이다. 더구나 알바그다디는 IS 안에서도 '보이지 않는 지도자'로 통할 만큼 철저히 가려왔다.

그사이 〈텔레그래프〉, 〈워싱턴포스트〉를 비롯한 수많은 언론은 알바그다디가 2005~2009년까지 미군 감방에 있었다는 사실을 폭로했다. 그러면 알바그다디가 감옥에서 나오자마자 무장조직을 이끌고 이라크 알카에다 지도자가 되었다는 사실을 어떻게 설명할 수 있을까?

보이지 않는 손이 알바그다디와 IS를 창조했을 것이라는 의심이 수그러들지 않는 까닭이다.

과연 IS라는 적이 필요한 세력은 누구일까? 그 답이 알바그다디를 창조한 주인공임이 틀림없다.

미국의 적, 테러리스트들은 모두 한때 미국을 위한 투사들이었다. 그리고 미국한테는 적의 적이 동지가 안 된다는 사실도 드러났다. 바로 미국이 말해온 테러리즘의 정체다.

드론, 최첨단 무기라고?

얼마 전부터 무인항공기UAV 드론을 놓고 말들이 많다. 군사전문가란 자들이 정밀타격이니 인명피해 최소화를 내세워 '드론신화'를 퍼트리자 언론도 덩달아 최첨단 미래전이니 어쩌니 호들갑들이다.

근데 도무지 새롭지가 않다. 옛날부터 사람을 잘 죽이는 새 무기가 나타날 때마다 쭉 들어왔던 말들이다. 미군이 베트남전쟁에서 M-16 소총을 휘갈겼을 때도, 미군이 파나마 침공에서 아파치 헬리콥터로 불을 뿜었을 때도, 미군이 이라크 침공에서 F-117 스텔스 전폭기로 방공호를 폭격해 아이들을 살해했을 때도 늘 따라붙었던 말들이니.

재래식 폭격기 B52와 무인폭격기 프레더더

전쟁이 뭐고, 무기가 뭔가? 과거전이든 현재전이든 미래전이든 전쟁은 전쟁일 뿐이고 무기는 늘 사람을 죽이는 연장일 뿐이다. 그 과녁은 언제나 나였고 당신들이었다.

여기, 그 전쟁을 말해주는 두 군인이 있다.

"캄보디아 폭격명령을 받고 날아갔으나 어디에도 군사 목표물이 없었다. 결국 타격 대상이 결혼식장이란 사실을 알고 난 뒤 더 이상 폭격임무를 수행할 수 없었다."

1973년 6월 19일, 명령거부죄로 체포당한 미 공군 B-52 전략폭격기 조종사 도널드 도슨Donald Dawson 대위가 군사법정에서 했던 말이다.

1969년 3월부터 1973년 5월 사이, 4년 2개월 동안 미군이 중립국 캄보디아를 비밀리에 불법폭격해 30~80만에 이르는 무고한 시민을 학살했던 베트남전쟁 시절 이야기다. 베트남전쟁은 인류사에서 최초로 국가의 이름 아래 정부가 저지른 전쟁을 시민이 거부하는 혁명적 반전운동을 낳았다. 바로 도슨 같은 군인의 양심적 저항이 든든한 뒷심이 되었다.

"진짜 전쟁이었다. 좋은 사람도, 나쁜 사람도, 죄 없는 사람도 죽을 수 있었다. 나는 전쟁 중이라도 생명을 존중해야 옳다고 여겼다. 그래서 더 이상 폭격임무를 수행할 수 없었다."

2013년 5월 5일, 미 공군 드론 조종사였던 브랜든 브라이언트Brandon Bryant가 내셔널퍼블릭라디오NPR에서 했던 말이다. 스물일곱 먹은 젊은

이가 무인폭격기 프레더터Predator 조종사가 된 건 대학시절 빚진 학자금을 갚고자 공군에 자원하면서부터다.

그이는 2006년 라스베이거스 인근 비밀 트레일러에 앉아 모니터를 통해 처음 아프가니스탄을 폭격했다. 자신이 조종한 무인폭격기에서 발사된 헬파이어 미사일이 아이들을 죽이는 장면을 보았다. 결국 2010년 군복을 벗었다. 현재 외상후스트레스장애PTSD 치료를 받고 있다.

이 두 군인 이야기 사이에는 꼭 40년 시차가 난다. 두 군인은 폭격기 조종사로 참전해 사람들을 죽였다. 그리고 방법은 서로 달랐지만 그 전쟁의 야만성을 고발했다. 얼핏, 이 두 군인의 경험은 큰 차이가 나는 듯 보인다. 40년 전 도슨이 손수 전폭기를 몰고 캄보디아란 타격지점으로 날아가 폭격했다면, 40년 뒤 브라이언트는 미국에 앉아 카메라 모니터를 보며 1만 2,000km 떨어진 아프가니스탄을 폭격했으니.

그러나 속을 들여다보면 40년이 지나는 동안 전쟁도구만 바뀌었을 뿐 달라진 건 아무것도 없다. 여기서 전쟁 본질이 불법이란 건 사람을 죽인 무기 종류와 무관하다는 사실이 가장 먼저 드러난다.

도슨이 B-52 전략폭격기를 몰고 참전했던 40년 전 캄보디아를 보자. 베트남전쟁이 광란으로 치닫던 그 시절 미국은 캄보디아 국경을 넘나드는 베트콩을 잡겠다며 B-52를 동원해 비밀리에 캄보디아를 폭격했다. 불법이었다. 미국은 전쟁선포도 안 한 채 중립국 캄보디아를 공격했고, 시민한테 최소한 공습경보도 내리지 않았고, 1949년 제네바 협정이 금지한 병원, 탁아소, 학교, 농장 같은 시민 생존 시설들을 무차별 폭격했고, 국제법이 금지한 네이팜탄을 사용했다. 그즈음 미국 대통령 닉슨을 쥐락펴락했던 키신저 안보고문(훗날 국무장관)은 군 지휘체계를 무시한 채 직접 타격지점까지 명령했고, 캄보디아 군사작전에 따른 의회보고 의무를 지키지 않았다. 모두 중범죄다.

그러나 지금껏 미국 정부 입장은 1973년 의회에 불려갔던 키신저가 "캄보디아 공습이 아니었다. 캄보디아에 거점을 차린 베트콩을 공격했을 뿐이다"고 했던 말에서 한 치도 달라진 게 없다. 그게 시민 30~80만 명 학살이었다. 미국은 바로 그 수치를 크메르루주한테 모조리 뒤집어씌워 '킬링필드 200만 명 학살'설로 야비하게 묻어버렸다.

'민간인 살상 최소화'는 새빨간 거짓말

그로부터 40년 뒤 브라이언트가 드론으로 폭격한 이 세상을 보자. 미국은 2001년 '테러와 전쟁'을 내걸고부터 드론으로 이라크, 아프가니스탄, 파키스탄, 소말리아, 예멘, 리비아를 불법 폭격해왔다. 미국 헌법은 전쟁 전 의회가 상대국한테 전쟁선포를 하도록 못 박아두었다. 국제법상으로도 전쟁선포 없는 상대국 무력공격은 불법이다.

근데 미국은 지금껏 드론으로 폭격한 그 어떤 나라한테도 전쟁선포를 한 적 없다. 전쟁이란 건 나라 사이에 무력을 동원하는 가장 극단적인 정치행위고 따라서 전쟁선포란 건 반드시 상대국이 있어야 성립할 수 있다. 그러나 미국은 국가가 아닌 '테러리즘'이라는 추상적인 단어에 대고 전쟁을 선포한 뒤 수많은 나라를 드론으로 폭격해왔다. 유엔은 테러리스트의 범죄활동을 동결한다는 두 결의안(제1368호와 제1373호)을 통과시켰을 뿐, 미국의 '테러와 전쟁'도 불법 공격도 추인한 적 없다. 그러니 드론 폭격은 미국 국내법과 국제법을 원천적으로 짓밟은 범죄행위다. 더구나 폭격목표 인접국 영공을 허락 없이 넘나드는 드론은 세계 각국 영토주권을 치명적으로 침해했다.

버락 오바마는 2013년 5월 23일 국방대학 연설에서 "미국은 국내법과 국제법에 따라 알카에다나 탈레반 연대 세력들과 정의로운 전쟁 중이다. 드론은 신중한 자제와 판단에 따라 사용해왔고, 민간인 사상자를 없애고자 최고 (정밀) 수준에 맞춰왔다"고 늘어놓았다.
그 결과 미국은 드론 폭격으로 지난 2004~2013년에만도 어림잡아 4,500~4,700여 명을 죽였다. 그 틈에 어린이 200여 명을 포함해 민간인 1,000여 명이 살해당했다. 미국 컬럼비아대학과 영국 탐사보도국BIJ 집계에 따르면 드론 폭격의 민간인 살상률이 34%에 이른다. 드론 폭격의 불법성과 야만성이 드러난 셈이다.

그럼에도 오바마를 비롯한 전쟁광들은 정밀타격과 민간인 살상 최소화라는 엉터리 신화를 들이대며 드론을 테러리스트 박멸에 가장 이상적인 무기라고 떠들어왔다. 보자. 드론이 얼마나 정밀하고 얼마나 민간에 친절한 무기였는지.

40년 전 도슨이 B-52를 끌고 명중률 25%에 못 미친다는 이른바 '멍텅구리 폭격'을 하던 시절, 총 출격횟수가 23만 회(1965년부터 존슨 대통령 시절 폭격까지 포함)였으니 1회 출격당 민간인 살상률이 1.3명꼴이었다.

그로부터 40년 뒤, 최첨단 무기라는 드론으로 2004~2013년 폭격한 횟수가 800여 회니 1회 출격당 민간인 살상률이 1.25명쯤 된다. 40년 전 재래식 폭격기 B-52나 최첨단 드론이나 시민학살에는 별 차이가 없다. '민간인 희생 최소화'가 새빨간 거짓말임이 드러났다.

게다가 지금껏 드론으로 살해한 민간인을 빼고 나머지 희생자 모두를 테러리스트로 인정해주더라도 기껏 64%쯤 되는 명중률을 놓고 '정밀타격'을 떠버리는 건 농지거리일 뿐이다. B-52가 하늘에서 마구잡이 쏟아붓는 멍텅구리 폭격도 운 좋은 날엔 명중률이 60~70%까지 올랐다고 하지 않던가.

더 많이, 더 불법적으로

그동안 미국은 온갖 최첨단 과학전을 자랑해왔지만 민간인 살상수치가 오히려 폭발적으로 높아진 사실은 감춰왔다.

미국은 1991년 제1차 이라크 침공에서 군인 10만 명을 죽이는 동안 민간인 10만 명을 살해했다. 1999년 미군이 이끈 나토 연합폭격대는 유고 침공에서 군인 2,000여 명을 죽이면서 민간인 1만여 명을 살해하는 최악의 기록을 세웠다. 미군은 2001년 아프가니스탄을 침공하고부터 2013년까지 민간인 2만여 명을 살해했다. 미군이 2003년 이라크를 침공하고 10년 동안 민간인 13만 4,000여 명이 목숨을 잃었다.

민간인 희생 최소화니 정밀타격으로 덧칠해온 드론 신화가 엉터리란 걸 모를 리 없는 미국 정부가 왜 드론에 미쳐 날뛸까? 군사전문가 가운데는 '아군피해 최소화'와 '비밀작전 효용성'을 꼽는 이들이 많다. 그리 틀린 말은 아니지만 이건 모든 전쟁에 필요한 전통적 군사개념일 뿐이다.

도슨이 B-52로 출격했던 40년 전 캄보디아 폭격도 전사에 유례없는 비밀작전 효용성을 발휘했다. 키신저 손에 놀아났던 그 폭격은 당시 사이공의 미국 군사지원사령부MACV에서 직접 명령을 내려 B-52를 관할했던 전략공군사령부SAC조차 캄보디아 폭격을 눈치 채지 못했고, 4년 동안 미국 의회도 까막눈이었다. 심지어 B-52 조종사들마저 "남부 베트남을 공습한 줄 알았다"고 증언할 만큼 비밀스레 저질렀던 전쟁이다.

더구나 그 4년 2개월 동안 캄보디아 폭격에서 단 한 대 B-52도 격추된 바 없고 단 한 명 조종사도 전사한 기록이 없다. 산더미만한 B-52가 비밀작전 효용성과 아군피해 최소화의 가장 멋진 본보기가 되었던 셈이다. 아군피해 최소화니 비밀작전 효용성을 무기종류로만 따질 수 없다는 뜻이다. 드론을 군사개념만으로는 설명하기 힘든 까닭이다.

전쟁이 극단적인 정치적 산물이듯 그 전쟁에 쓰는 무기도 마땅히 정치적 산물이다. 오바마를 비롯한 전쟁지휘부가 드론을 몰고 나온 까닭도 바로 여기에 있다.

미국 정부는 테러와 전쟁을 선포한 뒤 대테러작전 관련자들한테 사실상 '살인면허증'을 쥐어주었다. 특히 미국 정부는 테러용의자들을 관타나모 형무소에 불법감금한 사실이 드러나 국제사회로부터 거센 비난을 받은 뒤부터 아예 '체포 말고 사살kill-don't-capture'을 공공연한 정책으로 들고 나섰다. 골치 아프게 테러리스트를 잡지 말고 소리 없이 현장에서 죽이라는 뜻이었다. 드론에 눈길을 꽂게 된 까닭이다. 실제로 그 무렵부터 테러리스트 체포는 급격히 줄고 드론 공격이 폭발적으로 늘어났다.

전임 대통령 조지 워커 부시 시절 50회를 밑돌았던 드론 폭격이 관타나모 형무소 폐쇄를 공약으로 내건 오바마 제1기 4년 동안 400회를 넘겼다는 건 결코 우연이 아니다. 게다가 미국 정부의 상시전쟁 체제에 지친 국제사회에서는 반미·반전 기운이 크게 높아져왔다. 공공의 눈길과 비판을 피해갈 수 있는 은폐성을 지닌 무기, 그게 바로 드론이었고, 그게 바로 오바마의 선택이었다. 전쟁을 숨기고, 전쟁을 책임지지 않고, 전쟁을 일상화하겠다는 정치로부터 태어난 괴물이 드론인 셈이다.

40년 전 도슨과 오늘날 브라이언트 사이엔 여전히 '불법' '비밀' '학살'을 바탕에 깐 전쟁이 판치고 있다. 달라진 건 아무것도 없다. 40년 전 캄보디아 시민이 그랬던 것처럼 오늘 밤엔 파키스탄, 아프가니스탄, 예멘 시민들이 느닷없이 날아들 '괴물'을 두려워하며 잠을 설치고 있다.

우리는 그게 내일은 바로 당신이고 나일 수도 있는 날카로운 시대를 살고 있다. 이 세상 모두를 위해 전쟁을 반대해야 하는 까닭이다. 미국 정부 하나를 위해 세상 평화를 포기할 수 없는 까닭이기도 하다.

오바마든 부시든

"낙타가 혹을 본다면 목이 부러질 것이다."

시리아 사람들이 즐겨 써온 속담이다. 제 모자람을 보지 않는 사람을 일컫는다.

미국을 본다. 2013년 8월 21일, 미국 정부는 "시리아 정부군이 수도 다마스쿠스 인근에서 화학무기로 1,000여 명을 살해했다"며 부아를 터트렸다. 시리아에 본때를 보여주겠다며 길길이 뛰었다. 그 무렵엔 누가 어떤 화학무기를 사용했고 또 얼마나 많은 이를 죽였는지 또렷한 정보조차 없었다. 유엔조사단이 보고서를 내지도 않은 상태에서 미국 정부는 보복공격부터 들고 나섰다. 외신판에서는 미국 정부가 9월 9일쯤 다마스쿠스를 공습할 것이라는 소문이 나돌기도 했다.

화학무기 사용금지라는 국제적 교감에는 대량살상을 막자는 뜻이 담겨 있다. 그 무렵 2년 6개월째로 접어들던 시리아 내전에서 정부군과 반군은 이미 10만 명 웃도는 사람을 죽였다.

대량살상 기준이 대체 뭔가? 속된 말로 총으로 죽이든 폭탄으로 죽이든 화학무기로 죽이든 살상은 살상이다. 화학무기만 아니면 10만을 죽여도 괜찮다는 뜻일까? 대체 얼마를 죽여야 대량살상이란 말을 붙일 수 있을까?

미국은 1991년 제1차 이라크 침공 때 단 한 발 폭탄GBU-27으로 아미리야 대피소에 몸을 숨긴 어린이와 노약자 408명을 살해했다. 근데 그런 폭탄은 대량살상용이 아니라고 한다. 되돌아보자. 지금까지 실전에서 화학무기를 사용해 대량학살극을 벌였던 주인공은 바로 미국이다. 제2차 세계대전, 한국전쟁, 베트남전쟁에서 온 천지를 불바다로 만들었던 네이팜탄도, 베트남전쟁에서 8,000만 톤을 퍼부어 지금까지 후유증을 낳고 있는 고엽제 에이전트오렌지agent orange도 모조리 미국이 사용했던 화학무기다.

'잘못된 정보'로 20만 넘는 시민을 죽여도

"옷이 피부 색깔을 바꾸지 않는다."

시리아 속담이다. 겉치레가 본질을 바꿀 수 없다는 뜻이다.

미국을 본다. 미국은 온갖 핑계를 대며 전쟁을 벌여왔다. 그러나 본질은 하나다. 모조리 불법이었다.

제1차 이라크 침공부터 따져보자. 미국은 유엔을 윽박질러 안보리 결의안 제678호로 대이라크 무력사용권을 따냈지만 그게 민간부문 공격과 대량학살까지 허락한다는 뜻은 아니었다. 미국은 이라크 군인 10만여 명과 민간인 10만여 명을 포함해 모두 20만 명을 살해하는 과정에서 학교, 병원, 상수도, 대피소를 비롯한 민간부문까지 무차별 공격했다.

미국은 "어떤 전쟁도 시민생존에 필수적인 것을 공격해서는 안 된다"고 규정한 제네바 협정을 짓밟는 중대한 범죄를 저질렀다. 이어 대이라크 경제봉쇄를 통해 의약품과 먹을거리 보급까지 차단해 50만 웃도는 아이와 노약자를 간접 살해했다.

2001년 '테러와 전쟁'을 내건 미국의 아프가니스탄 침공도 9.11사건에 따른 국제사회의 충격을 이용했을 뿐 유엔승인을 받지 않았다. 그 무렵 유엔은 9.11사건을 비난하고, 범죄적인 테러리스트 활동 재원을 동결하고…" 같은 내용을 담은 두 결의안 제1368호와 제1373호를 통과시켰을 뿐 미국의 대아프가니스탄 무력사용을 추인한 적 없다. 유엔헌장은 "무력 공격으로부터 자위"(제51조)와 "안보리 결의안에 따른 무력 사용 추인"(제42조)이라는 오직 두 경우만 합법으로 규정하고 있다.

보라. 아프가니스탄은 미국을 공격한 적 없다. 유엔은 미국의 아프가니스탄 공격을 추인한 적이 없다. 그래서 원천적 불법전쟁이다. 더구나 9.11사건은 미국 정부 발표를 곧이듣더라도 알카에다라는 한 조직의 범죄적 공격이었을 뿐, 아프가니스탄이라는 특정 국가가 미국을 무력공격한 게 아니었다. 그러나 미국은 '테러리즘'이란 추상적인 단어에 대고 전쟁을 선포한 뒤 아프가니스탄을 침공했다. 테러리즘이란 건 전술 가운데 하나일 뿐 구체적 모습을 지닌 적도 조직도 국가도 아니다. 미국의 아프가니스탄 침공이 근본적으로 불법전쟁일 수밖에 없는 까닭이다. 그 침공으로 2013년 현재 살해당한 민간인만도 2만 명이 넘는다.

2003년 미국은 이라크가 대량살상무기를 숨기고 있다며 제2차 침공에 나섰다. 미국은 12년 전 제1차 침공 당시 유엔이 무력사용을 추인한 결의안 제678호와 대량살상무기 조사를 허용한 휴전 협정 결의안 제687호를 들이댔다.

그러나 두 결의안 가운데 어느 것도 휴전 뒤 무력재사용을 허락한 적 없다. 더구나 미국의 제2차 침공에 앞서 유엔조사단은 "이라크에서 대량살상무기를 못 찾았다"고 밝혔다. 코피 아난Kofi Annan 유엔사무총장마저 "우리 관점과 유엔헌장 관점에서 보면 이 전쟁(제2차 이라크 침공)은 불법이다"고 규정했다. 미국의 제2차 이라크 침공이 불법이었다는 사실은 머잖아 온 세상에 드러났다.

이라크를 점령한 미군은 온 천지를 이 잡듯 뒤졌지만 단 한 발 대량살상무기도 못 찾았다. 미국 대통령 조지 워커 부시란 자는 "잘못된 정보였다"고 자백했다. 이미 이라크는 폐허가 되었고 2013년 현재 14만 가까운 시민이 목숨을 잃었다.

2011년 미국의 리비아 공습도 불법이긴 마찬가지였다. 이건 미국 정부가 국내법마저 짓밟았다. 미국 전쟁권한결의안WPR은 "대통령이 무력을 사용하면 48시간 안에 의회에 보고하고, 60일 안에 의회승인을 받지 못하면 30일 안에 군사작전을 멈춰야 한다"고 못 박아두었다.

그러나 오바마는 90일이 지나도록 그 규정을 지키지 않은 채 리비아를 계속 공습했다. 오바마는 "미국이 교전행위에 직접 가담하지 않는다"는 편법을 들이대며 전쟁권한결의안을 비켜갔다. 그 시각 미군은 미사일과 전폭기를 동원해 리비아를 폭격했을 뿐 아니라 지상에서 영국군 폭격을 관제지원하고 있었다. 거짓말에 사기까지 덧붙인 불법전쟁이었다.

미국이 저지른 그 모든 불법전쟁 결과는 오직 하나였다. 이라크, 코소보, 아프가니스탄, 리비아에 친미 정권이 들어섰고 그 사회들은 하나같이 내전상태에 빠져 있다. 한때 가장 건강한 사회주의 국가로 온 세상이 인정했던 유고슬라비아는 아예 역사에서 사라졌고, 중동에서 가장 부유했던 이라크와 리비아는 사회적·경제적으로 폐허가 되었다. 아프가니스탄은 회복 불능상태다.

김관진은 어떻게 책임질 것인가

"양탄자 길이만큼만 발을 뻗어라."

시리아 속담이다. 주제를 알라는 말이다.

이번에는 한국을 본다.

"시리아 정부군이 화학무기를 사용했다면 2,500톤 화학무기를 지닌 북한도 사용할 수 있다는 잘못된 판단을 할 수 있다."
미국 정부가 시리아 공격가능성을 흘리던 8월 말, 브루나이에서 열린 제2차 아세안확대국방장관회의ADMM-Plus에 참석했던 대한민국 국방장관 김관진이 척 헤이글Chuck Hagel 미국 국방장관한테 시리아 제재를 강력히 촉구하면서 했던 말이다.

역사를 돌아보자. 베트남전쟁 중이던 1969년 4월, 북한이 동해상에서 미 해군 EC-121 정찰기를 격추하자 미국 대통령 닉슨은 "부당한 침략에 맞선 연합국 결의를 북한 지도자들한테 보여주고자 캄보디아 공습을 요청했다"고 밝혔다. 중립국 캄보디아 시민은 자신들과 아무 상관도 없는 일로 떼죽음당했다. 미군은 그해 3월부터 1973년 8월까지 50만 톤 넘는 각종 폭탄으로 캄보디아를 불법폭격해 30~80만 시민을 학살했다. 미국이 저지른 제1기 킬링필드였다.

이번에는 한국 국방장관이 북한에 본때를 보이자며 미국한테 시리아를 공격해달라고 매달린 셈이다. 군인이 뭔가? 흔한 말로 명예를 먹고 산다고들 하는데, 한 나라 육군대장까지 지낸 자가 남한테 우리 적을 혼내달라고 보챈 꼴이다. 더구나 속내야 어쨌든 그런 건 바깥으로 흘릴 말이 아니다. 그즈음 러시아, 중국, 유럽, 아시아, 남미 할 것 없이 거의 모든 나라가 미국의 시리아 공격 계획에 강한 거부감을 쏟아내던 상태였다. 더욱이 미국 최대 동맹국인 영국 의회까지 대 시리아 무력사용을 거부했다.

그런 마당에 "한국, 사우디아라비아, 터키, 세 나라 고위 관리가 미국한테 시리아를 공격해달라고 요청했다"는 낯 뜨거운 기사들이 외신판에 줄줄이 떴다. 평화를 외치는 국제사회 분위기에 찬물을 끼얹은 세 나라, 그 가운데 하나가 대한민국이다. 그 세 나라를 보라. 줏대도 없고 세상 돌아가는 판도 못 읽는 나라로 온 세상에 비웃음거리가 되고 말았다.

미군 공습이 필연적으로 막대한 시민희생자를 낸다는 사실은 이미 잘 드러났다. 김관진은 미국 공습으로 죽고 다칠 시리아 시민을 어떻게 책임질 것인가? 시민혈세로 월급을 줬더니 기껏 돌아다니면서 한다는 짓이 세계시민사회에 발길질이다. 외교를 모르는 자를 국가대표로 바깥에 내보내지 말라는 뜻이다.

이래저래 우리는 참 불행한 무장철학의 시대를 살고 있다. 참 파멸적인 전쟁의 시대를 살고 있다. 이 야만적인 전쟁을 언제까지 보고만 있을 것인가? 모든 전쟁을 거부하는 몸짓과 아우성, 바로 세계시민의 의무다.

G2의 소리 없는 전쟁

– 떼젯 전투 2014.2.7.15시. 버마 정부군 경보병 제505대대 떼젯산 공격. 따안군 제223대대 반격. 버마 정부군 지휘관 탄진뚠 중령 포함 10여 명 사살.

– 2014.2.12~13. 버마 정부군 경보병 제99사단, 까친독립군 본부 라이자로 통하는 제50단 전략 요충지 자잉양과 까우 고지 공격. 까친독립군 두 고지 상실.

2014년 2월 들어 따안민족해방군TNLA과 까친독립군KIA이 보내오는 전투상보가 부쩍 늘었다. 그즈음 외신은 2월 6일 미국 수출입은행이 밝힌 대버마 무역 신용장 개설계획에만 열 올렸을 뿐, 버마 정부군의 소수민족 공격엔 입을 닫았다.

그러니 그 무렵 국경 소수민족 지도부를 만나면 언론이 버마에서 돈줄을 좇는 국제자본들 눈길로만 뉴스를 다룬다고 불만이 이만저만 아니었다. 실제로 민주화 문제와 더불어 버마 사회의 두 기본모순 가운데 한축인 소수민족 문제를 풀지 않고는 평화도 복구도 불가능한 현실에서 그동안 언론은 자본과 묶인 국제정치로만 버마를 재단해왔다.

단골메뉴는 말할 나위도 없이 버마를 낀 '미국-중국 충돌론'이었다. 온갖 추리까지 곁들인 그 복잡한 내용들을 한마디로 압축하면 미국의 중국봉쇄정책China containment policy인데, 마치 이 세상에 없던 일이 튀어나오기라도 한 듯 호들갑을 떨었다.

버마전역戰域, Burma Theater에 걸친 미국과 중국 충돌은 결코 새로운 일도 새로운 현상도 아니었다. 감추고 묻었을 뿐, 이미 1950년 초부터 미국은 버마전역을 놓고 중국과 고강도·저강도 전쟁을 되풀이해왔다.

여기서 그 실상을 편의상 제1기 중국 국민당 잔당의 버마 침략(1950~1962년), 제2기 네윈 장군 쿠데타(1962~1988년), 제3기 8888민주항쟁(1988~2011년), 제4기 준군사정부 등장(2011현재)으로 나눠서 살펴볼까 한다.

모두 아는 중국봉쇄정책, 미약한 시작

제1기는 1949년 10월 마오쩌둥이 중화인민공화국을 세운 데 이어 12월 타이완으로 탈출한 장제스를 좇던 국민당 잔당이 중국 윈난성과 국경을 맞댄 버마 샨주를 침범하면서 비롯되었다.

장제스는 그 잔당을 본토수복 꿈의 밑천으로 삼았고, 미국 대통령 트루먼은 1950년 초부터 합동참모본부 건의에 따라 그 잔당을 중국 봉쇄

연장으로 만지기 시작했다.

이어 6월 25일 한국전쟁이 터졌고, 3개월 뒤 인민해방군이 압록강을 넘자 트루먼은 CIA 정책조정실이 내민 "국민당 잔당을 동원한 중국 군사력 분산 계획안"을 승인했다. CIA는 곧장 '오퍼레이션 페이퍼Operation Paper'라는 작전명 아래 비밀리에 국민당 잔당을 지원했고, 버마 국경에 진 치고 있던 리미李彌 장군의 윈난반공구국군과 리궈찬李國川 장군의 제26군이 윈난성으로 쳐들어갔다. 여전히 한국사의 공백으로 남아 있는 한국전쟁 제2전선은 그렇게 한반도에서 3,000km나 떨어진 버마-중국 국경에 펼쳐졌다.

미국의 중국봉쇄정책은 그렇게 중화인민공화국 건국과 함께 태어났고 그 최초 충돌지가 바로 버마전역이었다. 그러나 비밀전쟁, 대리전쟁, 고강도 전쟁 성격을 지녔던 미국의 제1기 버마전역 작전은 중국 봉쇄도 한국전쟁 제2전선도 모두 실패로 끝났다.

버마의 우누 총리 정부는 미국의 국민당 잔당 지원에 불만을 품고 미국과 맺었던 경제협력 협정을 깬 뒤 1953년 유엔에서 타이완·미국 비난 결의안을 통과시켰다. 그때부터 우누 정부는 급격히 중국 쪽으로 쏠렸다. 우누 정부와 경제·군사 협력 협정을 맺은 중국은 버마전역에서 정치·경제·군사 주도권을 잡아나갔다.

제2기 버마전역은 소강상태로 접어들었다. 1962년 쿠데타로 집권한 네윈 장군이 중립과 반외세를 바탕 삼은 폐쇄적인 버마식 사회주의를 내건 데다 그즈음 인도차이나전쟁에 매달린 미국이 버마전역에 신경 쓸 겨를이 없었던 탓이다. 미국은 제2기 버마전역에서 1980년대 후반까지 마약퇴치를 앞세운 인도주의 원조와 CIA의 버마군 특수 훈련 제공으로 명맥을 이었다.

중국도 제2기에서는 냉담기를 맞았다. 버마 정부가 그동안 버마공산당BCP을 지원해온 중국과 틀어진 탓이다. 그런 가운데 1967년 반중국 폭동이 터져 중국계 수백 명이 살해당했고 10만여 명이 버마를 떠났다. 중국이 버마 정부를 그 폭동배후로 여기자 네윈은 1967~1970년까지 외교관계를 단절하며 극단적으로 맞섰다.

그러다 1973년 버마공산당과 버마 내 소수민족 해방세력인 샨주군SSA이 손잡은 데 이어 까렌민족해방군KNLA까지 중국에 지원을 요청하자 위기감을 느낀 네윈이 베이징을 방문해 상호불가침 협정을 체결했다. 이어 1978년 덩샤오핑이 랑군을 방문해 버마공산당 지원을 철회하면서 두 나라는 다시 손을 잡았다.

이 기간 동안 국제사회에서 외톨이가 된 버마는 거대한 이웃 중국 도움 없이는 국내 정치 안정조차 불가능하다는 사실을 깨달았고, 중국은 소수민족이 지배하는 버마 국경과 맞닿은 지정학적 조건을 이용하며 버마전역을 지켜나갔다.

제3기 버마전역에서는 미국이 저강도 전쟁으로 중국의 패권에 도전했다. 1988년 민주항쟁을 유혈진압한 버마 군사정부를 향해 국제사회가 경제제재로 압박하는 동안 중국은 정치, 경제, 군사, 외교 모든 부문에서 버마의 버팀목 노릇을 했다. 그로부터 중국은 버마전역에서 결정적 승기를 잡았다. 중국은 버마에 무기를 제공하는 한편, 안다만해의 버마령 코코섬과 인도양으로 빠져나갈 수 있는 관문인 딸라와를 비롯한 네 곳에 해군기지를 건설했다.

중국은 잠재적 적인 미국과 인디아를 겨냥할 수 있는 군사거점을 마련했고 동시에 원유와 가스 수송로를 확보했다.

그즈음 버마는 군사독재 타도를 외치는 소수민족 해방·민주혁명 세력의 무장투쟁이 격렬해지면서 내전상태로 빠져들었다. 미국은 경제봉쇄와 더불어 국경 무장세력을 지원하고 버마 내부에서 대중봉기를 일으키겠다는 전형적인 저강도 전쟁 전략을 들고 버마전역 탈환에 시동을 걸었다.

1990년대 들어 버마 국경에는 미국 국무부와 CIA뿐 아니라 공화당과 민주당 관련 단체 돈줄까지 흘러들었다. 버마 소수민족 해방세력과 민주혁명 조직이 방콕 주재 미국 대사관과 CIA 지부를 통로로 삼았던 그 시절 국경전선에는 온갖 스파이가 뻔질나게 드나들었다.

그 무렵 한동안 국제사회에서는 유엔군 버마 투입 문제를 놓고 논쟁을 벌이기도 했다. 그러나 미국은 버마전역에서 필연적으로 부딪치게 될 중국을 의식하며 입을 닫았다. 소비에트 해체와 동구권 붕괴로 국제정치판이 불안정한 가운데 워싱턴 정가 한쪽에서 경제적으로 떠오르던 중국을 잠재적 동반자로 보자는 기운이 일기 시작했던 것도 그 시절이었다.

미국, 공세로 전환

2001년 9.11사건 뒤 미국이 테러와 전쟁을 선언하고부터 한동안 고요했던 버마전역은 2007년 들어 다시 숨 가쁘게 돌아가기 시작했다. 그해 9월 승려들이 대규모 시위를 벌인 이른바 승복혁명에서부터 미국의 저강도 전쟁이 다시 불을 뿜었다.

승복혁명을 이끌었던 전버마승려동맹ABMA 지도자 감비라Gambira는 그해 5월 타이 국경으로 빠져나와 민주개발네트워크NDD를 비롯한 버마 망명 정치조직과 치밀한 계획을 짠 뒤 다시 버마로 돌아가 시위를 끌어냈다. 그 망명단체들은 미국 정부와 깊은 관계를 맺으면서 재정지원을 받아왔고 승복혁명 때 통신장비를 버마로 반입해서 국제사회에 실시간 중계했던 주인공들이다.

이어 버마 군부가 2008년 신헌법 제정 국민투표와 2010년 총선을 치르는 사이 미국은 정면 돌파를 시도했다. 2009년 1월 오바마 대통령이 의회비난을 무릅쓰고 버마와 건설적 관계 설정가능성을 처음 입에 올린 뒤 곧장 워싱턴과 네이삐도는 물밑 접촉을 벌여나갔다.

동시에 미국 정부는 승복혁명처럼 '보이지 않는 손'을 통해 군사정부를 압박했다. 미국은 2010년 11월 초 총선 일주일을 앞두고 버마 내 소수민족 연합체인 버마연방의회UBP라는 정치조직과 비상연방동맹위원회CEFU라는 군사동맹체 결성을 비밀스레 지원했다. 앞선 10월 소수민족 대표들이 워싱턴을 다녀온 뒤 타이 북부 치앙마이에 사무실을 열었고 CIA 통신 전문요원이 드나든다는 정보가 나돌았다.

곧장 까렌민족해방군 전선에는 첩보용 카메라를 비롯한 특수 장비가 깔렸다. 랑군 주재 미국 대사관에서는 CIA와 국가안보국 요원이 버마의 통신 네트워크를 도청했다. 버마전역에서 그렇게 중국 패권이 소리 없이 금 가기 시작했다.

제4기 버마전역은 50년 동안 세계 최장기 군사독재 기록을 세운 군부가 2011년 테인세인 대통령 정부를 앞세워 변화와 개혁이라는 카드를 들고 미국과 흥정하면서부터 출발한다. 버마 정부를 손에 쥔 미국의 강공책에 중국이 흔들렸다. 중국의 버마 투자가 급락하며 위기감을 반영했다. 2008~2011년 120억 달러였던 투자가 2012~2013년 4억 700만 달러로 곤두박질쳤다. 그 과정에서 버마 정부는 중국과 맺었던 밋손댐, 시노-미얀마 가스오일파이프라인, 럿빠다웅 구리광산 같은 대형 프로젝트를 중단했다. 중국은 전략적으로 공들여왔던 에너지·자원 개발 사업에 치명타를 입었다.

제4기 버마전역에서는 지난 60년 동안 수세였던 미국이 공세로 전환하는 낌새들을 곳곳에 흘렸다. 미국 국방부는 2010년 공해전Air-Sea Battle 전략을 채택하면서 중국통합팀CIT을 설치해 잠재적 적이 중국임을 분명히 했다.

2011년 오바마가 '태평양 세기'에서 말한 미국의 아시아 복귀나 국무장관 힐러리 클린턴이 정리한 미국의 아시아-태평양 추축전략Strategic Pivot도 모두 중국을 겨냥했다. 그 공해전 전략과 추축전략이란 게 전략으로 보기 힘든 개념 수준에 지나지 않는 데다, 아시아복귀론도 미국이 제2차 세계대전 뒤 아시아를 떠난 적 없기 때문에 새로운 게 아니지만 중국을 자극하기엔 충분했다. 게다가 2012년 오바마가 버마를 방문해서 합동군사훈련을 포함한 군사협력 방안에 합의했다.

중국 정부는 그 모두를 미국의 중국포위Encircle China 전략이라며 맞받아쳤다. 실제로 미국은 중국을 둘러싼 모든 나라와 합동군사훈련을 해왔고 한국과 일본을 비롯한 아시아-태평양 지역 군사기지에 33만 병력을 주둔시켜왔다. 미국의 중국 포위에 그동안 딱 한 군데가 구멍 나 있었다. 바로 버마였다. 미국이 버마전역에 공들여온 까닭이다. 바꿔 말하면 중국은 유사시 빠져나갈 수 있는 유일한 관문이자 에너지 보급선이 걸린 최고 전략지가 버마란 뜻이다. 중국이 결코 버마를 포기할 수 없는 까닭이다.

국제정치에서도 외교에서도 군사에서도 상대 숨통만은 열어주는 게 관례다. 폭발을 막기 위한 장치. 미국의 버마전역 강공책이 국제사회를 어지럽힐 가능성을 높여가고 있다. 중국은 이미 경제력이나 군사력에서 제 이익을 지켜낼 만큼 몸집을 불렸다. 제4기 버마전역 앞날에 짙은 어둠이 드리운 까닭이다.

난민, 나와 당신의 미래다

"비어 샤펜 다스Wir schaffen das!"

2015년 9월 1일 독일 총리 앙겔라 메르켈Angela Merkel이 "우리는 할 수 있다!"며 강한 독일을 외쳤다. 독일 정부는 9월까지 25만 웃도는 난민을 받아들였다. 연말쯤이면 80~100만 난민이 독일로 밀려들 것이라는 소리가 나돌 무렵이었다.

유엔난민기구UNHCR에 따르면 2015년 초부터 9월까지 시리아, 이라크, 리비아를 비롯한 중동과 북아프리카 난민 38만 1,400명이 지중해를 건너 유럽으로 넘어갔다. 그 항해에서 2,800여 난민이 목숨을 잃는 동안 유럽은 뒷짐만 진 채 국경을 닫았다. 세계시민사회가 유럽의 양심에 심각한 의문을 던진 가운데 메르켈이 국경개방으로 본때를 보이며 유럽연합을 향해 '난민 의무 할당제'에 총대를 메고 나섰다.

그러나 회원국이 몸을 사리는 데다 헝가리를 비롯한 옛 동구권이 거세게 대드는 통에 메르켈 앞길이 만만찮아 보였다. 더구나 메르켈은 독일 안에서도 호되게 시달리고 있었다. 상대적 낙후로 불만이 컸던 옛 동독지역에서는 '독일 우선'을 내건 민족주의가 판쳤고, 도시 극우세력은 해묵은 인종주의를 앞세워 난민이 묵는 집들을 불 질렀다.

오래전부터 우익민족주의 냄새를 강하게 풍겨온 독일 주류언론은 난민수용을 부정적으로 다루며 메르켈 목을 졸라댔다. 〈슈피겔〉을 비롯한 언론사들 논조는 아예 메르켈의 정치적 최후를 예고했다. 쾰른 유니세프에서 일하는 독일 친구는 "보통 시민은 난민수용에 거부감이 없다. 언론이 교묘하게 민족주의를 흘리며 정치적으로 몰아가고 있다"며 짜증스러워했다.

친구는 "언론이 난민을 놓고 사회비용을 따지지만 독일은 고령사회라 노동력 확보가 중요하다. 일방적인 은혜를 베푸는 게 아니라 주고받기다"고 딱 잘라 말했다. 친구 결론은 이랬다. "보통 독일 시민은 '교육받은 죄책감(전쟁범죄)'을 지닌 데다 전후 국제사회한테 받았던 도움을 생각하며 난민문제를 바라본다." 메르켈이 난민수용에 적극 나설 수 있었던 까닭이다.

자본, 침략, 난민

2015년 한 해는 난민문제로 온 세상이 부쩍 들끓었다. 5월엔 방글라데시와 국경을 맞댄 버마 아라깐주에서 종교·인종분쟁에 시달려온 소수민족 무슬림 로힝자 난민이 빠져나오면서 동남아시아가 난리를 쳤다. 난민들이 안다만해를 거쳐 타이, 말레이시아, 인도네시아로 건너가는 과정에 주변국 정부의 해상 밀어내기로 수많은 이가 바다에 빠져 숨졌다.

정작 버마 정부는 못 본 척했다. 타이와 말레이시아에서는 로힝자 난민 집단살해 현장이 드러나기도 했다. 그렇게 한 해 동안 방글라데시와 버마에서 피난지를 찾아 떠난 로힝자 난민만도 12만 명 웃돌았다.

이제 난민문제는 세계시민사회에 피할 수 없는 과제로 떠올랐다. 2015년 6월 유엔난민기구는 "2014년 말 현재 삶터에서 쫓겨난 난민이 5,950만에 이른다"고 밝혔다. 그 가운데 1,950만이 외국에서 난민refugee 신분을 얻었고, 180만은 난민 인정을 받지 못한 채 세상을 떠돌고 있다. 3,820만은 국경을 벗어나지 못한 이른바 국내난민IDPs 신세다. 지구에 살고 있는 사람 122명 가운데 1명이 난민이라는 뜻이다.

유엔난민기구 보고서를 찬찬이 뜯어보면 심사가 더 어수선해진다. 2014년 한 해 동안에만도 1,390만에 이르는 새로운 난민이 생겨났고 그 가운데 51%가 아이들이다. 10년 만에 2,200만이 늘어났다. 어림잡아 하루 4만 2,500명이 분쟁과 박해를 피해 난민이 되고 있다.

난민발생은 전 지구적 규모다. 1948년 이스라엘 독립과 함께 쫓겨난

510만 팔레스타인 난민은 60년이 가까워지는 아직도 유엔팔레스타인난민구호사업기구UNRWA 특별 지원을 받으며 최장기 난민기록을 세워나가고 있다.

2014년 한 해 동안 시리아는 난민 388만과 국내난민 760만을 포함해 모두 1,148만 명을 쏟아내며 지난 30년 동안 최대 난민기록을 세웠던 아프가니스탄의 259만을 넘어섰다. 2014년에도 소말리아와 남수단을 비롯한 아프리카 쪽이 1,480만 명, 버마를 비롯한 아시아 쪽이 900만 난민을 기록하며 전통적인 난민 최대 배출지역 자리를 지켰다.

콜롬비아는 600만 국내난민을 지닌 남아메리카 최대 난민국 기록을 이어갔고, 유럽 쪽 우크라이나는 난민 21만 9,000명을 쏟아내며 새로운 난민배출국에 이름을 올렸다. 난민이 특정 지역에서만 생겨나는 특수한 현상이 아니라는 뜻이다.

난민의 뿌리는 말할 나위도 없이 전쟁과 분쟁이었고, 그 뿌리는 식민주의 침략자본을 먹고 자랐다. 로힝자 난민이 좋은 본보기다.
인디아를 삼킨 영국 식민자본은 이웃 버마로 뻗어나갔고 그 과정에서 소수 무슬림 로힝자를 무장시켜 다수 불교도 버마족에 맞서게 하는 이른바 분할통치divide and rule를 했다. 영국 식민주의자들의 인종·종교 분리정책은 결국 1942년 무슬림과 불교도가 충돌해 2만 5,000여 명 희생자를 낸 아라깐학살사건으로 번졌다.

그게 1948년 버마 독립 뒤부터 오늘까지 이어지는 로힝자를 낀 해묵은 인종·종교 분쟁 뿌리였다. 다수 버마족의 보복과 정치적·경제적 박해를 피해 떠난 이들이 바로 로힝자 난민이다.

마찬가지로 영국과 프랑스 식민주의자들이 중동을 지배하면서 자본 이문에 따라 내키는 대로 국경선을 긋지 않았다면, 미국과 프랑스를 비롯한 유럽 자본의 이권다툼이 아프리카 분쟁에 개입하지 않았더라면 난민은 태어나지 않았을 것이다.

나 또는 당신

이스라엘의 팔레스타인 침략, 미국의 베트남 침략, 러시아의 아프가니스탄 침략 그리고 미국과 그 유럽 동맹국의 이라크, 유고, 아프가니스탄, 리비아, 시리아 침략은 어김없이 대량난민 사태를 몰고 왔다.

그리고 그 침략은 부산물인 난민을 어김없이 이웃나라에 떠넘겼다. 1999년 미국과 나토 연합군이 유고 침공 때 이웃 알바니아와 마케도니아로 코소보 난민을 몰아넣었듯이, 2014년 미국이 개입한 시리아 전쟁은 터키와 레바논을 난민저장고로 삼았다.

예컨대 경상남도만한 땅덩어리에 인구 400만 남짓한 레바논에는 이미 시리아 난민 115만이 흘러들었다. 인구 25%와 맞먹는 난민이 흘러든 레바논은 세상에서 세 번째 큰 난민수용국이 되었다. 그 무렵 유럽연합이 난리쳤던 난민을 모두 받아들여도 유럽 총인구 비율로 따져 0.11%에 지나지 않았다.

국제난민 가운데 86%를 개발도상국들이 수용해왔다는 사실도 눈여겨볼 만하다. 그 가운데 1인당 국내총생산 5,000달러 미만인 나라들이 42%를 그리고 방글라데시 같은 최빈국들이 25%를 수용해왔다. 그러니 유엔난민기구가 2015년 예산을 70억 달러나 잡고도 쪼들린다고 아우성칠 수밖에. 그 엄청난 돈이 사실은 5,950만이라는 난민 수를 놓고 보면 1인당 117달러로 하루 평균 30센트밖에 돌아가지 않는 꼴이니 나무랄 수만도 없는 노릇이다.

여기서 전쟁을 창조했고 그 전쟁을 통해 난민을 배출한 미국과 그 동맹국들 군사비를 들여다볼 만하다. 2013년 미국 군사비는 6,330억 달러였고 그해 아프가니스탄 침략전쟁 하나에만도 885억 달러를 썼다. 미국은 아프가니스탄 침공 12년 동안 6,500억 달러, 이라크 침공 10년 동안 8,000억 달러를 썼다. 또 2013년 나토 군사비 총액은 1조 달러에 달했다. 미국을 포함한 나토 군사비가 5,950만 난민을 먹여 살려야 하는 유엔난민기구 1년치 예산 140배도 넘는다. 잘 봐야 한다. 전쟁 일으켜 난민 만드는 놈이 따로 있고 그 뒤치다꺼리는 결국 세계시민사회가 해왔다는 뜻이다.

이게 난민문제를 개인 온정이나 지원에 맡겨놓을 수 없는 까닭이다. 이게 난민들 앞에서 미안해하고 눈물만 흘릴 수 없는 까닭이다.

나는 미국과 나토 연합군의 유고 침공을 취재하던 1999년 3월 29일 새벽 1시를 잊을 수 없다. 나토연합폭격대 공습으로 대량난민 사태가 발생하면서 알바니아 쪽 모리나 국경을 넘어오는 첫 번째 코소보 난민가족을 내 손으로 받았다. 유엔난민기구도 지원단체도 하나 없는 국경의 날카로운 겨울바람에 얼어붙은 그 가족을 안전한 쿠커스까지 태우고 가서 잠자리를 마련해주었다. 그게 다였다. 미안하고 가슴이 아렸지만, 내가 할 수 있는 건 딱 거기까지뿐이었다. 그리고 세상은 더 악질로 변했다. 난민은 오늘도 늘어만 가고 있다.

전쟁을 통해 자본을 굴려가고 그 자본으로 새로운 전쟁을 끝없이 만들어내는 악랄한 전쟁자본주의를 깨트리지 않는 한 난민은 영원히 사라지지 않을 것이다. 그 난민은 나일 수도 있고 바로 당신들일 수도 있다. 아직은 그 불행이 우리 앞에 닥쳐오지 않았을 뿐.

난민문제 해결의 처음도 끝도 모두 반전反戰이어야 하는 까닭이다.

05

영웅제작소, 환상을 접어야 보인다

"달라이라마는 건드리지 마라!"

숭배자들은 "살아 있는 부처"라 불렀다.

중국 정부는 "승복 걸친 여우"라 불렀다.

스스로는 "그냥 승려"라 불렀다.

정치나 종교적 입장, 세계관이나 역사관에 따라 저마다 엇갈리게 불러온 이 주인공은 제14대 달라이라마 텐진 갸초Tenzin Gyatso다. 현대사에서 달라이라마처럼 숱한 논란거리를 몰고 다니면서도 성역 대접을 받은 이는 흔치 않을 듯싶다.

티벳의 불운한 정치적 현실에서 비롯된 연민에다 티벳 불교 상징으로 덧붙여진 신성神性이 달라이라마를 겹겹이 둘러친 탓이다. 오죽했으면 온갖 비판을 거침없이 날려대는 외신판에서조차 "달라이라마는 건드리지 않는 게 좋다"는 말이 나돌까.

내 기억에 따르면 그런 흐름은 1998년 달라이라마가 애플컴퓨터 상업광고에 등장했던 무렵부터 심해진 게 아닌가 싶다. 그즈음 애플은 알베르트 아인슈타인, 마하트마 간디, 넬슨 만델라, 무하마드 알리 Muhammad Ali, 존 레넌John Lennon 같은 이들과 함께 달라이라마를 시리즈 광고 인물 가운데 하나로 띄우면서 말썽을 빚었다.

"살아 있는 종교지도자가 상업광고에 얼굴을 내민다는 건 특정 자본에 이문을 안겨주거나 시장의 자유로운 경쟁을 헤살하는 짓이다" 독일 언론인 게오르그 뮐러 말마따나 그 시절 외신판에서도 애플 광고 건을 놓고 달갑잖은 이야기들이 크게 나돌았다. 그러자 달라이라마 추종자들이 광고출연료 대신 컴퓨터를 받아 티벳 난민촌에 기증했으니 문제될 게 없다고 맞받아치면서 한동안 시끄러웠다.

그로부터 달라이라마를 건드리면 어김없이 "중국 정부 시각"이니 "중화주의 역사관"이니 비아냥대는 통에 티벳 독립을 지지해왔던 기자들 사이에도 달라이라마를 꺼리는 이들이 부쩍 늘어났다. 언론사들도 걸핏하면 조직적인 항의대가 몰려드는 달라이라마 주제를 골칫거리로 여기며 손대길 꺼렸다. 그동안 가톨릭이니 이슬람 최고 성직자들을 거리낌 없이 비판해왔던 언론이고 보면 참 별난 일이다.

말이 난 김에 1992년 김수환 추기경이 공익성을 앞세운 대우자동차 티코 만화광고에 등장했던 경우를 견줘볼 만하다. 그때는 오히려 김수환 추기경을 따르던 신도들이 들고 일어나 "상업적으로 이용당한다"며 그 광고를 며칠 만에 접게 만들었다. 김수환 추기경은 "근검절약을 알리고 싶었는데 아쉽다"면서도 신도들 뜻을 따랐다.

"훌륭한 성직자는 훌륭한 신도들이 만들어낸다"

새겨볼 만한 말이다.

"손이 묶이고 발에 키스를 당하는 교황은 우상이다"

그 까다롭고 어두웠던 18세기에 볼테르Voltaire가 내질렀다지 않던가!

250년 전 볼테르의 외침이 달라이라마로 넘어오면 아직 이 세상에 구현되지 못했다는 뜻이 되고 만다. 달라이라마가 스스로 떠받들어온 이 '과학의 시대'에 왜 세상은 여전히 절대적 우상을 뒤집어쓰고 있을까? 그 우상을 창조한 이들은 누구일까? 그 우상으로 이문을 챙겨온 이들은 누구였을까?

달라이라마 도그마, 인류 구원자

우상은 환상을 먹고 자란다고 했던가. 달라이라마한테는 애초부터 티벳이라는 환상이 젖줄로 흘렀다. 티벳은 대대로 신정통치를 해온 달라이라마들이 쇄국정책을 편 데다 히말라야·카라코람·쿤룬 산맥에 둘러싸인 지리적 환경이 이방인들 접근을 막아 오랫동안 세상 밖의 세상으로 존재했다.

현대 이전 기록을 보면 티벳에 발을 디딘 이방인은 12세기 바스크 지역에 걸쳤던 나바라 왕국Kingdom of Navarra의 율법자 빈야민Benjamin, 17세기 포르투갈 예수회의 마누엘 마르게스Manuel Marques, 18세기 이탈리아 예수회의 이폴리토 데시데리Ippolito Desideri 같은 몇몇 선교사가 다녔다.

그러다 19세기 들어 이른바 '그레이트 게임Great Game'이라 불러온 영국과 러시아의 중앙아시아 충돌로 티벳이라는 이름이 국제정치판에 올랐다. 20세기로 넘어와서도 비록 영국이 군사적·외교적으로는 티벳을 독점했다지만 여전히 그 땅은 다가가기 힘든 사각지대로 남아 있었다.

강대국들은 제2차 세계대전을 통해 비로소 티벳이 지닌 지정학적 가치에 눈뜨기 시작했다. 제2차 세계대전에서 연합군은 티벳을 인디아와 중국을 잇는 보급로이자 일본군의 서진을 막는 방어선으로 삼았다. 이어진 냉전 기간 동안 미국은 인디아와 중국 사이에 낀 티벳을 반공 완충지대로 삼으면서 한편으로는 러시아의 남진정책을 막는 방파제로 써먹었다.

그 과정에서 티벳은 국제 스파이 경연장이 되었다. 영국, 미국, 러시아, 중국, 독일, 일본, 인디아 정보기관들은 선교사니 지리학자니 사업가로 위장한 온갖 스파이를 티벳에 집어넣었다. 미국은 1942년 작가 레프 톨스토이의 손자이자 전략정보처(OSS, 중앙정보국 전신) 요원인 일리야 톨스토이 대위Ilya Tolstoy를 처음 티벳에 투입해 연합군 보급로의 가능성을 탐지했다. 대통령 프랭클린 루스벨트는 일곱 살짜리 달라이라마한테 환심을 사고자 황금 롤렉스를 일리야 편에 보냈다. 달라이라마가 지금도 가장 아끼고 자랑스러워한다는 그 손목시계다.

그렇게 외진 티벳이 사람들 입에 오르내리기 시작했던 건 신비주의

상술에 힘입은 바 크다. 1933년 제임스 힐턴James Hilton의 소설《잃어버린 지평선Lost Horizon》에 등장하는 이상향 샹그릴라가 티벳에 있다는 소문이 나돌면서부터다.

이어 나치 친위대 전력을 지닌 하인리히 하러Heinrich Harrer가 달라이라마와 우정을 내세운 체험담《티벳에서의 7년Seven Years In Tibet》을 펴내면서 티벳 환상을 부채질했다. 1997년 브래드 핏Brad Pitt을 주연으로 내세운 할리우드 영화〈티벳에서의 7년〉도 크게 한몫했다.

그즈음 기독교 교조주의 문화에 회의를 느낀 서양인들 사이에 아시아 문화를 흉내 내고 따르는 이른바 전통적 오리엔탈리즘이 되살아나면서 티벳 불교 바람이 불었다. 그 유행은 달라이라마라는 상징을 앞세워 정치·경제·문화를 독점지배하며 신정봉건체제를 이어온 티벳 사회의 현실을 제쳐둔 채 밀교적 신비주의에 빠져들었다. 머잖아 그 유행은 '티벳은 불교, 티벳 불교는 달라이라마, 달라이라마는 티벳 해방의 주체, 티벳 해방은 인류의 구원, 인류의 구원자 달라이라마' 같은 도그마를 만들어냈다.

그사이 달라이라마는 "티벳의 자유와 붓다의 가르침은 굳게 이어져 있다. 만약 티벳이 진정한 자치정부를 세울 수 있다면 불법佛法이 살아남을 수 있고 그렇지 않다면 붓다의 가르침도 살아남을 수 없다[1]"며 스스로 그 도그마의 증폭기 노릇을 했다.

"불행한 땅은 영웅을 필요로 한다."

독일 극작가 베르톨트 브레히트Bertolt Brecht 말이다.

---

1 Interview Dalai Lama, 〈Mandala〉, July-August 1995.

'티벳은 중국의 일부로…'

1950년 3월 중국 인민해방군이 캄Kham 지역을 공격한 데 이어 10월 들어 라싸Lhasa를 비롯한 티벳 전역으로 쳐들어갔다. 그 무렵 국제사회 눈길이 한국전쟁으로 쏠리면서 미국 정부조차 중국의 티벳 침략을 초기에 알아채지 못했다. 공식 기록으로는 인디아 주재 미국 대사 로이 헨더슨Loy W. Henderson이 7월 초에야 "미국 정부가 중국 공산주의자의 티벳 침략에 맞서고자 티벳 정부한테 비밀 지원을 약속한다"는 국무부 서신을 달라이라마 최측근 쩨폰 샤캅파Tsepon W. D. Shakabpa한테 전한 것으로 나와 있다[2].

한편 미국 중앙정보국CIA은 그즈음 이미 인디아 델리와 캘커타 지부를 통해 달라이라마의 형 걀로 톤둡Gyalo Thondup 같은 이들과 선을 달고 달라이라마 망명 가능성을 찔러보고 있었다. 1951년 1월 초 달라이라마가 인디아 시킴과 국경을 맞댄 야둥Yadung에 도착하면서부터 미국 정부는 본격적으로 달라이라마 망명 문제를 다루기 시작했다. 미국 정부는 애초 달라이라마를 타이나 스리랑카 같은 불교 국가로 빼돌려 아시아의 반공 상징으로 삼겠다는 전략 아래 3월 들어 헨더슨을 통해 "달라이라마가 스리랑카로 피하길 원한다"는 편지를 보냈다.

5월 중순 달라이라마는 캘커타 미국 영사관으로 인편을 보내 "미국으로 망명할 수 있는가? 망명한다면 미국 정부가 티벳 무장투쟁 세력한

---

2   IDepartment of State cable, July II, 1950.

테 무기를 제공할 수 있는가?" 같은 조건을 되물었다.

그러나 7월 16일 야둥으로 찾아온 중국 정부의 티벳 책임자 장징우 Zhang Jingwu 장군과 밀담 뒤 달라이라마는 라싸로 되돌아가버렸다. 이어 9월 28일 '티벳은 중국의 일부로 티벳 정부의 자치권을 인정한다'는 내용을 담은 이른바 티벳의 평화적 해방을 위한 17개항 협정Seventeen Point Agreement for the Peaceful Liberation of Tibet에 마오쩌둥과 달라이라마 특사가 서명했다. 그렇게 해서 1911년 신해혁명으로 청나라가 무너질 때 제 13대 달라이라마가 선언했던 독립국 티벳은 역사에서 사라졌다.

1954년 달라이라마는 베이징에서 열린 제1차 전국인민대표대회에 참석해 부副상무위원장이 되었다. 1955년 3월 달라이라마는 티벳자치지역최종설치준비위원회PCART 안에 손수 서명했다. 1년 뒤인 1956년 4월 22일 라싸 포탈라궁 아래서 마오쩌둥이 보낸 대표단과 달라이라마가 나란히 앉아 그 설치준비위원회 공식출범 기념식을 치렀다. 그렇게 티벳은 중국의 자치구가 되었다.

달라이라마는 1959년 인디아로 망명한 뒤 '17개항 협정'은 자신의 특사가 압박상태에서 체결했고 자신이 도장을 찍지 않았으니 무효라고 주장했다. 그러나 1954년 달라이라마는 스스로 베이징에 가서 부상무위원장이라는 중책을 맡은 데다 그 '17개항 협정'을 구체적으로 다루는 '티벳자치지역최종설치준비위원회' 안에 손수 도장을 찍었기 때문에 설득력이 떨어질 수밖에 없었다.

달라이라마는 1954년 거의 1년 동안 중국에 머물면서 마오쩌둥을 만났고 공산주의 개혁과 평등에 큰 감동을 받았다고 자서전이나 언론 인터뷰에서 여러 차례 밝힌 바 있다. 마오쩌둥한테 헌시까지 올렸던 달라이라마고 보면 적어도 손수 서명했던 그 안은 강압적인 상태에서 이뤄지지 않았다는 뜻이다.

CIA가 뽑은 티벳 젊은이들은

한편 달라이라마가 티벳의 운명을 놓고 중국 정부와 협상하던 1952년 12월, 캄 지역 사업가 곰포 타시Gompo Tashi는 부족들을 모아 무장투쟁 조직인 추시 강드룩(Chusi Gandruk, 1958년 결성) 전신인 신앙수호자민족군 NADF을 꾸리기 시작했다.

이때부터 CIA는 티벳 무장투쟁을 지원하는 비밀작전을 벌여나갔다. 1957년 2월 걀로 톤둡이 인디아 칼림퐁에서 티벳 젊은이 여섯 명을 뽑아 미국으로 보낸 게 그 첫발이었다. CIA는 그이들을 콜로라도의 캠프 헤일Camp Hale에서 훈련시킨 뒤 10월과 11월에 걸쳐 비밀 공수부대원으로 티벳에 투입했다. 그로부터 CIA는 작전명 세인트서커스ST CIRCUS 아래 1965년까지 티벳 난민촌 젊은이 최소 259명을 훈련시켜 비밀공작원으로 투입했고 무기와 장비 325톤을 추시 강드룩한테 공수했다.

그렇게 추시 강드룩이 중국 인민해방군에 맞서 게릴라전을 벌이던 1959년 3월, 달라이라마는 CIA 도움을 받아 인디아로 망명했다. 달라이라마가 티벳을 떠난 뒤 중국 인민해방군 공세에 밀린 추시 강드룩이 1960년 네팔의 무스탕자치구로 밀려나면서 무장투쟁도 시들고 말았다.

CIA는 1969년 공식적으로 티벳 비밀작전을 접었다. 바로 워싱턴과 베이징이 국교 정상화를 놓고 밀담을 벌여나가던 때였다.

그리고 1972년 리처드 닉슨 미국 대통령이 베이징을 방문했다. 이어 1974년 중국 정부한테 압력을 받은 네팔 정부군이 무스탕에 진 쳐온 추시 강드룩을 공격하면서 결국 티벳 무장투쟁도 끝나고 말았다. 그 과정에 육성테이프로 전해진 달라이라마의 투항명령을 많은 전사가 거부했고 일부는 자결로써 마지막 독립투쟁 의무를 다했다.

그러나 CIA가 뿌렸던 티벳 비밀작전이라는 씨앗은 머잖아 인디아에서 다시 싹을 틔웠다. CIA는 1962년부터 중국과 국경분쟁을 겪던 인디아로 눈길을 돌렸다. CIA는 인디아의 정보국(IB, 조사분석국 전신)이 앞장선 특수국경군SFF 창설을 도우면서 중국봉쇄전략을 이어나갔다. 이스태블리시먼트22Establishment 22라 불렀던 그 특수부대는 주로 인디아의 티벳 난민촌 젊은이들을 뽑아 CIA가 지원하는 인디아군의 극비조직으로 태어났다. 초기 이스태블리시먼트22는 중국 국경을 넘나들며 정보수집 임무를 맡았으나 곧 인디아군 용병 신세가 되고 만다.

1971년 11월 인디아 정부는 이스태블리시먼트22의 티벳 요원 2,000여명을 동파키스탄군으로 위장시켜 치타공 전투에 투입했다. 이른바 인디아-파키스탄 전쟁이었다. 그 전쟁을 통해 인디아를 끼고 동서로 나뉘어 있던 파키스탄은 서쪽 파키스탄과 동쪽 방글라데시로 쪼개졌다. 중국으로부터 독립이라는 열망을 품고 이스태블리시먼트22에 뛰어들었던 티벳 젊은이들은 중국과 아무 상관없는 인디아-파키스탄 전쟁에 용병으로 내몰려 56명이 전사했고 190여 명이 중상을 입었다.

인디아 정부는 그 뒤로도 이스태블리시먼트22를 1984년 시크교도가 장악했던 골든 템플진압작전이나 1999년 파키스탄과 벌였던 카르길전쟁에 투입했다. 그러나 인디아 정부도 미국 정부도 티벳 망명정부도 그 이스태블리시먼트22에 두터운 장막을 쳐 아직껏 또렷한 규모마저 알려진 바 없다. 이 불편한 역사를 누가 책임질 것인가? 세계시민사회는 그렇게 미국의 국제전략에 이용당하면서 인디아군 용병으로 내몰렸던 티벳 젊은이들의 아픈 역사를 말해줄 책임자를 오랫동안 기다려왔다.

"이스태블리시먼트22는 오직 중국 공격을 목표로 창설했다. 그러나 다람살라의 티벳 망명정부 중앙티벳행정부 보안국이 인디아-파키스탄 전쟁 참전명령을 내렸다. 보안국은 선택 여지가 없다며 인디아를 위해 참전하라고 했다"

이스태블리시먼트22를 이끈 티벳 지휘관 가운데 한 명이었던 다폰 라툭Dapon Ratuk이 2012년 프랑스 언론인 끌로드 아흐피Claude Arpi와 인터뷰에서 증언했다.

중앙티벳행정부를 이끌었던 지도자는 바로 달라이라마다. 달라이라마의 명령 없이 보안국이 인디아-파키스탄 전쟁 참전이라는 중대사안을 결정했으리라 믿는 이는 없다. 그러나 달라이라마는 아무 말도 없었다. 역사는 그렇게 어둠 속에 묻혀가고 있다.

해마다 170만 달러

CIA의 티벳 비밀작전은 지금껏 연구자들 사이에서도 큰 논란거리다. 아시안스터디센터 ASC 정책분석가로 CIA의 아시아 지역 비밀작전을 연구해왔던 케네스 콘보이Kenneth Conboy나 미군 출신으로 CIA 작전 훈련관을 지냈던 제임스 모리슨James Morrison 같은 이들은 "CIA가 달라이라마의 인디아 망명을 이끌었고, 망명정부 수립에 결정적 도움을 줬고, 무장투쟁 지원으로 난민촌에 큰 희망을 주면서 결국 티벳 망명정부의 생존과 달라이라마라는 존재를 세상에 알렸다"고 긍정적으로 평가했다.

그러나 티벳 역사학자 체링 샤캬Tsering Shakya는 "실효성 없었던 CIA 비밀작전이 오히려 중국 지도자들한텐 위협적으로 보여 티벳인들의 저항을 잔인하게 진압하는 배경이 되었을 수도 있다"며 부정적으로 봤다. 달라이라마의 형으로 CIA의 비밀작전에 밀선 노릇을 했던 걀로 톤둡은 "나는 아직도 CIA가 더 많은 무기를 지원했더라면 티벳 무장투쟁이 성공할 수 있었다고 믿는다. CIA가 그토록 하찮게 지원할 줄 알았더라면 티벳 젊은이들을 결코 (미국) 군사훈련에 보내지 않았을 것이다. 티벳 사람들을 속인 건 마오쩌둥뿐 아니라 CIA도 마찬가지였다"고 털어놓았다[3].

정작 달라이라마는 이중적 태도를 보여왔다. 자신의 평전을 쓴 마이클 굿먼Michael Goodman과 인터뷰에서는 "CIA가 중국 공산주의에 대항

---

3 《The Noodle Maker of Kalimpong-the untold story of my struggle for Tibet》 2015.

하는 국제정치를 수행했고 우리는 우리 나라를 침범한 공산주의자를 거부했다. 기본목표가 충돌하지 않았기 때문에 CIA 지원을 받아들였다"고 밝혔다. 그러나 CIA의 티벳 비밀작전 연구자 존 케네스 크나우스John Kenneth Knaus와 인터뷰에서는 "CIA 지원은 중국에 저항하는 티벳 사람들 사기를 높였지만 그 저항으로 수천 명이 목숨을 잃었다. 미국 정부는 중국에 대항하는 냉전전술을 놓고 자신들 입장에 따라 개입했을 뿐 티벳을 도운 게 아니다"고 부정하기도 했다.

CIA의 티벳 비밀작전에서 불거진 또 다른 논란거리는 달라이라마한테 준 자금 지원설이었다. 말썽이 커지자 결국 1998년 티벳 망명정부가 공식 성명을 통해 "1960년대 CIA로부터 연간 170만 달러를 받아 의용군 훈련과 게릴라 작전 비용으로 썼다. 달라이라마 개인이 받았던 연간 18만 달러는 제네바, 뉴욕 사무실 설치와 국제로비자금으로 썼다"고 밝혔다.

여론에 밀려 뒷북을 친 꼴인데, CIA의 티벳 비밀작전과 달라이라마 자금 지원은 티벳 망명정부가 고백하기 훨씬 전부터 이미 미국 정부 문서나 작전에 개입했던 요원들 증언을 통해 다 드러난 일이었다. 그럼에도 달라이라마 추종자들은 지금껏 중국 정부의 흑색선전이라 우겨대며 '믿고 싶지 않은 역사'에 분풀이를 하고 있다.

달라이라마, 미국 폭격방법 찬양

그렇게 제2차 세계대전 뒤부터 줄곧 중국 포위encircle china 정책을 펼쳐온 미국 정부의 티벳 비밀작전과 지원은 달라이라마가 다시 태어나는 과정이기도 했다. 그게 1989년 달라이라마의 노벨평화상 수상으로 정점을 찍었다. 이제 달라이라마는 티벳을 넘어 국제사회를 향해 비폭력 평화를 외칠 수 있는 자격증을 얻은 셈이다. 그러나 정작 달라이라마의 비폭력 평화는 세계시민사회에 적잖은 이질감을 던졌다.

"세계평화를 위해 사랑과 자비를…, 진정한 지하드(성전)는 사람을 때리거나 죽이는 게 아니라 우리의 부정적인 감정과 싸우는 일이다"

2013년 7월 6일 달라이라마는 인디아 남부 빌라쿠페의 티벳 난민촌에서 맞았던 78세 생일잔치 연설에서 지하드라는 무슬림 용어를 빌려 세계평화를 외쳤다. 그 문구 자체는 아름다웠을지 몰라도 미국과 그 동맹국들이 아프가니스탄, 이라크, 팔레스타인을 비롯한 온 세상 무슬림을 향해 전쟁을 벌여온 마당에 공격주체와 전쟁의 본질이 빠져 공허한 말이 될 수밖에 없었다. 무슬림 용어를 불교식으로 풀어놓은 그이의 말에는 무슬림의 아픔이 담겨 있지 않았다. 인도네시아 언론인 아하맛 따우픽은 "부정적인 감정과 싸워서 어떻게 하라는 말인가? 미군이 공격하면 미워하지 말고 가만히 앉아서 죽으란 말인가? 그게 중국군한테 학살당해온 티벳 사람들을 향해 할 수 있는 말인가?"며 되물었다. 따우픽은 "종교지도자들의 현학적인 말잔치에 지쳤다"고도 했다.

돌이켜보면 달라이라마의 비폭력 평화는 앞서 미국이 아프가니스탄을 침공하고 달포쯤 뒤인 2001년 10월 24일 유럽의회 기자회견에서도 탈이 났다.

"놀랍고 감탄스럽다. 두 차례 세계대전, 한국전쟁, 베트남전쟁과 달리 이번(아프가니스탄 침공)엔 미국이 아주 신중하게 공격목표물을 골라 시민희생을 최대한 경계하는 것 같다. 이건 보다 나은 문명화의 신호다"며 으레 "우리는 폭력을 피하고자 최대한 노력해야 한다"고 덧붙였다. 그날 AFP는 '달라이라마, 미국의 아프가니스탄 폭격방법 찬양'이라는 헤드라인을 뽑아 날렸다.

그즈음 세계시민사회는 미군의 폭격방법 따위를 문제 삼았던 게 아니라 미국의 아프가니스탄 침공 자체를 격렬히 반대하고 있었다.

프로젝트 온 디펜스 얼터너티브스PDA는 달라이라마가 감탄했던 그 '문명적'인 아프가니스탄 침공 최초 3개월 동안에만 미군 공습으로 민간인 1,000~1,300여 명이 사망했다고 밝혔다. 영국 신문 〈가디언〉은 같은 기간 미군 공습과 지상군 직간접적 공격으로 민간인 2만여 명이 사망했다고 보도했다. 아프가니스탄 침공 12년째이던 2012년 미국 브라운대학 조사팀은 미군과 그 동맹군의 공격으로 민간인 1만 6,725~1만 9,013명이 사망했다는 보고서를 내놓았다. 참고로 브라운대학 조사팀은 10년째 이어진 미국의 이라크 침공으로 민간인 13만 4,000여 명이 사망했다고 덧붙였다.

그동안 달라이라마 숭배자들은 달라이라마가 언제나 '반전'을 외쳤다며 비판자들을 거세게 몰아붙였다. 근데 많은 사람들이 달라이라마가 외친 반전을 이해할 수 없다고 털어놓았다.

"이라크, 유고, 아프가니스탄, 리비아, 시리아 할 것 없이 미국이 침공했던 모든 전쟁의 불법성이 드러났고 수많은 시민이 살해당했다. 그 모든 전쟁을 원천적으로 반대하는 게 반전이다. 반전은 전쟁의 조건이나 방법 따위가 옳고 그르다를 따지는 게 아니다."

미국 영화감독 노라 하프Nora Hoppe 말마따나 달라이라마의 반전이라는 죽비가 힘센 가해자를 내려친 게 아니라 당하는 이들한테 강요해온 희생으로 의심받아온 까닭이다.

따지고 보면 달라이라마가 외쳐온 세계평화는 해묵은 논란거리였다.

"인디아는 더 이상 개발도상국이 아님을 증명했으니 선진국과 똑같이 핵무기 개발을 허용해야 한다. 선진국은 핵무기 폐기로 인디아를 압박하지 마라. 선진국이 핵무기를 가진 것처럼 인디아도 같은 권리가 있다. 몇 나라만 핵무기를 가지고 나머지 나라는 가질 수 없다는 건 민주주의가 아니다."

1998년 5월 석가탄신일에 제2차 핵무기 실험Pokhran II을 했던 인디아 정부한테 달라이라마는 그렇게 세례를 베풀었다. 인디아 정부뿐 아니라 〈힌두스탄타임스〉를 비롯한 인디아 언론도 평화의 사도 달라이라마마저 핵실험을 인정했다며 난리를 피웠다.

인디아 정부는 1974년 제1차 핵무기 실험Pokhran I 때도 작전명을 '스마일링 붓다Smiling Buddha'라고 흘리며 불교를 팔았던 적이 있다. 인디아 정부가 달라이라마와 티벳을 핵실험에 이용한다는 논란이 벌어졌던 까닭이다. 비록 달라이라마가 핵무기 폐기를 위해 애쓰겠다고 덧붙였지만 세계시민사회가 핵무기 전면폐기를 외치는 마당에 '핵평등'이니 '핵민주주의' 같은 철 지난 논리를 들고 나섰던 탓에 그 시절 논란은 쉽사리 수그러들지 않았다.

인디아 언론인이자 반핵평화운동가로 이름난 쁘라풀 비드와이Praful Bidwai는 "인디아 정부가 티벳 망명정부를 지원해온 현실 속에서 중국과 관계를 놓고 보면 달라이라마 말에 놀랄 것도 없다"며 "다만 종교지도자들이 정치적 입장에 따라 반쪽짜리 반핵이니 반전을 외친다는 건 세계시민사회를 향한 반역이다"고 나무랐다. 실제로 인디아와 충돌해온 파키스탄 핵실험을 달라이라마가 같은 의미로 지지했던 적은 없었다.

북한 핵실험도 마찬가지였다. 원칙도 기준도 없는 달라이라마의 정치적인 조건부 반핵이 세계시민사회를 더 헷갈리게 했던 셈이다.

수상한 비폭력 평화

반전과 반핵은 어떤 조건도 필요로 하지 않는다. 거기엔 오직 모든 전쟁과 핵무기를 마다하는 절대적 정신과 행동이 따를 뿐이다. 우린 그걸 비폭력 평화라고 배워왔다. 달라이라마 추종자들은 달라이라마의 반쪽짜리 반전과 반핵을 비판해온 언론에 대고 "존자님 말씀 가운데 몇 구절만 따서 비판한다. 숲을 보지 못한 채 나무만 쳐다본 꼴"이라고 삿대질해왔다.

먼저 달라이라마 추종자들은 언론의 특질부터 깨닫는 게 좋겠다. 달라이라마 말을 모두 인용할 만한 지면과 화면은 이 세상 언론 어디에도 없다. 티벳 망명정부 홍보지를 빼고 나면 그렇다는 말이다. 게다가 언론이 달라이라마 말 가운데 좋은 대목만 따서 늘어놓을 의무도 없다. 그 판단은 기자와 언론사 몫이다.

더 본질적인 문제는 세계관의 차이다. 지금 세계시민사회는 전쟁과 핵무기로 뒤덮여 나무 한 그루 없이 사라질 황폐한 지구를 걱정하고 있다. 나무도 없는 세상에서 숲을 걱정하는 추상적이고 현학적인 논리에 동의할 수 없는 까닭이다. 희생자를 보듬지 않는 평화, 전쟁을 문명으로 감탄하는 평화, 핵무기를 마다하지 않는 평화 따위를 세계시민사회는 비폭력 평화라고 부른 적이 없다.

그동안 세계평화를 외쳐온 달라이라마가 티벳 무장투쟁은 어떻게 봐왔을까? 달라이라마는 전직 CIA 작전요원이자 티벳 연구자인 존 케네스 크나우스와 인터뷰에서 "만약 폭력밖에 대안이 없다는 징후가 있다면 폭력을 허용할 수 있다"[4]고 밝혔다. 그리고 1995년 하버드대학 연설 뒤 질문에 답하면서 "불교도 관점에서 보자면 결과와 동기가 방법보다 중요하다. 중국을 향한 티벳 사람들의 저항방법은 살해였지만 그 동기는 동정심이었기 때문에 폭력에 호소하는 게 옳았다"고도 했다.

그렇다면 그 '징후'를 누가 판단할 것이며 그 '동정심'은 누가 심판할 것인가? 티벳 말고도 아프가니스탄, 이라크, 팔레스타인, 시리아, 예멘

---

4 《Orphans Of The Cold War》 1999.

같은 곳에서 오늘도 숱한 사람이 전쟁으로 죽어가고 있다. 그 시민들은 중국이 티벳에서 저질렀던 학살과 다를 바 없는 미국과 그 동맹국들의 정치적 야욕 아래 학살당하고 있다. 왜 티벳의 무장투쟁은 정당한데 무슬림의 무장투쟁은 비폭력 평화라는 틀 속에 가둬야 하는가? 중국 정부의 티벳 학살을 비난할 수 있는 비폭력 평화가 왜 미국의 무슬림 학살 앞에서는 멈칫거려야만 하는가?

그래서 우리는 최후·최고 투쟁방법이라는 비폭력 평화를 편견 없고 조건 없는 절대적 가치로 배워왔다. 이게 티벳의 자결권을 절대적 가치로 여겨 중국의 무력정책이나 유혈통치를 반대하면서 티벳 사람들의 자유투쟁을 지지해왔던 세계시민사회가 달라이라마의 비폭력 평화를 비판 없이 받아들이지 못하는 까닭이다.

절대권력은 그게 누구든, 언제든, 어디서든 감시받아야 건강할 수 있다. 성직자도 정치인도 예외일 수 없다. 역사적으로 달라이라마 신정체제는 티벳 사람들한테 절대권력이었다. 현 제14대 달라이라마도 마찬가지다.

비록 달라이라마가 2011년부터 정치에서 발을 뺐다고는 하지만 여전히 티벳 사회와 망명정부 운명에 치명적 영향력을 지녔다는 사실까지 부정할 순 없다. 더구나 그사이 세상은 크게 바뀌었다. 티벳 사람 가운데는 달라이라마의 가족과 친지를 비롯해 연줄에 따른 극소수 엘리트가 독점해온 정치체제에 환멸을 느끼는 이들이 점점 늘어나는 실정이다. 또 달라이라마의 독립포기 정책을 놓고 티벳청년회의TYC 같은 조직이나 젊은 층에선 큰 불만을 품어온 것도 사실이다.

이제 달라이라마라는 압도적 체제가 만들어낸 우상을 떠나보내고 시민의 눈으로 티벳을 볼 때가 됐다. 그게 티벳의 자유와 독립을 지지해온 세계시민사회의 바람이기도 하다. 티벳 불교가 달라이라마의 것이 아니듯 티벳도 달라이라마의 것이 아니다. 진정한 영웅의 탄생은 우상이라는 알을 깨고 나올 때만 가능하다.

그 영웅의 탄생을 당신들처럼 세계시민사회도 기다리고 있다.

아웅산수찌,
민주면류관을 패대기치다

"민주화 운동의 상징", 〈한겨레〉, 2013.4.24.

"민주화 지도자", 〈조선일보〉, 2013.5.1.

"민주주의 주창자", 〈네이션〉, 2013.6.6.

"민주주의 아이콘", 〈뉴욕타임스〉, 2013.6.7.

국제언론은 그이 이름 앞에 꼭 이런 꾸밈말을 덧붙여왔다.

라프토상(1990년), 사하로프상(1990년), 노벨평화상(1991년), 시몬볼리바르상(1992년), 자와할랄네루상(1993년), 광주인권상(2004년), 미국의회금장(2008년)….

국제사회는 민주, 자유, 인권, 평화란 이름이 붙은 온갖 상을 그이한테 바쳤다.

아웅산수찌Aung San Suu Kyi, 곧 버마 현대사를 일컫는 이름이었다. 버마 독립 영웅 아웅산 장군Gen. Aung San의 딸로 태어나 영국 옥스퍼드대학에서 공부한 아웅산수찌한테 1988년은 아주 특별했다. 그해 아웅산수찌는 인디아 대사를 지낸 뒤 뇌졸중으로 쓰러진 어머니 킨찌Khin Kyi를 수발하고자 랑군으로 돌아갔다.

그 무렵 버마에서는 민주화 시위가 들불처럼 번지고 있었다. 상징적 지도자를 찾던 시민은 아웅산 장군을 투영시켜 아웅산수찌를 불러냈다. 그렇게 아웅산수찌는 난데없이 1988년 민주항쟁에 휘말려 들어갔다. 그러나 머잖아 군사정부 유혈진압으로 3,000여 명이 목숨을 잃은 채 랑군의 봄도 끝나고 말았다. 이어 시민의 민주화 의지를 담아 창당한 민족민주동맹NLD은 아웅산수찌를 내세워 1990년 총선에서 의석 82%를 차지했다.

그럼에도 1962년 네윈 장군Gen. Ne Win 쿠데타 뒤부터 30년 가까이 권력을 휘둘러온 독재 군인들이 정부를 넘기기는커녕 오히려 민주화 운동가 2,000여 명을 감방에 처넣었다. 그로부터 버마 사회는 길고 지루한 어둠 속으로 빨려 들어갔다. 아웅산수찌도 2010년까지 갇히고 풀리기를 거듭한 가택연금 15년을 겪었다.

열광, 찬양, 우상

빛을 잃은 사람들은 갇힌 아웅산수찌한테서 박해받는 자신들의 모습을 보았다. 그이들은 나 대신 군사독재에 맞설 구원자를 찾은 셈이다.

그 이름 '아웅산수찌'는 그렇게 태어났다.

도시에서도 산골에서도 국경에서도 사람들은 저마다 아웅산수찌를 '민주주의의 화신', '민주화의 어머니'로 부르기 시작했다. 곧 그 이름 아웅산수찌는 적과 동지를 가르는 경계가 되었고 누구도 감히 건드릴 수 없는 금역처럼 굳어졌다. 내로라하는 민주투사들도 소수민족 해방전사들도 좀체 속내를 드러내지 않았다. 언론인도 비평가도 입을 닫았다. 아웅산수찌는 성역에 들었다.

나는 1990년대 초부터 그렇게 한 우상이 만들어지는 과정을 보았다. 그리고 1995년 그 우상은 버마를 넘어 세계적인 '아웅산수찌 열광현상'으로 이어졌다. 그해 7월, 1989년부터 가택연금 당해온 아웅산수찌가 풀려나자 신문 방송 가릴 것 없이 온 세상 언론이 달려들었다. 날마다 아웅산수찌는 대문짝만한 1면 머리기사에 올랐다. 주류언론사는 말할 나위도 없고 스포츠 신문, 패션 잡지, 여행방송에다 항공사 기내보까지 앞다퉈 아웅산수찌를 실어 날랐다. 매체가 지닌 성격이나 이념 따윈 아랑곳없었다.

1991년 아웅산수찌가 노벨평화상을 받을 때부터 그 이름이야 널리 알려진 터였지만 국제언론이 한 인물을 놓고 그토록 한목소리로 찬양했던 경우는 결코 흔치 않았다. 아웅산수찌 열광현상에는 미국과 유럽이 지원했던 '노벨평화상', '반독재·민주화 투쟁' 같은 정치적 조건뿐 아니라 '아웅산 장군의 딸', '영국 옥스퍼드 출신', '가택연금' 같은 감성적 조건들이 깔려 있었다. 게다가 아웅산수찌의 빼어난 생김새도 한몫했다.

한마디로 상업적인 언론사한테 아웅산수찌는 돈 되는 상품으로 모든 조건을 갖췄던 셈이다.

그해 7월 21일, 아웅산수찌 집 앞에 진 쳤던 외신기자 250여 명 가운데 나는 BBC와 CNN에 이어 세 번째로 아웅산수찌와 단독인터뷰를 했다. 나는 적잖이 흥분한 상태에서 국경 쪽 민주혁명전선을 첫 질문으로 뽑아들었다. 8888민주항쟁 유산을 안고 국경으로 빠져나와 아웅산수찌를 외치며 반독재·민주화 투쟁을 벌여온 버마학생민주전선ABSDF 학생군을 입에 올리자마자 그이는 모질게 쏘아붙였다.

"나는 그 학생들한테 국경으로 가라고 한 적도 없고 총 들고 싸우라고 한 적도 없다. 내 비폭력 평화노선과 어울리지 않는다."

아웅산수찌가 그 학생들을 아들딸로 여기며 따뜻이 감싸 안으리라 여겼던 내 기대는 깨졌고 인터뷰 내내 서로 불편한 말이 오갔다. 고백건대 본디 나는 비판적인 질문을 통해 오히려 아웅산수찌의 됨됨이를 더 잘 보여주고 싶은 마음으로 그 자리에 앉았다.

나는 너무 순진했고 그이는 너무 냉정했다. 나는 냉정함이 무지를 가리는 연장이라는 사실도 그이를 통해 처음 깨달았다. 국경 사람들이 그토록 애타게 외쳤던 '민주주의 어머니'는 현실 속에 없었다. 그건 우상일 뿐이었다. 내가 본 실물 아웅산수찌는 국경의 그것과 너무 달랐다.

꼭 1년 뒤인 1996년 7월, 나는 다시 한번 아웅산수찌와 마주 앉았다. 나는 첫 질문으로 또 학생군을 뽑아 들었다.

"군부와 협상테이블에 마주 앉을 기회가 있으면 학생들 무사귀환을 의제로 올리겠다."

아웅산수찌는 군사독재에 맞서 무장투쟁을 벌여온 "국경 쪽 소수민족과 민주혁명 세력들 상황을 지난 1년 동안 공부했다"고 덧붙였다. 그러나 아웅산수찌의 인식은 여전히 현실과 동떨어져 있었다. 학생군은 애초 무사귀환이나 하겠다고 꽃다운 청춘을 험난한 국경 산악전선에 바친 게 아니었다.

그이가 민주주의를 말할 때 독재자를 떠올린다

아웅산수찌는 버마 사회가 지닌 민주화 문제와 소수민족 문제라는 두 기본모순을 제대로 못 짚었다. 아웅산수찌는 1948년 버마 독립 때부터 자치와 독립을 외쳐온 소수민족의 무장투쟁과 군사독재의 시민학살이라는 현실을 제쳐둔 채 버마족 중심주의와 비폭력 평화에 모든 걸 끼워 맞추며 스스로를 가둬버린 꼴이었다.

그 결과 아웅산수찌의 비폭력 평화노선은 무전략, 무정책, 무투쟁이라는 맥 빠진 '3무'로 이어졌고 남은 건 독선과 불통뿐이었다. 하여 아웅산수찌가 신줏단지처럼 떠받들어온 비폭력 평화란 그저 '가만히 있는 것'으로 드러나고 말았다. 아웅산수찌가 이끌어온 민족민주동맹은 정치적 담판도, 그 흔한 대중시위도 한 번 끌어내지 못한 채 20년 세월을 날렸다. 그 사이 3,000명 웃도는 민주투사가 감옥에서 온갖 어려움을 겪었고 850여 학생군이 민주혁명전선에서 숨졌다. 또 헤아릴 수도 없을 만큼 많은 소수민족 젊은이가 해방전선에 묻혔다.

군인독재자들이 그나마 아웅산수찌를 정치적 상대로 여겼던 건 그 비폭력 평화노선이 두려웠던 탓이 아니다. 바로 목숨 바쳐 싸워온 이들이 '아웅산수찌'를 외쳤던 까닭이다. '아웅산수찌'란 이름은 그렇게 수많은 이들이 민주혁명과 소수민족 해방 앞에 목숨 바친 대가로 태어났다.

2011년 군복을 벗고 튀어나온 테인세인Thein Sein 대통령 정부가 변화를 외치자 아웅산수찌도 정치판으로 뛰어들었다. 앞서 2008년 제헌 국민투표와 2010년 총선을 모두 비민주 불법선거라며 보이콧했던 아웅산수찌는 난데없이 2012년 4월 1일 기껏 46석을 다투는 보궐선거 판에 끼어들었다. 보궐선거 참여를 놓고 민주진영 안에서도 큰 말썽이 일었다. 아웅산수찌는 민족민주동맹 중앙위원회 회의에서 불참을 외치는 이들을 향해 날카롭게 내질렀다.

"내 결정이 싫은 사람은 당을 떠나면 된다. 그것도 민주주의다."

유튜브에 그 회의장면이 뜨면서 그동안 알음알이 나돌던 "아웅산수찌는 곧 법이고 정책이다"는 비아냥거림이 시민 사이에 퍼져나갔다.

아웅산수찌는 보궐선거뿐 아니라 앞선 국민투표와 총선에서도 민주진영과 단 한마디 상의 없이 독선적 결정을 내렸다. 국민투표 때야 모든 소수민족 해방세력과 민주혁명전선이 일찌감치 거부운동을 벌였으니 그렇다손 치더라도 총선 때는 이미 현실로 받아들인 소수민족과 민주진영

안에서도 많은 이가 정면돌파를 원했다.

그러나 아웅산수찌는 귀를 막은 채 총선을 거부했다. 그 결과 군부정당인 연방단결개발당USDP이 인민의회(하원), 민족의회(상원), 지역 의회를 통틀어 1,154개 선거구에서 76.5%에 이르는 883석을 거머쥐었다. 게다가 군부는 헌법에 따라 의회 25% 의석을 군인들 몫으로 후무려놓았다. 그렇게 해서 군인들이 90% 웃도는 의석을 차지했다.

그 총선 뒤에 지역구 46석에 문제가 생겼고 그걸 메운 게 보궐선거였다. 말하자면 아웅산수찌가 큰 물고기는 본체만체하더니 때늦게 새끼를 잡겠다고 그 보궐선거에 뛰어들었으니 모두를 헷갈리게 만들었을 수밖에.

"총선을 거부해놓고 이제 와서 보궐선거에 뛰어들겠다면 무슨 변명 한마디라도 해야 옳지 않겠나? 이걸 어떻게 논리적으로 설명할 수 있겠는가?"

그 무렵 까렌민족연합KNU 부의장이었던 데이비드 탁끄보David Tharckbow가 터뜨린 국경의 불쾌감이었다.

"아웅산수찌가 민주주의를 말할 때 우리는 독재자를 떠올린다."
버마학생민주전선 의장 탄케Than Khe 말마따나 민주진영 안쪽에서도 아웅산수찌를 향한 비난이 봇물처럼 터져 나왔다.

아웅산수찌가 독선적 태도와 전략부재를 드러낸 그 보궐선거를 통해 민족민주동맹은 기껏 의석 6.4%를 차지한 대가로 군인 정치인들이 원했던 합법성을 안겨줘버리고 말았다. 그동안 불법 군인독재에 맞서 싸워온 시민과 세월을 배반한 셈이다.

정치적 침묵

2013년 1월, 시민사회가 어수선해졌다. "민족민주동맹, 재벌들한테 24만 달러 받았다." 영국 〈타임스〉를 비롯한 언론이 폭로기사를 쏟아냈던 탓이다. 아웅산수찌는 "뭐가 잘못인가? 무슨 돈이든 좋은 데 쓰면 되지. 사업가들은 저마다 다른 방법으로 돈을 번다"며 발끈했다. 이게 과연 아웅산수찌가 할 수 있는 말인지를 놓고 시민은 귀를 의심했다.

민족민주동맹한테 8만 1,000달러를 건넨 떼이자Tay Za는 오랫동안 중국 무기를 밀수해 군부 손에 넘겨온 재벌이다. 15만 5,000달러를 건넨 쪼우윈Kyaw Win과 조우조우Zaw Zaw는 독재자 탄슈웨Than Shwe를 비롯한 군사정부에 선을 달고 이문을 챙겨온 부동산 재벌이다.

바로 그자들이 군사정부한테 돈줄을 대왔고 그자들이 밀수한 무기가 소수민족을 살해해왔다. 그자들은 미국과 유럽연합EU이 금융거래를 차단해온 불법사업가들이고 아웅산수찌가 군부족벌로 비난해왔던 인물들이다.

되돌아보면 아웅산수찌는 가택연금에서 풀려난 뒤인 2010년과 보궐선거를 앞둔 2012년 그자들을 만나면서 이미 입방아에 올랐던 적이 있다. 그러나 아웅산수찌가 왜 그자들을 만났고, 그 돈이 어떻게 민족민주동맹으로 흘러갔고, 그 돈이 어디에 쓰였는지조차 알려진 바 없다. 많은 시민이 아웅산수찌의 도덕성에 고개를 갸웃거리게 된 까닭이다.

이제 문제는 침묵이다. 보궐선거를 통해 하원의원이 된 아웅산수찌는

시민사회의 사활이 걸린 현안들마다 입을 닫았다. 북부 까친Kachin 분쟁
이 좋은 본보기였다. 1947년 아웅산 장군이 이끌었던 빵롱회의Panglong
Conference에서 까친과 까렌을 비롯한 소수민족은 버마연방에 참여하는
조건으로 자치권을 얻었다.

그러나 1948년 버마 독립 뒤 중앙정부가 그 약속을 깨면서 소수민족
은 분쟁으로 휘말려들어갔다. 1960년대 들어 무장투쟁에 뛰어든 까친독
립군KIA은 1994년 버마 정부군과 휴전 협정을 맺었다. 한동안 조용했던
까친 지역은 2011년 정부군이 휴전을 깨고 까친독립군을 공격하면서 다
시 전쟁터로 변했다. 까친 사람들은 아웅산수찌한테 나서달라고 애타게
외쳤다.

그즈음 버마 안팎에서도 아웅산수찌의 중재를 바라는 소리가 높아갔
다. 그러나 아웅산수찌는 10만 웃도는 전쟁피난민이 생겨나는 동안 눈길
한 번 주지 않았다. 1년도 더 지난 2012년 9월 23일, 아웅산수찌는 비로
소 말문을 열었다. 그것도 뉴욕의 버마 교민을 향한 연설에서.

"까친(분쟁)에 침묵해온 나를 비판하는 이들이 있다. 내게 불만이라면
그럴 수 있다. 다만 나는 분쟁 어느 쪽에도 불길을 보태고 싶지 않다."

이어 아웅산수찌는 참석자들 질문에 이렇게 답했다.

"내가 (정부를 향해) 뭘 강하게 비난해야 하나? 그게 인권유린이라면
몰라도. 우리 민족민주동맹은 권력이 없다. (권력을 지닌) 정부가 평화를 이끌
어야 한다. 이 사안으로 우리 당의 정치적 점수를 매기지 마라."

아웅산수찌 출입금지

그동안 버마 안팎 인권단체들이 정부군의 까친 시민 학살과 성폭행, 고문, 강제노동 같은 인권유린을 줄기차게 고발해왔다. 게다가 10만 웃도는 전쟁피난민 거의 모두가 어린이, 노약자, 여성이다. 인권문제를 바라보는 아웅산수찌의 인식이 치명적 한계를 드러낸 사건이었다.

까친독립기구KIO 난민구호위원회 책임자 도이삐사Doi Pyi Sa는 "아웅산수찌가 오직 대통령 자리만 바라볼 뿐 소수민족 고통에는 아예 관심도 없다"며 강한 배신감을 터트렸다. 그즈음 버마파트너십Burma Partnership 같은 민주진영에서도 "아웅산수찌가 소수민족 문제는 아랑곳없이 정치적 계산만 하고 있다"며 큰 불만을 쏟아냈다.

아웅산수찌의 일그러진 인식은 이른바 로힝자Rohingya[5] 인종·종교 분쟁에서도 그대로 드러났다. 2012년 6월 방글라데시와 국경을 맞댄 아라깐 주에서 불교광신도들이 소수 무슬림 로힝자를 공격해 200여 명을

---

5 현재 버마 아라깐 주에 살고 있는 약 130만 명 로힝자는 가장 박해받는 소수민족 중 하나다. 버마 정부는 로힝자가 영국 식민통치 때부터 버마로 이주했고 1971년 방글라데시 독립전쟁 뒤 그 수가 크게 늘어났다며 1982년부터는 아예 시민권조차 부정해왔다. 영국 식민주의자들은 제2차 세계대전 중 로힝자를 무장시켜 일본군 지원을 받던 버마 불교민족주의자들을 견제했고 결국 1942년 아라깐 학살로 이어졌다. 그 과정에서 불교도 2만여 명과 로힝자 5,000여 명이 살해당하며 오늘까지 이어지는 인종·종교 분쟁의 뿌리가 되었다. 현재 14만 명 웃도는 로힝자는 국내난민IDP 꼬리표를 달고 난민촌에서 살고 있다. 그동안 로힝자는 정치·경제적 박해를 피해 타이와 말레이시아로 불법 이주했고 2015년 보트피플로 국제사회의 눈길을 끌기 시작했다.

살해했다. 그 과정에서 10만여 로힝자가 삶터를 잃고 난민이 되었다. 곧장 계엄령을 선포한 버마 정부는 "뱅갈리(방글라데시) 불법이주민들이 일으킨 폭동이다"며 오히려 로힝자한테 책임을 돌린 채 가해자인 불교도를 보호하는 차별진압으로 사태를 키웠다.

그러자 국제사회와 언론은 버마 군부를 그 폭동 배후로 의심하며 거센 비난을 퍼부었다. 그렇게 온 세상이 난리쳤지만 아웅산수찌는 여기서도 굳게 입을 닫았다. 1년이 지날 무렵인 2013년 6월 아웅산수찌는 마지못해 입을 열었다.

"어느 쪽이 옳고 그르다는 말로 현 상황을 악화시키고 싶지 않다."

아웅산수찌는 모두가 바랐던 중재자 노릇은 제쳐놓고라도 분쟁의 본질마저 비틀어놓았다. 아웅산수찌가 불교민족주의에 숨어 정치적 야심만 키운다며 큰 비난을 받은 까닭이었다.

2012년 8월 버마 북서부 렛빠다웅 주민들은 구리광산개발을 멈추라며 거리로 뛰쳐나왔다. 그 구리광산은 중국 무기회사인 중국북방공업공사의 자회사 완바오가 미얀마이코노믹홀딩스와 함께 꾸려온 10억 달러짜리 프로젝트였다.

세 달 가까이 버마 안팎을 달궜던 그 시위에서 주민들은 아웅산수찌의 중재를 손꼽아 기다렸다. 거들떠보지도 않던 아웅산수찌는 11월 말 경찰의 무력진압으로 승려를 포함한 중상자 50여 명이 나고서야 현지로 달려갔다. 그러나 아웅산수찌는 렛빠다웅 주민들이 내건 '아웅산수찌 출입금지' 펼침막에 막혔다. 민주화 상징으로 누구도 범접할 수 없는 성역이었던 그 이름 '아웅산수찌'가 그렇게 시민의 심장에서부터 무너져내렸다.

네 달 뒤인 2013년 3월 다시 현장을 찾아간 아웅산수찌는 "해외투자를 끌어들이려면 광산개발을 받아들여야 한다"고 외쳐 주민들 속을 뒤집어놓았다. 1962년 쿠데타로 권력을 잡은 네윈 장군 반대투쟁을 이끌었던 민주운동가 아웅툰Aung Htun은 "자신이 야당 정치인이라는 사실조차 잊고 군부 뜻에 맞춰 아예 대통령 행세를 하는 아웅산수찌는 이제 시민 편이 아니다"고 단절을 선언했다.

대통령이 되고 싶다면

아웅산수찌는 시민이 씌워준 그 빛나는 민주면류관을 왜 스스로 패대기쳤을까?

2013년 6월 6일 그이가 세계경제포럼WEF에서 털어놓았던 말 속에 그 답이 있다. "대통령이 되기 싫은 척한다면 거짓이다. 대통령 선거에 출마하고 싶다."

아웅산수찌가 2015년 총선을 향해 일찌감치 표 몰이에 뛰어들면서 버마 사회의 주류인 버마족, 불교도, 군부, 재벌 눈 밖에 나서는 대권을 잡을 수 없다고 여긴 탓이다. 말하자면 아웅산수찌는 민족민주동맹이 불법재벌한테 돈을 받은 사건에서도, 정부군의 소수민족 까친 공격에서도, 불교도의 무슬림 로힝자 공격에서도, 렛빠다웅 구리광산개발 반대투쟁에서도 침묵을 통해 다수표를 계산해왔다는 뜻이다.

이렇듯 시민사회의 바람과 거꾸로 가는 아웅산수찌 걸음걸이는 그이가 지닌 현실적 한계를 돌파하는 방법에 중대한 의문을 던져놓았다. 군부가 만든 2008년 헌법에 따르면 아웅산수찌는 아무리 발버둥 쳐도 결코 대통령이 될 수 없다. 영국 국적 두 아들을 둔 아웅산수찌는 "배우자나 가족이 외국 국적을 지닌 이는 대통령이 될 수 없다"고 규정한 헌법 제59조에 발목이 잡힌 탓이다. 오직 하나 길이 있다면 개헌뿐이다.

근데 헌법은 25% 의석을 군부 몫으로 지정해두면서 개헌선을 75% 이상으로 못 박아버렸다. 게다가 현재 90% 넘는 의석을 친군부 정당이 차지하고 있는 실정이다. 아웅산수찌가 군부 동의 없이는 개헌도 대통령도 할 수 없다는 뜻이다.

"내가 군인을 아주 좋아하는 건 늘 아버지의 군대라고 여겼기 때문이다."

2013년 1월 아웅산수찌는 BBC 방송에 절박한 심정을 그렇게 드러냈다. 그러나 1962년부터 세계 최장기 군사독재 아래 신음해온 시민 앞에서 할 말은 아니었다. 그 군인 독재자들을 거부해온 시민사회가 펄쩍 뛰었던 걸 보면.

아웅산수찌는 스스로 전략적 한계와 뒤틀린 역사관을 고스란히 드러내고 말았다.

아웅산수찌가 개헌을 하고 싶고 대통령을 하고 싶다면 시민사회에 손을 내밀었어야 마땅하다. 20년 넘도록 아웅산수찌를 애타게 기다려온 강력하고도 열정적인 시민이 있다. 그게 아웅산수찌의 힘이다. 그 힘으로 정치를 굴려야 아웅산수찌한테 앞날이 있다는 뜻이다.

대통령을 노리는 아웅산수찌가 기댈 곳은 결코 군부도, 재벌도, 광적

민족주의도, 불교도 아니다. 시민한테 도움을 구하고 시민과 함께 손잡고 가는 길이 아웅산수찌가 택할 수 있는 오직 한 길이다. 그 길을 놓고자 수많은 시민이 목숨 바쳐 싸워왔다.

이제 아웅산수찌라는 우상의 유효기간은 끝났다. 아웅산수찌는 오직 대통령 자리를 쫓아가는 정치인일 뿐이다.

이쯤에서 국제사회도 언론도 아웅산수찌한테 붙여왔던 온갖 현란한 말치레를 접을 때가 됐다. 그동안 군인 독재자를 이롭게 할 수 없다는 뜻에서 참아왔던 아웅산수찌를 향한 비판도 되돌려줄 때가 됐다. 그게 버마 현실을 제대로 바라볼 수 있는 방법인 까닭이다. 그게 민주화를 외치며 싸워온 버마 시민한테 바치는 예의다. 버마는 아웅산수찌의 것이 아니다. 버마 주인은 시민이다.

우리가 몰랐던 싱가포르

국제통화기금IMF 2014년 판에 따르면 이 나라는 기껏 500만 인구로 국내총생산 36위에 올랐다. 인구 1억을 지닌 필리핀이 39위로 그 언저리에 있다.

1인당 국내총생산은 5만 6,113달러로 룩셈부르크와 노르웨이에 이어 세계 8위다. 한국은 두 분야에서 각각 13위와 29위를 차지했다. 2014년 국제투명성기구TI는 부패가 적다는 뜻인 부패인식 지수에서 이 나라를 덴마크, 뉴질랜드, 핀란드에 이어 세계 7위에 올렸다. 한국은 43위다.

정보기술 분야 세계 2위(세계경제포럼 2014년), 사업편의 지수 세계 1위

(세계은행 2012년), 국제경쟁력 세계 3위(국제경영개발원IMD 2014년), 외환보유액 세계 10위(국제통화기금), 실업률 1.6% 세계 6위(국제노동기구ILO), 인간개발 지수 세계 9위(유엔개발계획UNDP), 경제자유 지표 세계 2위(《월스트리트 저널》), 세계화 지표 세계 1위(《포린폴리시Foreign Policy》) 같은 것들도 모두 이 나라를 가리킨다.

이쯤 하면 다들 눈치챘겠지만 싱가포르다. 잘 꾸민 열대정원, 깔끔한 거리, 멋들어진 빌딩, 곳곳에 넘쳐나는 쇼핑몰을 보노라면 싱가포르가 지닌 온갖 현란한 경제지표에 고개를 끄덕일 만도 하다. '세계 최고 우등생'이니 '열대낙원' 같은 별명이 꼬투리 잡힐 일도 없을 것 같다. 적어도 속을 파보기 전에는 그렇다는 말이다.

2015년 3월 23일을 보자. 싱가포르 전 총리 리콴유Lee Kuan Yew가 숨지자 나라 안팎 언론은 저마다 '위대한 지도자'를 외치며 1면 톱에 걸었다. 그 기사들은 하나같이 싱가포르를 마치 리콴유의 나라인 양 떠들어댔다. 세계시민사회를 향해가는 21세기에 임금님 은혜를 떠받드는 왕조사관 유령이 스멀스멀 기어 나오는 느낌마저 들었다.

〈조선일보〉류는 때 만난 듯 리콴유에 박정희까지 끼워 들고 나섰다. 시민이 온갖 어려움을 견디며 일궈낸 한 나라 경제를 모조리 독재자 공으로 돌리는, 당치도 않은 개발독재란 수사까지 갖다 붙였다. 불법정치를 경제로 둘러대는 아주 비과학적인 그 불온한 용어로 면죄부를 주고 싶었든지. 서울에서든 싱가포르에서든 자까르따에서든 마닐라에서든 경제는 경제고 독재는 독재일 뿐이다. 거기엔 '개발'이니 '안 개발'이니 같은 수식어가 필요 없다. 그러니 언론 눈에는 정작 가장 중요한 시민이 안 보일 수밖에.

"모두가 개미처럼 죽을 만큼 일했어. 왜 리콴유의 싱가포르야? 동의할 수 없다."

젊은 시절 노동판에서 일해 모은 돈으로 제법 이름난 치킨라이스 식당을 차리기도 했던 싱가포르 친구 림쳉우 말이다. 싱가포르를 세운 주인공으로 자부심을 지닌 그런 개미들은 온데간데없었다.

155개국 가운데 123위

싱가포르가 '위대한 지도자' 리콴유 것이라면 아래 경제지표들은 누구 것인가?

싱가포르는 이른바 선진국 가운데 국민총생산 대비 국가부채가 105%로 일본(227%), 그리스(174%), 이탈리아(132%), 포르투갈(129%)에 이어 세계 5위다. 적잖은 경제전문가가 싱가포르 미래를 밝게만 보지 않는 까닭이다. 최상위 경제우등생들인 노르웨이(30%), 스위스(35%), 스웨덴(40%)과 좋은 비교거리다. 더구나 세계은행이 소득불평등을 매기는 지니계수Gini coefficient에서 싱가포르는 155개국 가운데 123위를 차지했다. 엘살바도르(124위)나 나이지리아(126위) 언저리다. 덴마크, 스웨덴, 노르웨이같이 1인당 국내총생산 최상위 나라들이 소득평등 분야에서도 1~3위에 올라 싱가포르와 엄청난 차이를 보였다.

믿기 어렵겠지만 이 경제우등국 싱가포르 시민 평균 월급이 미국 돈으로 1,800달러고 10% 웃도는 시민이 월 1,000달러 미만으로 살아가고 있다. 그사이 리콴유의 아들이자 총리인 리센룽Lee Hsien Loong은 수당과 보너스를 뺀 공식연봉만도 180만 달러(2012년 삭감된 연봉기준)를 받아왔다. 이건 버락 오바마 미국 대통령 연봉 40만 달러의 4.5배며 중국 주석 시진핑習近平 연봉 2만 달러의 90배다. 또 싱가포르 1인당 국내총생산의 32배에 이르고 1,000달러 월급쟁이 시민이 150년 동안 한 푼도 안 쓰고 모아야 하는 돈이다. 20~30만 달러인 노르웨이, 덴마크, 스웨덴 총리들 연봉을 그 나라 보통 월급쟁이들이 따라잡는 데 3~5년쯤 걸리는 현실과 견줘볼 만하다.

경제우등국 싱가포르의 속살은 이렇게 뒤틀려 있다. 나라 안팎 언론이 외쳐온 위대한 지도자론에 따른다면 말할 나위도 없이 이것도 리콴유의 업적이다.

'감정을 잘 드러내지 않는 사람들' 분야 1등

그러니 리콴유가 위대한 지도자인지 독재자인지 그 판단은 오롯이 싱가포르 시민 몫이다. 싱가포르 시민이 그이를 영웅이라 하면 영웅이고 독재자라 하면 독재자다. 비록 나라 안팎 언론이 앞다퉈 리콴유 영웅담을 퍼뜨렸지만 우리는 아직까지 싱가포르 시민 속내를 제대로 알 길이 없다.

싱가포르 시민 가운데는 정부가 가르쳐온 대로 리콴유를 국부로 여기며 영웅처럼 떠받드는 이들도 적잖을 것이다. 그런데 과연 얼마나 많은 이가 리콴유를 좋아하거나 미워하는지 그 속을 들여다볼 만한 연장이 없다. 경제우등국 싱가포르에 언론자유와 표현자유가 없는 탓이다. 이게 바로 우리가 몰랐던 싱가포르다. 2015년 국경없는기자회RSF의 언론자유 보고서에 따르면 171개 조사대상국 가운데 싱가포르는 153위다. 내전 중인 리비아(154위)나 이라크(156위)와 같은 수준이다. 이건 그동안 언론탄압으로 악명을 떨쳐온 버마(144위)나 콩고민주공화국(150위)보다 상태가 더 안 좋다는 뜻이다. 경제우등국들인 핀란드(1위), 노르웨이(2위), 덴마크(3위)가 언론자유 분야에서도 으뜸인 사실을 눈여겨볼 만하다.

그동안 외신기자들은 누군가 싱가포르 정치기사를 쓴다면 "돈 충분해?"란 우스개를 주고받았다. 리콴유부터 아들 리센룽까지 툭하면 외신들을 고소해왔던 탓이다. 2013년 〈블룸버그Bloomberg〉가 47만 달러짜리 소송을 당했듯이 '리패밀리'를 건드리려면 밑천부터 따져봐야 할 판이다. 〈파이낸셜타임스Financial Times〉, 〈파이스턴 이코노믹 리뷰FEER〉, 〈이코노미스트Economist〉, 〈아시안 월스트리트 저널AWSJ〉, 〈타임〉, 〈아시아위크Asia Week〉, 〈인터내셔널 헤럴드 트리뷴IHT〉 같은 언론사들이 리패밀리에 의문을 달았다가 줄줄이 법정으로 끌려갔으니.

물론 리패밀리가 싱가포르 언론사를 법정에 세운 적은 결코 없었다. 왜 그렇게 내신과 외신을 차별했을까? 답은 간단하다. 싱가포르 정부가 신문과 방송을 비롯한 주요 언론매체 주인인 데다 검열로 쥐고 흔들어왔으니까 소송하고 말고 할 일이 없었던 탓이다.

예컨대 정부 소유 회사인 싱가포르프레스홀딩스SPH가 최대 일간지 〈스트레이츠타임스Straits Times〉 발행인이고, 일간 〈투데이〉를 비롯해 일곱 개 방송채널을 거느린 미디어코프MediaCorp도 국영투자회사 테마섹 Temasek Holdings이 주인이다. 그게 〈스트레이츠타임스〉에서 일했던 내 친구가 잘 먹고 잘살 수 있는 편한 길을 버리고 "진짜 기자를 하고 싶다"며 외국으로 떠난 까닭이다. 그 친구가 이름을 밝히지 말라고 신신당부한 까닭이기도 하고.

좀 농지거리 같은 조사지만 갤럽이 2012년 발표한 '감정을 잘 드러내지 않는 사람들' 분야에서 싱가포르가 150여 개 나라 가운데 1등을 했던 건 결코 우연이 아니다. 입이 있어도 말을 할 수 없는 시민, 자신이 만든 정부를 향해 아무런 불만도 털어놓을 수 없는 시민, 이 '침묵 속 풍요'가 싱가포르 정체다. 이것도 리콴유의 작품이다.

2014년 〈이코노미스트〉는 민주주의 지표 조사에서 싱가포르를 167개국 가운데 75위에 놓았다. 튀니지(70위)처럼 정치적 혼란을 겪는 나라들과 비슷하게 보았다는 뜻이다. 경제우등국들인 노르웨이(1위), 스웨덴(2위) 같은 나라들이 민주주의 지표에서도 꼭대기에 앉았다. 앞서 살펴보았듯이 노르웨이, 스웨덴, 핀란드, 덴마크 같은 나라는 경제, 정치, 사회, 문화가 모두 같은 수준으로 굴러가는 진짜 우등생이다.

바로 겉보기 경제만 우등생인 싱가포르와 엄청난 차이를 보이는 대목이다. 이것도 마땅히 리콴유의 유산이다.

오럴섹스도 법으로

1959년 말레이시아연방으로 출발해서 1965년 독립한 뒤 오늘에 이르기까지 리콴유의 인민행동당PAP은 야당 없는 1당독재로 악명을 떨쳐왔다. 리콴유-리셴룽으로 대를 이은 인민행동당은 자본주의 국가 가운데 최장기 집권 기록을 세우면서 지금껏 56년 싱가포르 역사에서 오직 12석만을 야당한테 돌렸을 뿐이다. 그러니 2011년 총선에서 인민행동당이 87석 가운데 6석을 잃자 '치명상'을 입었다며 호들갑을 떨 만도 했다.

그동안 정치학자들은 리콴유-리셴룽의 인민당이 지배해온 싱가포르를 세습전체주의 사회로 규정해왔다. 리셴룽이 총리 자리를 차지하고도 벌써 10년이 넘었다. 리셴룽의 아내 호칭Ho Ching은 싱가포르 경제를 주무른다는 테마섹 최고경영자 노릇을 해왔다. 리셴룽의 동생 리셴양Lee Hsien Yang은 최대통신사 싱텔Singtel 최고경영자를 거쳐 현재 창이국제공항을 관리하는 민간항공국CAAS 대표 자리를 꿰차고 있다.

이렇게 리패밀리가 지배해온 싱가포르를 경제학자들은 족벌자본주의라 불러왔다. 역사는 그런 전체주의 족벌자본을 이끄는 자를 독재자라 불러왔다.

여기 칠순 가까운 싱가포르 화가 친구가 있다. 그이는 싱가포르식 '보모국가'에 진절머리를 내면서 "이 나이에 아직도 정부한테 사사건건 훈계를 받는다고 생각하니 울화가 치민다"는 말을 입에 달고 살았다. 그럴 법도 하다. 화장실 물 내리는 것부터 껌 씹는 것까지 정부가 법으로 다스리는 데다 오럴섹스마저 법으로 금지했으니 오죽하랴.

이게 2012년 영국 신경제재단NEF이 밝힌 지구촌 행복지수에서 조사대상 151개국 가운데 싱가포르가 90위를 한 까닭이 아닌가 싶다. 이것도 리콴유의 성취다.

낮과 밤을 두루 거치는 게 진정한 영웅을 만나러 가는 길이다. 해만 좇아서는 우상밖에 볼 수 없다. 리콴유 영웅담이 앞으로 얼마나 오랫동안 돌아다닐지 알 순 없다. 다만 지난 25년 동안 내가 만나온 수많은 싱가포르 친구 가운데 리콴유를 영웅으로 받들어 모시는 이들이 없었던 것만큼은 분명하다.

"적절한 온도에서 달걀은 병아리로 태어나지만 어떤 온도도 돌을 병아리로 만들 수는 없다."

마오쩌둥이 역사를 읽는 법이었다.

이명박이 누구지?

저자가 읽지 않고도 낼 수 있는 책, 독자가 읽지 않고도 비평할 수 있는 책, 역사학자들이 거북한 사료로 여기는 책, 커피숍 한구석에서 표지사진을 감춰가며 읽는 책, 출판사들이 계약금 준 만큼 이문을 못 남기는 책….

흔히 대통령이나 총리를 지낸 자들이 내는 자서전이니 회고록 따위를 이르는 말이다.

외신기자라는 직업 탓에 오다가다 대통령이나 총리 회고록을 끌어모은 게 한 마흔 권쯤은 될 듯싶다. 그것들을 끝까지 다 읽은 적도 없지만 딱히 떠오르는 대목도 없다. 비사秘史라도 하나 건질까 싶던 바람이 늘 실망으로 끝난 기억뿐이다.

대통령이나 총리란 자리는 공적 영역이고 그 경험에서 얻은 기록은 마땅히 역사적 사실을 보증해야 옳다. 근데 지금껏 그것들은 정적을 때리고 기껏 제 자랑이나 핑계만 줄줄이 늘어놓았다. 게다가 하나같이 문학적 맛마저 떨어지다 보니 천덕꾸러기가 될 수밖에는. 내겐 자서전이니 회고록이 다 그랬다는 말이다. 내 독서인생에 최악을 꼽으라면 바로 그것들이다.

그게 워터게이트사건으로 탄핵당했던 미국 대통령 리처드 닉슨의 《리처드 닉슨 회고록The Memoirs of Richard Nixon》이고, 르윈스키 스캔들로 난리 쳤던 빌 클린턴의 《나의 삶My Life》이다. 그것들은 모조리 제가 하고 싶은 말들만 늘어놓았지 독자가 알고 싶어 했던 진실 따위는 거들떠보지도 않았다.

더구나 그것들은 거의 모두 허깨비 필자ghost writer 손을 거쳐 나왔다는 점에서 빼닮았다. 1980년대를 쥐락펴락했던 주전론자 로널드 레이건이 회고록《미국인의 삶An American Life》출판기념 기자회견에서 "빼어난 책이라고 한다. 언젠가 나도 읽을 것이다"고 밝혀 허깨비 저술임을 인정한 건 차라리 용감하기라도 했다. 마찬가지로 2000년대 온 세상을 전쟁판으로 몰아넣었던 조지 워커 부시가 회고록《결심의 순간들Decision Points》을 손수 썼으리라 믿는 사람은 별로 없다. 아니, 사람들은 그게 크리스토퍼 미첼Christopher Michel이라는 20대 젊은이 작품으로 드러났을 때 오히려 안심했을지도 모르겠다.

글이란 건 제아무리 훌륭해도 다른 사람 손을 거쳤다면 혼이 빠질 수밖에 없다. 회고록들에서 단맛을 느낄 수 없는 까닭이다.

그런데도 줄기차게들 회고록을 내고 있다. 대통령 회고록을 유행시킨 미국뿐 아니라 한국에서도 청와대를 떠난 이들이 무슨 의무인 양 회고록에 매달렸다. 《윤보선 회고록》, 《김영삼 회고록》, 《노태우 회고록》이 그랬고 《김대중 자서전》과 《성공과 좌절: 노무현 대통령 못다 쓴 회고록》은 사후에 나왔다.

4.19혁명으로 쫓겨난 이승만과 총 맞아 죽은 박정희는 기회가 없었다. 최규하는 오히려 시민사회가 회고록을 쓰라며 다그친 별난 경우였지만 끝내 입을 닫은 채 사라졌다. 전두환 쿠데타를 증언할 만한 인물이었던 그이는 역사를 묻어버린 못난 대통령이 되고 만 셈이다. 전두환은 심심찮게 회고록을 다듬고 있다며 '으름장'을 놨지만 아직 내놓지는 않았다.

굳이 '대통령'을 붙여야 했던 까닭

이명박은 청와대를 떠난 지 꼭 2년 만인 2015년 1월 말 회고록 《대통령의 시간》을 들고 나왔다. 전직 대통령들이 거짓 없이 역사를 기록하고 시민이 몰랐던 재미난 이야기를 들려줄 수 있다면 굳이 나무랄 일도 아니다. 원칙도 그렇다. 대한민국에서 표현의 자유가 아무 탈 없이 잘 돌아가는지 어떤지는 따져봐야 할 문제지만 누구든 글을 쓸 수 있고 책을 낼 수 있다. 강남 이서방도 삼청동 박가네도 마찬가지다. 그러니 시민 이명박이 책을 냈다고 별스레 떠들어댈 일도 없다.

근데 이명박 회고록은 서점에 깔리기도 전부터 말썽이 났다. 이명박과 정치적으로 한 뿌리인 청와대부터 발끈했다.

"세종시 문제가 정치공학적으로 이렇게 저렇게 해석되는 것이 과연 우리나라나 당의 단합에 어떤 도움이 될지 의문." "남북문제, 남북대화를 비롯해 외교문제가 민감한데 세세하게 (비사가) 나오는 것이 외교적으로 국익에 도움이 되느냐…."

5월 30일치 〈한겨레〉와 〈한국일보〉를 비롯한 모든 신문이 뿔난 청와대 고위관계자 말을 따 올렸다. 에둘러 말했지만 현직 대통령 박근혜가 열 받았다는 뜻이다. 권력의 속성과 충돌한 셈이다. 비록 박근혜가 저자 이명박의 도움을 받아 청와대로 들어갔지만 그건 옛날 일일 뿐, 대통령이 둘일 수 없다는 뜻이다.

내가 볼 때 이명박 회고록은 내용보다 《대통령의 시간》이란 제목에서부터 탈 났던 게 아닌가 싶다. 회고록 업계에도 상도덕이란 게 있다. 대통령이나 총리를 지낸 자들 회고록 제목에는 '대통령'이니 '총리'란 단어를 쓰지 않는 게 그 바닥 전통이다. 대통령이니 총리를 지낸 자들이라면 이름만 달아도 모두가 알아보는 데다 현직 대통령이나 총리를 존중하고 한편으로는 충돌가능성을 피하자는 관행 같은 것이었다. 이건 회고록을 쓴 대통령이나 총리가 보통시민으로 잘 되돌아갔다는 겸손함을 보여주는 속뜻도 담고 있다. 그래서 이명박이 갖다 붙인 '대통령의 시간'이란 제목이 내겐 아주 교만스레 다가왔는지도 모르겠다.

한국 대통령들도 회고록에서 그런 전통만은 지켰다. 《성공과 좌절: 노무현 대통령 못다 쓴 회고록》은 사후에 남이 헌정했으니 한 테두리에 묶을 수 없을 테고. 동서고금을 통틀어 그 흔해빠진 대통령이나 총리 회고록 가운데 이명박 말고 제목에다 대통령이니 총리란 단어를 써먹었던 건 지미 카터Jimmy Carter 회고록 《신념을 지키며: 대통령의 회고록 Keeping Faith: Memoirs of a President》이 유일하지 않았나 싶다.

카터는 인권외교란 탈을 쓴 채 니카라과, 이란, 이라크, 아프가니스탄, 캄보디아에서 온갖 독재자 뒤를 받치며 불법 비밀전쟁을 벌였던 대통령이다. 카터는 미국 역사에서 가장 인기 없는 대통령으로 꼽혔고 실제로 미국에서 카터를 모르는 사람들이 적잖았다고도 한다. 카터나 이명박이 회고록 제목에 굳이 '대통령'을 붙여야 했던 까닭을 곱씹어볼 만하다.

아시아 쪽을 둘러봐도 마찬가지다. 다들 회고록에서 대통령이나 총리란 말은 피해갔다.

예컨대 싱가포르 전 총리 리콴유 회고록 《제3세계에서 제1세계로 From Third World to First》, 말레이시아 전 총리 마하티르 모하맛 회고록 《아시아를 위한 새로운 흥정A new Deal for Asia》, 파키스탄 전 총리 베나지르 부토 자서전 《운명의 딸Daughter of Destiny: An Autobiography》처럼.

동네 이서방은 그래도 된다

게다가 이명박 회고록은 내용보다 말잔치로 때웠다. 말이 글을 삼켜버린 꼴인데 시장에 나오기도 전에 실패했다는 뜻이다.

"국정의 연속성을 위해 다음 정부에 참고 되도록 집필했다."

들자하니 이게 이명박이 회고록을 쓴 까닭이라고. 그 국정의 연속성이 뭘 뜻하는지 알 수 없지만 나는 회고록 따위가 그런 엄청난 일을 했다는 소리를 들어본 적 없다. 국정의 연속성이란 건 정책과 제도를 통해 이뤄질 뿐이다.

"회고록은 참회록이 아니기 때문에 자화자찬적 요소가 들어갈 수 있다."

이건 《대통령의 시간》을 총괄 집필했다는 청와대 전 홍보수석 김두우 말이다. 이명박 동아리의 정신세계가 고스란히 드러났다.

동네 이서방 회고록은 그래도 된다. 그러나 대통령이라는 공식 직함을 써먹으면서 내는 회고록은 공적이어야 한다. 대통령은 공적 헌법기관이지 개인이 아니다. 게다가 자서전이니 회고록이라는 장르는 전통적으로 글쓴이가 고백, 회한, 반성을 바탕 삼아 자신의 일생을 보여주면서 독자한테 심판받는 특성을 지녔다. 그 절대조건이 바로 정직함이다. 그래서 엄청난 용기가 필요한 장르다. 회고록이 자화자찬이나 늘어놓는 공간이 아니라는 말이다. 회고록이 자랑질이나 변명질이나 해댄다면 결국 장르 특성과 충돌할 수밖에 없다. 그래서 《대통령의 시간》이 나오기도 전부터 난장판이 되었다.

보라. 오죽했으면 저자와 한패인 새누리당 안에서도 그 회고록을 놓고 서로 삿대질이 오갔겠는가. 대통령 회고록 같은 게 나오면 흔히 반대당이나 비평가야 물어뜯지만 같은 편끼리 치고 박는 건 또 보다 보다 처음이다. 서로 감추고 우겨야 할 만큼 켕기는 게 많았다는 뜻이다.

"외국에서 먼저 출간 얘기가 있었고…, 외국에서는 이명박 대통령에 대한 평가가 굉장히 높다." 김두우는 《대통령의 시간》을 놓고 한술 더 떠 외국까지 들먹였다.

그게 어느 외국이고, 그게 누구 평가인가? 외신판은 곧장 되받아치는 곳이다. "마하티르", "아베", "메가와띠", "탁신"처럼 전·현직 총리나 대통령 이름을 외신판만큼 자주 불러주는 데도 없다. 근데 나는 아직껏 "이명박"이라는 이름을 또박또박 부르는 외신기자를 본 적이 없다. 이명박이 현직에 있을 때도 모두 "한국 대통령"이라고만 했다. 그 이름 이명박을 제대로 기억 못 한다는 뜻이다. 국제사회에서 캄보디아 총리 훈 센이나 동티모르 총리 샤나나 구스망Xanana Gusmão은 알아도 이명박을 아는 사람은 그야말로 흔치 않다. 외신판에서도 제대로 불러주지 않는 이름을 어느 외국에서 그렇게 높이 평가한단 말인지?

이명박 동아리의 자화자찬은 그렇게 회고록 안팎에서 끝이 없었다. 용감한 건지, 염치가 없는 건지, 무지한 건지? 참! 그 회고록을 내겠다고 열 명도 넘는 전직 참모들이 1년 가까이 매주 모였다는데 뭘 했는지?

꼭 뭔가를 쓰고 싶다면 목적에 알맞은 장르를 잡는 게 좋다. 자화자찬과 변명에 아주 잘 어울리는 콩트, 일기, 수필, 만화 같은 장르도 있다.

전직 대통령이라고 반드시 회고록일 것도 없다. 또 다른 전 홍보수석 이동관은 "진짜 정치적으로 민감한 얘기나 남북관계에서 진짜 중요한 얘기는 아직 잠겨 있다"며 이명박 회고록 제2탄으로 으름장을 놨다는데, 참고했으면 한다.

따지고 보면 회고록 같은 건 안 써도 그만이다. 대통령을 했다고 꼭 회고록을 쓸 것까진 없다. 한국 정치판이 교범처럼 여겨온 미국에서도 대통령이라고 다 회고록을 남긴 건 아니다. 빼어난 문장가로 이름 날렸던 대통령들이 오히려 회고록 없이 사라졌다. 미국 독립선언서 틀을 다진 당대 최고 지식인 토머스 제퍼슨Thomas Jefferson도 회고록을 안 썼다. 재임 중 암살당한 에이브러햄 링컨Abraham Lincoln이나 뇌졸중으로 숨진 우드로 윌슨Woodrow Wilson도 회고록 같은 게 없지만 미국 사람한테만큼은 큰 인기를 누려온 대통령들이다. 달리 미국 대통령 회고록 가운데 최고 명작이라는 《율리시스 그랜트의 개인 회고록Personal Memoirs of U. S. Grant》을 낸 율리시스 그랜트Ulysses Grant를 기억하는 이들은 정작 아주 드물다.

소리 없이 사라지는 것도 전직 대통령의 마지막 봉사로 괜찮을 것 같다. 앞선 대통령 하나쯤 잡아먹었으면 충분하지 않겠는가. 시민은 어차피 회고록 따위로 대통령을 평가하지 않을 테니.

히틀러, 무솔리니, 사사카와도
노벨평화상 후보였다

해마다 9월 말에서 10월 초로 접어들면 외신판에서는 무슨 난리라도 난 듯 노벨상 수상자 점치기로 호들갑 떤다. 언론사들은 저마다 노벨상 예상판을 미리 짜놓고 기다릴 정도다. 이문이 크게 걸린 문학상 쪽은 출판사들까지 달려들어 판을 키운다.

근데 해마다 되풀이하는 이 노벨상을 놓고 대문짝만한 지면과 화면을 쏟아부을 만한 일인지 아무도 따져보지 않는 게 오히려 놀랍다.

원칙을 말하자면 노벨상은 그저 이름난 상일 뿐, 세계시민사회를 쥐락펴락할 만한 사건도 사고도 아니다. 외신이 뉴스 가치를 판단하는 두 축인 사안의 중대성에서도 긴급성에서도 노벨상은 특보 대접을 받을 만한 아무런 까닭이 없다.

더구나 이 노벨상이란 건 전통적으로 힘센 자들끼리 나눠 먹는 떡이었고 가진 자들만 누리는 잔치였다. 1901년 등장한 노벨상이 2012년까지 물리·화학·의학·문학·평화·경제(1969년부터 수상) 분야를 통틀어 모두 862명(단체 24개 포함) 수상자를 내는 동안 40% 가까운 330명을 미국한테 쥐어주었다. 여기에 영국, 독일, 프랑스 세 나라한테 준 230여 명을 보태면 60%가 되고, 또 여기에 스웨덴을 비롯한 다른 유럽 국가들한테 준 200여 개를 더 보태면 결국 미국과 유럽한테 90%를 몰아주었다. 나머지 100여 개 가운데 반쯤을 러시아, 중국, 일본, 인디아한테 돌렸으니 제3세계는 그야말로 들러리였다는 뜻이다. 이 수치들이 그동안 국제정치에 휘둘려온 노벨상 정체를 또렷하게 보여준 셈이다.

실험실도 없고 실험용 쥐 살 돈도 없는 가난한 나라한테 과학·의학·경제 분야 상들이야 그렇다 치더라도 문학상과 평화상만큼은 달리 볼 만하다. 이건 말 그대로 정치적 연장이었다.

"없이 살아도 문학은 했고 평화는 원했다."

타이 일간지 〈네이션〉 국제면 편집장인 수빨락 간짜나쿤티 말을 귀담아 들어볼 만하다.

문학상은 영국·프랑스·독일·스페인 언어권이 돌아가며 나눠 먹기 하는 동안 주류국제어 고착이라는 아주 질 나쁜 현상을 만들어버린 주범 가운데 하나다. 언어를 앞세운 국제패권주의의 다른 말이다. 드문드문 제3세계에 그 상을 돌렸지만 그마저도 모두 주류언어권에 편입당한 옛 식민지들이었다.

가끔 러시아·중국·인디아·일본 쪽에 상을 준 것도 빛깔 맞추기라 는 속셈에선 다를 바 없다. 저마다 본디 지녀온 말로 마음과 생각을 드러 내는 문학을 놓고 유럽식 표준에 맞춘 상을 주겠다는 발상부터가 치명 적인 문화위협일 수밖에 없다.

대원칙 딱 하나

평화상으로 넘어오면 아예 폭력으로 바뀐다. 2009년 노벨상위원회 는 "국제외교 강화를 위한 특별한 노력과 사람들 사이의 협력에 이바지 했다"며 미국 대통령 버락 오바마한테 평화상을 안겼다. 당치도 않는 말 이었다. 오바마가 대통령이 되고 아직 국제외교판에 제대로 얼굴을 알릴 틈도 없었던 고작 여덟 달 반 만이었다. 오바마는 백악관에 들어간 첫날 업무로 파키스탄 공습 명령을 내렸던 자다.

평화상 수상자를 훑어보면 오히려 국제전범으로 잡아들여야 할 인 물들이 수두룩했다. 1973년 수상자였던 미국 전 국무장관 헨리 키신 저는 베트남, 라오스, 캄보디아에서 불법 독재자들을 도우며 불법 전쟁 을 이끌었다. 1979년 수상자였던 메나헴 베긴Menachem Wolfovitch Begin, 1994년 공동 수상자였던 시몬 페레스Shimon Peres와 이츠하크 라빈Yitzhak

Rabin 전 이스라엘 총리들은 모두 팔레스타인 시민을 불법 공격하고 살해했다.

2002년 수상자였던 지미 카터 미국 전 대통령은 인권외교를 외쳤지만 사실은 니카라과, 이란, 아프가니스탄, 이라크에서 불법 비밀전쟁을 벌였다. 게다가 홀로코스트를 앞세워 인종차별 철폐에 이바지한 공으로 1986년 평화상을 받은 엘리 위젤Elie Wiesel은 반이슬람주의로 이름 떨쳤던 자다. 결국 노벨평화상은 2012년 "동네 강아지도 받을 수 있다"는 비아냥거림에 휩쓸리고 만다. 그해 수상자는 유럽연합이라는 괴물이었다. 유럽연합EU이라는 유럽중심주의로 무장한 채 오직 유럽의 이문을 쫓아 담을 쌓은 지역 블록일 뿐이다.

그렇잖아도 노벨상위원회는 그동안 미국의 전쟁에 들러리 서고 강대국 입김에 휘둘려온 유엔(2001년)과 그 산하기구들인 유엔난민기구(UNHCR, 1954년, 1981년), 유엔아동기금(UNICEF, 1965년), 유엔평화유지군(UNPKO, 1988년)한테 줄줄이 평화상을 던지면서 말썽을 빚어왔던 터다. 이건 평화의 개념이니 그 공헌도를 제쳐놓고라도 참 희한한 일이다. 유엔가맹국 가운데 한 나라인 노르웨이가, 그것도 노벨재단이라는 한 단체가 지구 최상위 조직 꼴인 유엔한테 상을 준다는 건 모습도 웃기지만 이치에도 안 맞다.

그동안 강대국들 눈치를 봐온 노벨평화상이 여태껏 지켜온 대원칙이란 건 딱 하나였다. '미국한테 도움이 되거나 이문을 안겨주거나!' 거꾸로 미국을 해코지하고도 평화상을 받은 사람이나 단체는 결코 없었다.

수상자 목록이 그 증거다. 바로 노벨평화상 정체다.

노벨상이 100년을 넘었고 2012년 현재 수상자만도 862명에 이른다. 그 가운데 여성 수상자는 기껏 5%인 44명뿐이다. 세상의 반이 여성이다. 노벨상이 남성중심주의로 무장해왔다는 사실을 스스로 폭로한 셈이다. 말끝마다 여성과 어린이를 내세워왔던 노벨재단이 세계시민사회의 보편적인 인식마저 못 쫓아간다는 뜻이다.

게다가 이 노벨상이란 건 지독한 종교적 편향성을 지녀왔다. 크리스천이 아닌 이들한테 상을 준 건 불교도인 달라이라마(1989년)와 아웅산수찌(1991년), 무슬림인 야세르 아라파트(Yasser Arafat, 1994년)와 무하마드 유누스(Muhammad Yunus, 2006년), 말랄라 유삽자이(Malala Yousafzai, 2014년) 그리고 힌두인 까일라쉬 사띠아르티(Kailash Satyarthi, 2014년) 같은 몇몇이 다였다.

이쯤 되면 노벨상 정체가 더 또렷해진다. 서구중심주의, 남성중심주의, 기독교중심주의로 똘똘 뭉친 아주 전근대적인 상이다. 21세기 세계시민사회의 이상과 거꾸로 달리는 상이라는 뜻이다. 그런 잔치에 초대받지 못한 게 애닮아 난리를 피워야 옳을까? 대한민국처럼 정부와 언론까지 나서서 노벨상 수상프로젝트를 떠들어대는 게 제정신일까?

그 노벨상을 받겠다고 미쳐 날뛰었던 게 아돌프 히틀러였고 베니토 무솔리니였다. 또 이라크와 아프가니스탄 전쟁을 일으켜 숱한 시민을 살해한 조지 워커 부시였다. 히틀러와 무솔리니는 네 번씩이나 후보에도 올랐다. 그런 자들이 열망했던 게 노벨상이다.

노벨평화상을 받을 뻔한 사사카와는

　　말이 난 김에 그 노벨평화상을 꿈꾸며 인생을 세탁했던 한 일본 사람이야기를 해보자. 1930년대 중일전쟁 때 쌀장사로 떼돈을 번 그자는 제2차 세계대전의 피바람이 휘몰아치자 비행장과 조종사 훈련시설을 군대에 기증했다. 이어 그자는 파시스트 국수대중당을 이끌고 정치판에 뛰어들어 전쟁몰이에 앞장섰다.

　　1945년 종전 뒤 극동국제군사재판IMTFE은 그자를 A급 전범으로 체포했다. 그러나 3년 뒤 그자는 워싱턴의 정치적 판단과 국제법 해석 논란에 따라 재판 없이 풀려났다. 그자와 함께 풀려난 A급 전범 가운데는 만주국 산업부차관으로 대미 선전포고 선봉에 섰다가 전쟁이 끝나자마자 친미주의자로 돌변한 기시 노부스케岸信介 전 총리가 있다. 또 암흑가를 주름잡으며 CIA 끄나풀 노릇을 했던 극우분자로 박정희와 만주국에서 쌓은 친분을 앞세워 한일국교회담 때 공을 세운 고다마 요시오兒玉譽士夫도 있다.

　　그렇게 전범 탈을 벗은 그자는 모터보트레이싱 도박 합법화를 끌어내 엄청난 부를 쌓았다. 이어 일본 밖으로 눈길을 돌린 그자는 한국 친구이승만과 타이완 친구 장제스와 함께 세계반공연맹(WACL, 1990년 세계자유민주연맹WLFD으로 개칭)을 만들었다. 그즈음 반공주의자 문선명과 어울리면서 통일교 지지자가 되었다. 박정희는 그자한테 수교훈장 광화장을 달아주었다.

이 이야기 주인공이 사사카와 료이치笹川良一다. 바로 1962년 사사카와재단을 만든 인물이다. 사사카와재단은 아프리카와 아시아를 누비며 농업개발과 해양연구 사업에 뒷돈을 대고 세계보건기구WHO를 비롯한 국제기구에 돈줄 노릇을 하며 마침내 '친구'들로부터 "평화의 전사"니 "지구적 자선사업가" 같은 별명을 얻었다.

사사카와는 1980년대 나카소네 야스히로 총리가 외친 국제화를 뒷받치며 외국으로 재단을 넓혀나갔다. 1983년 미국일본재단과 영국사사카와재단을 만든데 이어 1985년 스칸디나비아사사카와재단, 1990년 프랑스일본재단을 줄줄이 열었다. 사사카와는 그 재단들을 통해 학자와 언론인한테 큰돈을 뿌려대며 '일본 알리기'와 '반일정서 순화작업'을 벌이는 한편 자서전을 돌리면서 노벨평화상을 노리기 시작했다.

사사카와 돈줄은 한국 사회에도 소리 없이 파고들었다. 적잖은 언론인과 학자가 알게 모르게 그 돈에 손을 댔다. 사사카와재단은 1987년 고려대학교에 '사사카와 영 리더십'이란 장학재단을 만든 데 이어 1995년 연세대학교에 아시아연구기금이라며 100억 원을 뿌렸다. 이건 전범 돈을 받지 않는다며 사사카와재단 기부금을 마다했던 매사추세츠공대, 시카고대학, 하와이대학, 예일대학 같은 수많은 미국 대학들과 좋은 비교거리다.

그사이 사사카와재단은 일본 내 극우세력 온상인 '새역사교과서를 만드는 모임'을 도우며 국제사회를 향해서 전쟁 성노예나 난징학살 같은 역사적 사실을 비틀어왔다. 사사카와재단은 한국-일본, 중국-일본 사이에 벌어져온 영유권 분쟁에서도 극우호전주의 나팔수 노릇을 해왔다. 그 뒷심은 바로 사사카와재단이 돈줄로 끌어들인 일본 안팎 학자들과 언론인들, 이름하여 '사사카와 장학생'들이었다.

숱한 논란 속에서 사사카와는 몇 차례 노벨평화상 후보에 올랐으나 결국 꿈을 못 이룬 채 1995년 죽었다. 그 뒤 사사카와재단은 이름을 니폰파운데이션으로 바꾼 채 대를 이어 후회도 반성도 할 줄 모르는 일본을 온 세상에 뿌려대고 있다.

노벨재단과 사사카와재단, 이 둘은 비록 겉모습이 다르고 작동법이 서로 다를지언정 본질적으로 다를 바가 없다. 궤멸적인 현대 전쟁에 발판을 깐 다이너마이트로 돈을 번 노벨과 전쟁판에 군수품을 팔아 돈을 번 사사카와가 남긴 그 파괴와 피를 먹고 자란 밑천부터가 그렇다.

두 재단은 지배세력을 떠받쳐온 정신에서부터 세계시민사회의 지향과 거꾸로 달려온 모습에 이르기까지 빼닮았다. 그래서 사사카와는 노벨상을 애타게 바랐는지도 모르겠다. 이 세상 수많은 '사사카와'들이 그렇게 노벨상을 꿈꾸어왔다.

"작가란 오직 글로써 행동해야 옳다. '노벨상 수상자 장 폴 사르트르'라 서명하는 건 내가 그 상을 준 단체와 같다는 뜻이다. 작가는 가장 명예로운 상황에서도 스스로를 단체로 변형시키지 말아야 한다."

1964년 프랑스 철학자 사르트르는 노벨문학상을 마다했다.

"아직 베트남엔 평화가 오지 않았다."

1973년 베트남 정치인 레득토Le Duc Tho는 노벨평화상을 마다했다.

그해 공동 수상자였던 미국 국무장관 키신저는 자랑스레 그 상을 받아 갔다.

　세계시민사회는 상을 마다할 줄 아는 이런 원칙주의자들이 뿜어낸 결기를 오랫동안 가슴에 품어왔다. 조작한 우상, 노벨상 환상을 이쯤에서 걷어낼 때가 됐다.

위험한
프레임

첫판 1쇄 펴낸날 2017년 1월 12일

지은이 정문태
발행인 김혜경
편집인 김수진
책임편집 이다희
편집기획 이은정 김교석 백도라지 조한나 윤진아
디자인 김은영 정은화 엄세희
경영지원국 안정숙
마케팅 문창운 노현규
회계 임옥희 양여진 김주연

펴낸곳 (주)도서출판 푸른숲
출판등록 2002년 7월 5일 제 406-2003-032호
주소 경기도 파주시 회동길 57- 9, 우편번호 10881
전화 031)955-1400(마케팅부), 031)955-1410(편집부)
팩스 031)955-1406(마케팅부), 031)955-1424(편집부)
홈페이지 www.prunsoop.co.kr
페이스북 www.facebook.com/prunsoop **인스타그램** @prunsoop

ⓒ 정문태, 2017
ISBN 979-11-5675-676-7(03330)

이 도서의 국립중앙도서관 출판시도서목록(CIP)은 e-CIP
홈페이지(http://www.nl.go.kr/ecip)와 국가자료공동
목록시스템(http://www.nl.go.kr/kolisnet)에서 이용
하실 수 있습니다. (CIP2016029972)